这些年，我们犯的都是不懂拒绝的错

陈艺熙/编著

中国纺织出版社

内 容 提 要

每天你为什么有如此多的烦恼和委屈？为什么你想要拒绝却做了点头的动作？尤其是当自己无法兑现或自己的利益受到伤害时，难道还需要硬着头皮答应对方的请求吗？不好意思拒绝他人，导致自己麻烦不断。

本书以生动的案例以及细致的阐述，为你解析不好意思拒绝背后的心理以及怎样克服这一心理缺陷，从而让你真正认识到不好意思拒绝的危害，彻底清除不好意思拒绝的心理疾病。学会拒绝别人的要求，做自己人生的主人。

图书在版编目（CIP）数据

这些年，我们犯的都是不懂拒绝的错 / 陈艺熙编著. -- 北京：中国纺织出版社，2016.9（2024.1重印）
ISBN 978-7-5180-2853-5

Ⅰ.①这… Ⅱ.①陈… Ⅲ.①人际关系—通俗读物
Ⅳ.①C912.11-49

中国版本图书馆CIP数据核字（2016）第193130号

责任编辑：闫　星　　　　责任印制：储志伟

中国纺织出版社出版发行
地址：北京市朝阳区百子湾东里 A407 号楼　邮政编码：100124
销售电话：010—67004422　传真：010—87155801
http：//www.c-textilep.com
E-mail：faxing@c-textilep.com
中国纺织出版社天猫旗舰店
官方微博http：//weibo.com/2119887771
永清县晔盛亚胶印有限公司印刷　各地新华书店经销
2016年9月第1版　2024年1月第4次印刷
开本：710×1000　1/16　印张：17.5
字数：209千字　定价：52.00元

前言

在日常交际中，我们总会在某个时刻不好意思拒绝别人的要求。虽然对方提出的要求对我们而言是不合理的，但自己就是不想答应，却因担心因此会破坏彼此之间的和谐，所以变得很不安。在生活中，你是这样的老好人吗？面对身边人的许多不合理要求，选择不拒绝，默默地忍受着。事实上，这样不好意思拒绝的结果是痛苦，看起来我们收到了所有人颁发的“好人卡”，对身边的每个人都那么好，但是因为不懂得拒绝，在有些人眼里变成了我们做什么事情都是理所当然，没有人会太多地感激你，更重要的是，内心往往会产生一种厌烦感以及悲凉感。

心理学家认为，一个完全不懂得拒绝的人，不可能赢得真正的尊重。因为过分善良的人，担心拒绝，因为在他们看来，拒绝别人是一件很伤面子的事情，把面子看得比天还大，而症结在于自己内心的脆弱。他不希望自己在别人眼里看起来是一个无能的人，因此他总是硬撑着去完成他人的要求，不管自己有多累多烦，也不管是否会耽误自己的时间和精力。因为自卑，他们才以渴望得到人们的肯定与赞赏为愿望，尽管自己做事情很累，但却受到了他人的肯定，他们就觉得心满意足了。但长此以往，就会养成心理定势，他们习惯默默无闻，习惯了不懂拒绝的生活。因为不懂拒绝赔上自己休息、娱乐，甚至是工作时间，如此不辞劳苦地帮助别人，所得到的不过是偶尔的一声“谢谢”。更多的时候，对方还会直截了当地说：“我觉得你做得不够好，这些地方需要改进。”或许，对方给你提出要求的理由是接连不断的，花样繁多的，但你就是不懂得拒绝，也把自己一步步逼到忧郁的境地。

英国的莫尔曾说：“人生中最艰难的是选择。”确实，最难说出口的就是“不”。只有那些善于拒绝的人，才能真正活出人生的高效与精彩。在生活中，对于我们喜欢的东西要克制，对自己不想要的东西毫不犹豫地予以拒绝。不要担心拒绝别人会得罪他人，因为我们有拒绝别人的权利。

当一个人开口提出要求的时候，他的心里原本就准备了两种答案。你给他任何一个其中的答案，那都是意料之中的。所以，在生活中懂得适时拒绝是一个人生的大智慧。

那些不敢和不善于拒绝别人的人，其实是戴着“假面具”生活，他们活得很累，而且又迷失了自我，事后经常后悔不已。拒绝真的很难吗？其实不然，当对方向你提出某种无理的要求时，所有间接的拒绝方法都不起作用，遇到这样的情况，拒绝的应当是毫无疑问，不容置疑，直接说“不行”、“不可以”，给予对方直截了当的回答，不要给对方留下任何的幻想。当然，我们也可以使用一些委婉含蓄的拒绝方式，找个借口，或者委婉地表示“你这个方案真的不错，我也很想帮助你，但是怎么办呢？最近我手头有两个大的方案，我快忙不过来了，不然，你过段时间再来，可以吗？”不管是直接拒绝，还是间接拒绝，总而言之，我们必须把拒绝的话说出口，才能避免烦躁不安的人生，才能获得轻松快乐的生活。

那么，让我们从今天开始，学会做一个懂得拒绝的人吧！

编著者

2016 年 1 月

目录
CONTENTS

上篇　不懂拒绝，是成长的硬伤

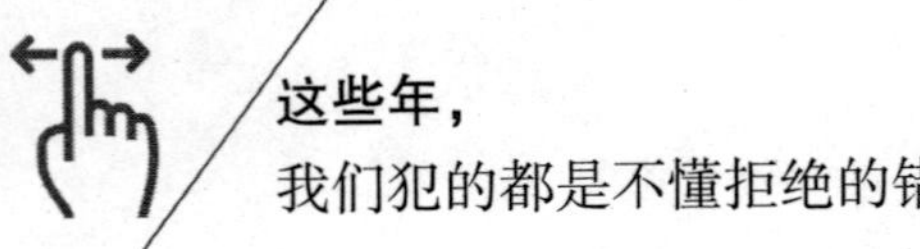

中篇 懂点技巧，掌控自己的大脑

下篇　学会拒绝，做人生的赢家

上篇

不懂拒绝，是成长的硬伤

在人际交往中，我们总有被人拒绝或拒绝别人的时候。拒绝，表述时需要说“不”，而这个“不”字又是最难以说出口的，因为大多数人都爱面子。事实上，不管对人对己，一事当头，假如当事者不愿意接手，不乐意承认，敢于说“不”，即使不容易说，也要善于说“不”。

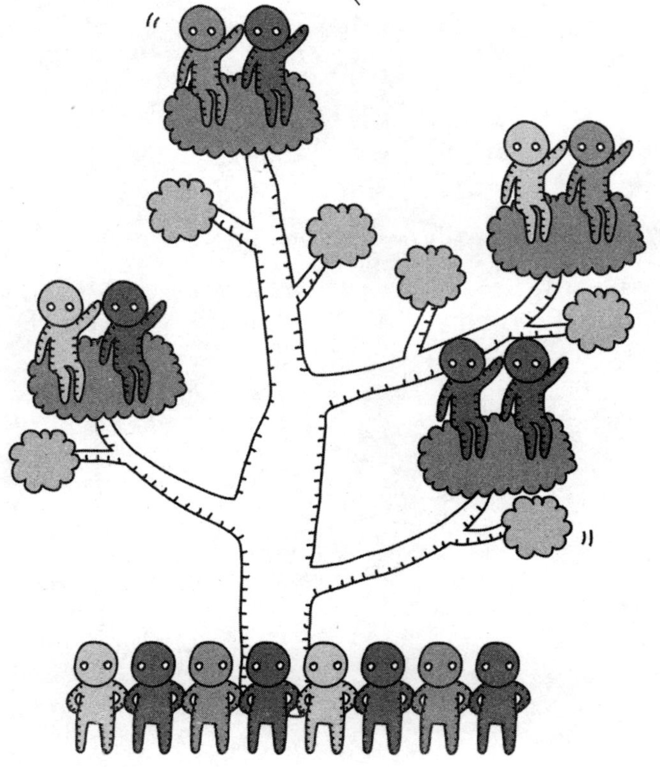

第一章

拒绝是人生的必修课：你是一个不懂拒绝的人吗？

在现实生活中，人们总会在某些时刻不忍心拒绝别人的要求。尽管明明知道这种要求是不合理的，也是自己不想承诺的，但却担心破坏了彼此之间的关系，所以拒绝也变得惴惴不安。然而，拒绝是人生的必修课，如果不懂得拒绝，那这样的人生将是一个充斥着麻烦与焦躁的战场。

不懂拒绝，所以一直被麻烦

心理学家说：“不懂拒绝，憋屈自己；拒绝别人，特别过瘾。”所以，学会艺术地拒绝他人，这样才能减少人生中不必要的麻烦。一个不懂拒绝的人，他总会成为人群中的老好人，所收到的都是别人派发的“好人卡”。在他们身上会呈现出这样一些特点：不在乎自己，总是很在意对方的要求，甚至将满足他人的要求作为自己人生的首要大事。他们常常在帮助别人时牺牲了自己的时间与金钱，尽管他们为此感到懊恼和难过，但一旦有人请求自己，他们又乐此不疲地赶去帮忙了。如果不懂得拒绝，就会不停地陷入烦躁不安的情绪中，抑或麻痹自己，甚至会思考：难道自己一辈子都要这样痛苦地过吗？

同事问小露：“晚上我们要去吃火锅，要不要一块儿去？”其实她原本想晚上加班，赶一份明天要交的方案，不过又不好意思拒绝同事的邀请，所以想了想，最后有些勉强地说：“好吧。”下了班，和几个同事先去吃饭，之后，大家又提议去KTV，她本不想去，但又说不出“不”字，于是就又跟着去。

一晃眼又是晚上十点，大家又继续，又转而去大排档吃宵夜，一直闹到半夜两三点才回家。这时小露早已经是筋疲力尽，根本没有力气再赶写方案。于是，第二天一早，面对着老板却交不出文案，老板的脸色真是难看到了极点，小露心中也真恨自己，懊悔不已：“为什么自己就是不会说‘不’呢？”

因为无法拒绝同事的邀请，却又违逆自己内心的愿望而赴约，最后玩得很不愉快，而且造成内心的痛苦。尽管她心里本来是很想拒绝的，但话到嘴边，却变成了“好吧”、“好吧”，最后的结果就是经常做着自己不愿意做的事情。她想拒绝，却又担心被拒绝的一方会不高兴，怕影响彼此

之间的关系。所以，她每天都在担心别人会向自己提出一些要求，而自己又无法拒绝，时间长了，她就生活在一个痛苦的心理循环里，无法自拔，甚至会给自己身体带来伤害。

哈佛大学曾经做过一项深入的调查，在这份对1000余人追踪了3年的调查中发现：假如一个人学会合理的拒绝，就可以减少98%以上的麻烦，更可以减少大量的个人财富浪费。

相反，假如一个人不懂得拒绝，或没有掌握拒绝的技巧，那他就会背负上“老好人”、“可随便差使的人”、“从不懂得拒绝的人”的称号。这样的个性，无论是在职场、社会、家庭，都使得他们浪费大量的时间，吃尽各种苦头。

同时，通过调查表明，因为自己没有拒绝对方的要求，所以自己大量的时间和财富将不停地被他人随意挪用，导致自己的事情根本无法继续进行，自己的工作和生活也会一团糟，而心理则会陷入痛苦不堪的人生状态。随着自己工作、生活各种崩溃，不停地叠加，当叠加到一定的程度时，自己就会陷入十分绝望的状态之中……

为什么无法拒绝别人？是为了内心可笑的自尊。尽管有些人在生活中渴望被人关注，也渴望自己成为人生舞台上的主角，但是因为太过在乎他人的感受，而不会拒绝别人，结果无法实现自己的梦想，体现自己的人生价值，这实在是悲剧的。最后，他们看到的只能是沮丧无比的自己，是一个失败的人生。如果你无法拒绝别人，何不重新审视一下自己的人生。战胜内心脆弱无比的自尊，不再与自己对抗，勇敢地表达出自己真实的想法，学会把“不”说出口，建立强大的自信心，变得开朗、外向起来。

不懂得拒绝，会给人生带来哪些麻烦呢？

1. 无原则的礼让将摧毁你的自我界限

每个人都有一定的自我界限，这个心理界限与别人保持着应有的距离，不过分依赖别人，也不会成为别人的依赖对象。许多人内心太过脆弱，他们往往会过多地暴露自己的内心世界，他们希望成为别人依赖的对象并从而建立自己的内心世界。他们渴望被认可，所以当有人提出要求时，他们一定会选择答应，因为他们渴望得到别人的欣赏与认可。这一种无原则的答应，会摧毁自我界限，模糊了自己与他人应有的距离。

2. 不懂拒绝，事情多得做不完

如果不懂拒绝，那事情将会多得做不完。当朋友提出“周末陪我去逛街吧”，你答应了下来；当上司说“这个方案一定要尽早拿出来，你周末没事在家里把它赶紧做完吧”，你答应了下来；当同事说“周末公司聚餐，不见不散哦”，你也答应了下来……于是，你上午陪朋友逛街，下午在家里赶写方案，晚上与同事聚餐，等回到家才发现自己累得虚脱了。不拒绝别人，好像自己能成为受欢迎的人；拒绝，担心自己无法得到别人的肯定。于是，他就像一个大忙人一样一直努力着，却背负着太多的疲惫与痛苦。

3. 怕给对方带来伤害，所以只好牺牲自己

不懂得拒绝的人将对方的心理想象得太过于脆弱，而把自己标榜得太过于坚强，事实上，别人总是很坚强，而自己总是很脆弱。不懂拒绝的人害怕自己的拒绝会给别人带来伤害，所以他决定牺牲自己，而这样的决定只是源于担心拒绝别人后的不安和内疚，而非内心的真实想法。所以，当别人提出要求的时候，他总是不拒绝，不反抗，总担心伤害对方的自尊心，所以只能委屈自己，牺牲自己。

别不好意思说“不”

确实，对很多人而言，要想说出“不”，简直比登天还难。在日常交际中，对于同事、同学或朋友不合时宜的要求，很多人都有一个说不出“不”的心理。有时候甚至宁愿自己吃亏也不拒绝他人，这个是许多中国人的面子心理——不好意思拒绝。其实拒绝也是一门学问，有些时候，我们本来想拒绝的，心里虽然很不乐意了，但还是点了点头，碍于一时的情

面，却给自己留下不便。所以，懂得拒绝至关重要，至少有利于提高我们的工作效率和生活质量。

因为不好意思拒绝，所以总会有接踵而来的请求，所以他们成为了人群中熟知的“老好人”。所谓的“老好人”，就是不管别人提的什么要求，哪怕是极其不合理的，他们也总是照单全收，努力去满足对方的请求。当然，他们在做“好人”的时候，是随时随地、任何时刻都不会拒绝别人的要求，无底线、无原则，哪怕是超出自己的能力范围之外的事情，也总是答应下来。如果真的是这样，那老好人的内心注定是痛苦的，而且形成了一种心理定势：我对每个人都那么好，他们才不会讨厌我，才会喜欢我。

有一个旅游团体参观解放军某部，参观完了之后，有一位团员求助随团的记者帮自己在不准照相的军事禁区里照一张相。这里本来是军事禁区，怎么可以照相呢?

这个记者反应十分灵敏，立即对他说：“从感情和友谊上而言，我是十分乐意地帮助您的。但是面对这个规章，我实在是无能为力啊。”没等这位记者说完，那个团员就马上取消了自己的不合理要求。

在这个案例中，记者是一个非常聪明的人，他所采用的拒绝法也是非常明智的。先从情理上认同对方，肯定对方的做法，并且对对方还有一个安慰的作用“我是十分乐意地帮助您”，之后再道出这是规章制度之内的事情，表示自己无能为力，所以对方也自然不好再说什么。

在日常交际中，只要有人与人的交往，就会用到拒绝的言词。我们作为社会的主体，应该把握好自己的内心界限，在该拒绝时一定要拒绝，不要考虑过多，也不要总觉得自己生来就是应该是为人服务的命，想想自己的感受，把拒绝的话自然说出口，自己也可以轻松很多。人情是自然存在的，只要我们能够合情合理地说出自己的想法，想必对方也会体谅你，这根本不会影响到彼此之间的关系。如果对方真的因为一个拒绝而讨厌你，不愿意与你继续保持友好的人际关系，那么所谓这样的朋友也是不值得交往的。

村里有一个人向老唐借一间房子给他放玉米，本来，房子借给别人去放玉米，很快就会把房子搞坏。当时，老唐为了不使对方扫兴，便含蓄地对他说："我这间房子的地板已经坏了，玉米放在里面，会发霉变质的。到时候，我把地板弄好了再说吧。"这样，就委婉地把这件事给拒绝了。

善于拒绝，是日常交际中的一种生存技巧。不拒绝，不但会耽误自己的时间与精力，而且还会影响到自己的生活和工作，更有甚者会直接损害自己的身心健康。再者，不拒绝的后果会使自己长时间处于一个痛苦的心理境地。而懂得拒绝，首先获得了一个身心放松的机会。拒绝之后，你可以把更多的时间和精力用来放在自己专注的事情上，以获取自己生活与事业的成功。

一位老王曾经批评过的下属，在过春节时与老王碰到了。当时，下属正好买了几斤羊肉和几斤羊骨头，他看到老王后，马上跑过来说："这几斤羊骨头是我最喜欢煲汤喝的，今天送给你，作为我的春节拜年礼吧。"老王马上接着下属的话茬说："这羊骨头既然是你最喜欢的，送给我实在太可惜了，还是你自己留着用吧。"

老王这种顺水推舟的拒绝，显得非常有涵养，即达到了断然拒绝的目的，又不至于伤害对方的面子。当然，例如你实在不好意思拒绝，首先要微笑不语。在日常生活中，当对方向你提出某种不合理的要求时，你想拒绝又一时说不出理由，如果直接说"不"，估计对方一时接受不了。

假如拒绝不了，又会使自己难为情。在这样的情况下，说"行"也不行，说"不行"也不行。那么就以微笑来应对这个问题吧，当对方把不合理的要求说完以后，你回报给对方一个微笑。这个微笑，一方面可以缓和紧张的情绪，不至于使对方难堪，又可以使自己免去言语不周而引起的许多麻烦。

怎样让自己做到好意思拒绝呢?

1. 为什么无法拒绝

如果你没办法拒绝别人，那原因是什么呢？这需要从源头上解决问题。是想全方位地展现自己的能力吗？还是想争取这次机会？又或者是

不想让别人抢去自己的功劳？如果这些都不是理由，那就应该是心理方面的原因。其实自己很想拒绝，却实在找不到很好的借口？尽管理由很充分，但自己脸皮太薄不好意思说出口。找到了原因，自然就可以对症下药。

2. 适时考虑到自己

有的人做事很少考虑到自己的利益，总会想到别人的需要，这就是个出发点的问题。假如我们在拒绝时，可以做到每件事都以自己的利益为出发点，在这样的基础上再去考虑其他人的感受，那自己就有足够的勇气去拒绝他人，甚至提出自己的要求。

3. 对方自己就可以解决问题

有的人之所以会答应对方的请求，他会以为对方实在没有能力解决这个事情，所以才向自己求助，无形之中夸大了自己的能力。事实上，我们应该考虑到，对方也有一定的能力，他只是不想自己去做而已。所以，我们在拒绝时，要相信对方能够把事情做好，并将自己的想法告诉他。

4. 为了健康也要把“不”说出口

不懂拒绝，长时间下来会给自己身体带来很大的伤害。毕竟长时间违背自己内心的愿望，总去做一些本不情愿的事情，无形的压力会累积在自己心里，并产生一定的负面情绪。比如在公司总是无原则地答应老板安排的事情，回家之后就将气撒在家人身上。如果没通过合理渠道发泄这些不良情绪，那整个人就变得沮丧、并且焦躁不安。所以，为了自己的身心健康，要善于拒绝。

5. 索取应有的报酬

如果实在无法拒绝，那就必须有权利意识，在不好意思拒绝的同时，应当索取应有的报酬。比如，有的职场新人在工作中承揽了所有的工作，承担了所有的大事小事，而且做得很好，却没办法得到应有的报酬，这时你可以主动向上司提出加薪的要求，或者拒绝自己分内之外的工作。

对该拒绝的事要敢于说“不”

你是否希望自己有时可以说“不”呢？在生活中，许多人被迫同意对方的要求，宁愿竭尽全力做事，也不愿意拒绝，即便自己没时间，也要尽量答应下来。事实上，对应该拒绝的事要敢于说“不”，学会拒绝一样可以赢得身边的人对自己的尊敬。在大多数人的心里，拒绝表示漠不关心，甚至自私。担心拒绝会令对方沮丧，担心被讨厌、批评、损害友情。其实，拒绝的能力与自信紧密联系，通常缺乏自信和自尊的人经常为拒绝别人而感到不安，而且有觉得别人的需求比自己的需求更重要的倾向。

当你对邻居说“以后常来玩”时，邻居却提出“我打算带着孩子和宠物在你家里住三个星期”的时候，你是否会感到很为难呢？你可以坦白地告诉他说“我很愿意招待你们几天，但住三个星期是不是太长”呢？毫无疑问，许多人面对这样的情况都不好意思说“不”，当自己不想答应别人求自己的事情时，自己又不好意思拒绝人家。

乐于助人、勤奋这样的品质是很重要的。特别是主动和心甘情愿地给他们帮忙会使自己更加受到欢迎。不过，假如自己是被某种心理的压力所迫，对所有要求都点头应承下来，那其实是屈服于另外一种性质的心理动机，比如希望得到别人的认可或夸赞，担心给对方带来不快和麻烦，希望别人能对自己感恩，希望能有所回报，等等。

在生活中要懂得自重，就应当学会拒绝，在该需要拒绝时就应当毫不犹豫地拒绝。

1. 当有人希望你替他做事时

身边的人因为事情太多，而找到自己帮忙，那么自己偶尔帮助他人一次是可以的，这是正常的，也可以体现自己乐于助人的品格。但是，如果是对方答应了其他人的请求来做这么多事情，那本质上是对方的事情，对

方理应承担某种约定，应该努力践行承诺。如果对方每次完成不了能完成都寻找自己帮忙，希望我们能为他分担责任，那就容易使对方养成每件事都需要别人帮忙的情况。

2. 不要为他人说谎

在生活中，我们永远不要认为自己有义务为他人说谎，比如，孩子想出去玩，他请求你给老师写一张请假的字条；或者闺蜜为了离婚，希望你能提供一些有利于她的证据。类似对方的这些要求是违背我们内心一直坚持的信念的，那就是不要说谎，所以不要违心地去做这些事情，而是敢于直接拒绝。

3. 判断对方的要求是否合理

在生活中，当对方提出自己的要求，我们应当首先考虑这个要求是否合理，是否欠考虑、或者不合适。比如，一个朋友希望你能开车送他去很远的火车站，以便自己能赶上夜里那趟火车。仔细想想这个要求，对方不一定非要自己送，他完全可以选择其他的交通工具，那这时我们就可以拒绝。反之，倘若朋友是处于紧急情况，父母生病了，需要马上赶到医院，那我们反而会主动提出送对方到医院。

4. 权衡利弊

过年过节的时候，远在老家的父母希望你带着一家人回家，这肯定是非常不好拒绝的。不过，假如你们已经有了自己的出行计划，或者回家的费用会超出目前的家庭开支，你也可以巧妙拒绝，然后再找机会回家。

拒绝应遵循的基本原则

拒绝他人也是要讲艺术的，需要告诉对方自己的理由，而且应该态度真诚、明确地把自己的难处和苦衷告诉对方。同时，在拒绝时需要干脆利落，避免支支吾吾，犹豫不决，更不要模棱两可，拐弯抹角。应该明确回答“是”和“不”。表明肯定和否定的两种态度。古希腊哲学家华达哥拉斯说过：“说最短、最老一字‘好’或‘不’，都需要做最慎重的考虑。”当我们经过认真思考，认为这件事是不恰当的，不妨直接地说声“不”，否则会使自己陷入被动局面，这对人对己都是非常不利的。如果一个人不会说“不”，这是人们在人际交往中心理脆弱的表现。他们在拒绝别人时存在一定的心理障碍，他们总是担心拒绝会给予对方一定的伤害，或者自己会失去这段和谐的友情。所以，最后总是会委屈自己，成全别人。然而，在长时间的心理累积中，他们的心里增加了不必要的压力，更有甚者还可能转化为心理疾病。所以，善于拒绝，懂得拒绝，还应该遵循一定的原则。

苏苏在公司市场部工作，她可以说是拒绝的高手。而且，她在拒绝对方的请求之前，总是会很认真地倾听对方，尽可能地弄清楚对方的真实意图，然后再提出几个解决方案，顺便把自己从不必要的负担中脱离出来，同时也帮助对方解决了实际问题。

有一次，公司要开新产品发布会，在发布会上要宣讲和演示公司的新产品，一般还会大规模设置展台，便于让许多合作厂商展示自己的相关产品。由于公司的广告预算比较宽、公关手段强大，所以媒体号召力和影响力都比较巨大，如果幸运合作厂商的产品会被公司演示，或者被安排在展示区比较醒目的位置，这无疑是给这家公司做了一个很好的广告宣传，所以为了展示自己的产品，这些合作厂商往往互相争执，不相上下。

最后，有两个战略合作经理为了给各自负责的合作厂商争取到发布会上的显眼位置，都来与市场部负责新品发布会的同事提出要求，都希望将他们负责的厂商产品放在最显眼的位置，但是，最显眼的位置却只有一个，给了哪一个都会让另外一个心生怨言。更让市场部的同事感到为难的是，这两位战略合作经理与自己关系都不错，平时自己做产品推广时经常需要这些人的配合。所以这两个人的请求不能都同意，也不能都拒绝，更不能敷衍了事，最好不要得罪人。这还真有点难。

不过苏苏却处理得非常好，她没有直接回答行不行，而是先抛出几

个问题。她问：“你们参加这次新品发布会的厂商就这两家吗？”对方回答：“当然不只这两家，十几家呢，不过这两个厂商都比较重要！”苏苏问：“你们部门衡量合作厂商重要性的依据是什么呢？”对方回答：“当然是从我们进货的数量、推广配合度以及他们自身的知名度几个方面来综合考虑了！”苏苏问：“那你们部门有没有按照这些数据，形成一个合作厂商的优先支持排序表呢？”对方回答：“当然，每个季度都会根据他们的表现做及时更新的。”

苏苏说：“那么上个季度你们是如何安排的呢？这个季度是否有需要调整呢？我们在展示区肯定会特别突出那些排序靠前的厂商产品，这样你们先统计一下部门所有合作厂商参展的设备数量以及配置，再按照各部门都认可的厂商排序表，并在展台上标注各个展位的名字，再通知相关部门的相关人员，请大家提出意见，之后上报法律部，看看是否存在法律上的隐患，不要将之前有矛盾的厂家放在一起。这样你觉得怎样呢？”对方只好点头答应下来。

既然有了公平的衡量机制，问题自然就会得到解决。

拒绝时，不说“不”，也不能模棱两可，而是要更积极客观地解决问题。在日常交际中，许多人不知道该怎样拒绝别人的过分要求， 不管是上司还是朋友提出的请求，往往会碍于情面，违心地答应下来又很难勉强去完成，最后自然给大家留下不守信用的印象。

在日常交际过程中，每个人都常常需要拒绝别人或者被别人拒绝。而人际交往过程中的拒绝，不是一般的拒绝，应当能在拒绝中展现出个人品德以及自我修养。在一般情况下，拒绝应该遵循这样一些原则：

1. 照顾对方的自尊

每个人都害怕自己被拒绝，所以在拒绝对方的时候，需要考虑到对方的自尊心，这样可以避免引起双方关系的紧张。具体的方法就是，我们在拒绝之前，需要先称赞对方的优点，然后再慢慢说出自己的想法，这是十分得当的。毕竟人是感情的动物，常常会伴随着一种自尊心，所以，在拒绝对方时需要遵循这一原则。

2. 以情谊来说服对方

在拒绝他人时如果要想让自己的意见不引起对方的反感，最好是让对方明白：我是你最忠实的朋友；自己并不强迫对方接受反对的意见；我是最关心你的人；我是从你的长远利益来考虑的，然后再适时说出自己的想法。

3. 给对方留下退路

当我们需要拒绝那些自以为是，总喜欢坚持自己的意见，始终认为自己非常高明的人时，需要慎重考虑。首先，我们要将对方的话，从头到尾再听一遍。当我们认真听完对方的话后，心中再决定如何去拒绝和说服对方。有时候，我们以不否定对方看法的方式，反而会赢得对方的认可。因为在拒绝前，我们已经给对方留下了余地。

4. 道出实情

我们在拒绝对方的过程中，又希望保持与对方的良好人际关系，就要采取同情的语气，以理解对方的心情来处理。许多人在拒绝对方时，因为感到不好意思，而不敢说出实情，导致对方搞不清自己的真实意图，而产生一些不必要的误会。事实上，在日常交际过程中，必要的拒绝是每个人都会遇到的，所以不要觉得不好意思，我们如果含含糊糊，模棱两可，反而容易引起别人的误会，造成彼此关系的破裂。

说“不”应该注意的禁忌

拒绝难说出口，更需要我们在正式拒绝时注意一些问题。有时，需要拒绝别人的时候，大部分人选择了善意的谎言。在很多时候，真话有可能伤害人的感情，而善意的谎言则可以让事情蒙上和谐的面纱，这也是我们在拒绝他人时需要注意的问题。本来，拒绝对方有时是一个令人难堪的境地，如果我们在拒绝时不注意自己的语气、话语方式以及恰当的时机，那

只会给彼此之间的关系带来一些伤害，甚至会让对方感觉到自尊的伤害。所以，我们在拒绝对方时，应该注意一些禁忌：态度和蔼；拒绝对方要直截了当，明确说出理由；不要伤害对方自尊心；给对方留一个退路；不能把话说绝；考虑拒绝的恰当时机，等等。

吴先生是北京师范大学的教授、博士生导师、著名书法家。

有一次，一个想索求吴先生墨宝的人给他打电话。对方在电话里说："吴老师，您曾为我的一本书题字，现在书已经出版了，明天可否当面送给您。"

吴先生："通过邮局寄给我就好了。"

对方："还是我亲自给你送来吧。"

吴先生："那你就干脆说还有什么其他事吧。"

对方："没事，我就是想看看您。"

吴先生："既然那么想看我，也行，我给你寄张照片去，你可以从从容容地看。"

对方："那不好，还是我来看吧。"

吴先生："那么你明天何时来，说个点儿，我出门，就在大门口，你也不用进我的门了，你不就是为看我吗？"

如果单看吴先生的拒绝之词，未免有点过于直接，如果是遇到一般人，肯定会觉得自尊心非常受伤。但假如将话语放入这个语境之中，又会觉得吴先生的拒绝是很恰当的，原因在于对方脸皮太厚，如果不把拒绝的话说得太直白，对方肯定会觉得自己还有希望，甚至还会纠缠自己。

当然，如果是在平时的交际中，我们在拒绝他人时是不会提倡太过于直接的，应该在尊重对方的前提下，冷静地拒绝。假设一个场景，你正在忙着整理第二天重要会议的资料时，上司走过来对你说："麻烦你先处理一下这份文件。"难道直接对上司说"没看见我正忙着吗"？当然不是，你可以向上司说明第二天重要会议的资料必须尽快完成，然后让上司判断哪个工作更加紧迫。这样上司在权衡之后，会这样说："是这样啊！那你正在做的工作不尽快完成可不行，我的这份后面做比较好。"

拒绝是一种艺术，既能巧妙达到拒绝的目的，又不至于让对方心里产生不快的情绪，这才是高明的拒绝。当别人对你有所求而你却办不到的时候，你不得不说“不”，当然，拒绝并不是以伤害他人为目的，而是以和为贵，要尽可能在不影响两人关系的前提之下进行的。虽然拒绝是很难堪的，但在不得已的时候还是会用到拒绝技巧的，事实上，只要你能够很好地运用拒绝的艺术，它最终带来的并不是尴尬而是愉快。

那么，如何拒绝才能做到“以和为贵”呢？

1. 不要马上拒绝

当别人对你提出要求的时候，不要立即就拒绝。立刻拒绝，会使得他人觉得你是一个冷漠无情的人，甚至觉得你或许对他有某种成见。

2. 不要愤怒地拒绝

如果你正在气头上，别人提出了一些要求，你可以说“我们稍后再谈这个问题，好吗”，千万不要在愤怒之下就拒绝，这样会在言语上伤害到对方。

3. 不要轻易拒绝

面对别人提出的一些要求，不要轻易去拒绝，有的事情你或许能帮上忙。这时候，如果轻易地拒绝了就意味着你失去了帮助别人、获得友谊的机会。毕竟，只有乐于助人才能让你得到更多的朋友。

4. 不要无情地拒绝

当你在拒绝别人的时候，如果表情冷漠，语气严肃，这种毫不通融的拒绝方式会令人难堪，甚至别人有可能与你反目成仇。

5. 不要傲慢地拒绝

当你在拒绝别人的时候，如果总是盛气凌人、态度傲慢，这会使别人难以接受。不妨把态度稍微放得缓和点，尽量顾及到对方的感受。

第二章

死要面子活受罪：不懂拒绝就是让别人主宰你的世界

在日常交际中，许多人不善于拒绝，因为总是好面子。结果，对于别人的要求总是有求必应，真可谓死要面子活受罪，原本属于自己的世界被别人主宰了，这就是不懂拒绝的结果。事实上，面子又算得了什么呢？这比起自己内心承受的苦闷来，还是大胆拒绝更为恰当。

抹不开面子说“不”

许多人都有这样的生活经历，对于身边的朋友或工作上的同事提出的要求，尽管自己无能为力，不过还是实在抹不开面子，硬是将事情包揽下来。不论是大事还是小事，只要别人对自己开口，尽管自己内心是非常不情愿的，但脱口而出的却依然是“可以”。在民间流传着一句话，叫做“死要面子，活受罪”，意思是说，人们往往可以为了面子而忍辱负重，宁愿自己吃大亏，吃闷亏也要在面子上过得去。似乎自己有面子了，在周围人中才被人看得起。实际上，这样决定的结果往往会促使自己放弃为人处世的一些基本原则，而所谓失去了原则得到的面子又有何意义呢。因为面子，所以明明可以说不，但却往往被迫同意对方的请求，宁愿竭尽全力赴约或帮忙，即便自己没有这个时间或能力。

小梦是家里的长女，她还有一个弟弟和妹妹。小梦的父亲很早就去世了，她们只好与妈妈、奶奶相依为命。妈妈作为这个家庭的支柱，需要工作挣钱糊口，奶奶就负责照料小梦三姐弟。在小梦很小的时候，她就学会了帮助妈妈和奶奶干活，照看弟弟妹妹。

在这样的生长环境里，小梦习惯了对弟弟妹妹的照顾，更习惯了他们对自己提要求。弟弟妹妹上大学的时候，小梦正在攻读研究生，自己也没多少钱，不过只要弟弟妹妹跟自己开口说：“姐姐，我没钱了。”这时小梦就赶快把钱给他们送过去，她宁愿自己少吃少穿，也不愿意弟弟和妹妹过着拮据的生活。

毕业之后，不仅仅是家人，连身边的朋友、同事，他们对小梦提出的要求，她都不会拒绝，或者说根本不知道该怎样拒绝。所以工作之后，小梦所感受到的压力比以前更多。在公司上班，领导经常把不该小梦做的工作分配给她，小梦本来是很不愿意的，她也非常想拒绝的，但脱口而出的

却是“好的”。

好不容易到了周末休息，朋友说，想一起去公园走走。小梦正在感冒，很不愿意去，不过又怕扫朋友的兴，就答应了。结果下午从公园准备回家，一个同学又打电话喊她去逛街，尽管小梦感到非常累，但脱口而出却是：“好啊。”说完这句话，小梦真后悔。因为不懂得拒绝，小梦的时间、计划经常被打乱。

小梦说：“我知道自己不是万能的，我也需要有自己的空间，我很想对别人说‘不’。不过我却觉得实在难以开口，我应该怎样摆脱这种违背自己意愿去做事情的心态呢？”

小梦为什么总会答应下来呢？童年时期的生活是很有影响的，小时候逆来顺受，总习惯于对别人提出的要求保持顺从的态度。童年的生活让她自己形成了一种心理定势：我只有顺从和帮助别人，才能变得可爱，才会是乖女孩。在成长的过程中，小梦也是一直在为取悦别人而努力，不管自己有多么不情愿，但她依然选择无条件地帮助别人。结果，这样就形成了一种恶性循环，使得周围的人都希望小梦能随时随地在身边，为他们服务。因为顾全自己的面子，小梦的生活总是身不由己，往往陷入一团混乱之中。

张先生是一个好面子的人，同事有什么急事，他总能热情帮忙，从来不会说一个“不”字。不过最近却为一件事犯难：亲戚做生意资金短缺，张先生帮着他到银行贷款。

后来，这个亲戚生意没做成，银行贷款没办法及时还上。结果张先生白天去找亲戚讨钱没讨着，晚上回来还得听妻子埋怨。

案例中的故事在社会上很普遍，也就是人们常说的“面子”问题。日常生活中的每个人，都离不开一定的环境而生存，我们在生活的过程中都会遇到这样或那样的问题，人们常常为了面子而疲惫地生活着，其中就有不懂得拒绝的疲惫感。在人群中，有的人看起来就是那种乖乖女，你说一她不会说二，对于这样的人，有的人就习惯于将自己本来应该承担的责任推给她，而且还会养成一个习惯，知道她也不会拒绝。乖巧的人毕竟能力

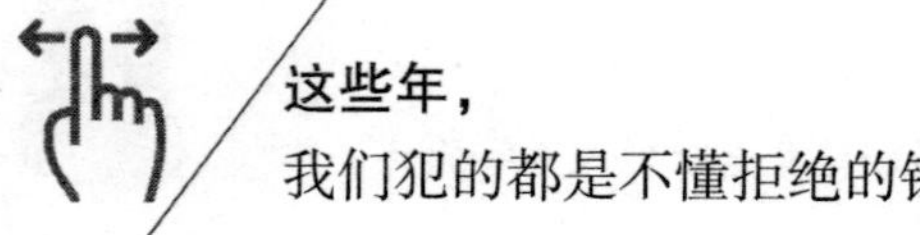

有限，却需要经常满足别人的需求，这很容易使自己心理压抑、造成沮丧的情绪。

小伟品德好、技术优、为人谦虚、老实，鹤立鸡群的感觉既让自己感到荣耀，又使自己感觉到太孤立。

有一次，同事主动与小伟拉关系，说是带他出去见识见识。于是，先是带小伟去网吧，下饭馆、赌博，后来还去洗浴城接受了异性按摩。虽然小伟开始非常不情愿，不过碍于情面还是跟同事一起去了。结果，一而再，再而三，小伟从一个老好人就这样渐渐变成了一个吃喝嫖赌的小混混了。

碍于情面，不会拒绝，让小伟最终走上了邪途。不过在现实生活中仍然有许多人，在关键时刻拉不下情面，不知道或者不会说“不”，这其实是人际交往中的一种心理误区。心理学家认为，不会说“不”，这是在人际交往中心理脆弱的表现。他们在拒绝他人方面存在一定的心理障碍，他们总是担心拒绝了对方会伤害其自尊心，所以总是宁愿牺牲自己，委屈自己，最终成全别人。他们的心里是极其矛盾的：有的人把人际关系看得过重，以不情愿的方式来讨好或顺从对方；有的人则存在一种虚荣心理，自己本身没有这个能力，却总怕他人看低自己，只好痛苦地硬撑着。

碍于情面，不敢拒绝的真实原因是什么呢？

1. 怯弱心理、自卑

在日常交际中，有的人为了结交朋友，展示自己的能力，为了赢得周围人的好感，而硬着头皮去答应一些事情。结果对方会得寸进尺，进一步提出更多不合理、太过分的要求；同时也会让对方认为你是一个没有个性的人，也不会愿意与你成为朋友。所以，不懂得拒绝，既得不到真心的朋友，也会伤害自己。

2. 想得很美好

他们心里总想：“我必须与周围的每个人都建立友好的关系”、“我只有顺从对方才能继续保持友谊”、“假如我拒绝别人的要求，我也许就会失去这个朋友”、“拒绝别人的要求，他们会认为我比较缺乏诚意，别人也不会再愿意与我做朋友”……结果过分地要求自己，主观盲目地高

估自己，不允许自己拒绝任何一个请求，从而给自己带来了巨大的心理压力。

3. 缺乏自主性

在人际交往中，缺乏独立自主的精神，没有个性和原则，总是一味地迁就和顺从，甚至意识不到自己也有“拒绝”的权力。最后导致的结果就是：失去了人际交往的平等和尊重。

没有金刚钻，别揽瓷器活

《论语》曰：“君子先行其言而后从之。”有些人为了面子，对于自己原来毫无把握的事情总是轻易许诺，不好意思拒绝，然后却无法兑现诺言，令人失望。其实，在很多时候，如果你真的有把握办成这件事情，根本没有必要信誓旦旦地过分张扬，人们所看重是你的行动，而不是你的信口开河。在现实生活中，许多人摆着一副死猪不怕开水烫的样子，面对做不到的事情，不敢开口拒绝，总是夸口答应下来。当然，承诺自己能办到的事情自然是可以的，可是，如果是一些自己根本难以办到的事情也答应了下来，到最后，吃亏的只能是你自己。聪明的人在考察一个人是否做事稳健可靠，他会观察你的言行，诸如轻易许诺这样的行为，就会成为他断定你做事不够稳妥的理由之一。真所谓“没有金刚钻，别揽瓷器活”，既然没有这个能力，那还是选择拒绝的好。

孙先生是一家外贸公司地区市场负责人，他一直想将分公司的销售工作做好，于是就抓住每一次机会向销售部门提出种种计划。他每一次出差到总公司时，就向销售科长说：“我那边的产品A销售量增加，要求增加该产品的供应量。”“目前我那边产品B销售量不佳，应该减少货源”“顾客普遍要求送货上门，我们是否考虑开办这项业务，既能方便顾客也能保持客源。”每一次他提出这些问题时，销售科长都会回答他说：“是这样啊！知道了，我可以先考虑一下。”或者说“我可以和上司商量一下，以后再说好吗。”每次都是这样，总是无法给他一个较明确的答复。

一转眼两个月过去了，而自己申请中提到的那些事还是一点都没有变化。孙先生想尽各种办法，通过厂长向总公司的常务董事提出报告。常务董事听后说：“原来是这样，我知道了。我会好好安排，让销售科长去办好这件事。”王先生从常务董事处听到此消息后，非常高兴，以为销售问题马上可以解决了，于是就向员工和顾客许诺：问题很快会解决，这只是个时间的问题。

又过了三个月，还是一点动静也没有，到了第六个月，才有了小小的销售变动，不过，只是些表面的工作而已。至此，下属和顾客开始对孙先生越来越不信任了。

虽然，孙先生确实做了很大的努力，但是下属和顾客却不免觉得他对自己失信了。当然，错误并不在于孙先生本身，但由于他碍于情面，不好意思拒绝，连忙答应了下来，结果事情又没办成。在很多时候，当我们听到别人的请求时，本以为事情很容易解决，于是就一口答应了下来，而不详细考虑事情的来龙去脉。最后，由于情况突然的变化，或者自己的判断错误，而导致事情迟迟不能解决，这样我们就会失信于别人。所以许诺虽很容易，兑现却是难于上青天，到头来只能落得个众叛亲离的结局。

华哥做事一向比较稳健，因此，他不轻易向人许诺，可一旦许诺，就一定会兑现自己的诺言。朋友王朗却是一个遇事缺乏思考的人，凡事他往往只想到了眼前，而不仔细考虑事情的后果。为了面子，他宁愿先点头答应下来，而不会拒绝。

有一次，华哥与王朗一起乘船逃难。正在这时，有一个人要搭船，华哥有点为难，王朗却毫不犹豫地说：“希望你表现得大度一些，搭搭船有什么不行呢？”后来，强盗追来了，王朗却又想把那位搭船的人扔掉，华哥说：“我刚才之所以犹豫，正是因为这个，现在既然已经接纳了他，他把自己托付给我们了，怎么能因为危难而抛弃他呢？”

从故事中，不难看出，王朗确实是一个好轻易许诺的人，而且，在

许诺之后，事情有了变化，他又想逃避自己的责任。而华哥在事情最初的时候，就考虑得很全面，一旦许下了诺言，就应该坚持到底。如此看来，仅仅因为“轻易许诺”这件事，将会直接看出一个人的思想道德品质如何。

1. 实事求是

当别人请求自己的时候，我们首先应该想想自己能不能办到，这是我们每个人必须明白的道理。如果你手中有点权力，那更应该不容忽视，有可能亲戚朋友向你请求办事的情况比较多，这时候，你处事更应该稳妥。有时候，可能你真的很难办到，或者有规定不允许，你应该这样对朋友说“这事难度比较大，我也只能试试，能不能成也很难说，你也不要抱太大的希望”。

2. 扮演好自己的角色

给自己做些心理指令，促使自己下决心开口。如：“我认为应当拒绝她的要求”；“没有关系，解释一下，她一定会理解的”等。当你真的拒绝了别人后，你就会觉得好像也没多大关系。其实，问题不在于发生了什么，而在于你怎样对待它。

3. 考虑自己的承受力

我们做任何事都要考虑到自己的承受力，过度关注他人的要求会造成自己不必要的心理紧张，给自己的健康造成损害。如果因为难以拒绝而烦心，可找一些朋友倾诉，以缓解自己焦虑的心情。最后，如实在抹不开面子，也可采用发短信、写信、请别人转告等形式予以拒绝，这样可以暂时缓冲尴尬局面。

4. 改变心理定势

在很多时候，如果难以拒绝，硬要揽下“瓷器活”，那不妨增加自信心改变心理定势，做回自己。明确坦言什么是自己真正想要的，更好地认识自己，找出什么是自己在工作、学习和生活中必需的，抛弃面子心理，并充分认识自己在人际交往中学会拒绝的重要性，这样对人对己都是有利的。

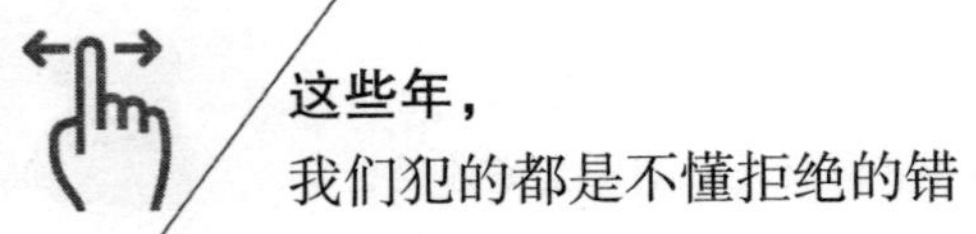

改变唯唯诺诺的个性

任何时候，我们都应该自信而勇敢地追求自己的人生，从来不以唯唯诺诺的行为来敷衍了事。唯唯诺诺是形容人很没有主见，心中没有主意，总是一味地顺从、恭顺听话，对一些既成的事实深信不疑，缺乏一定的怀疑精神。在他们身上时常显露出这样的特点：嘴里好像从来不说“不”，总是“好”、“是的”；面对他人的提问，只是点头从不摇头。也许，有人会问：难道他们就没有自己的想法和立场吗？当然不是，他们之所以唯唯诺诺是因为内心的不自信，以及缺乏表露自己想法的勇气。这样的人更不善于拒绝，所以原本属于自己的世界也被他人占据了。

老张是公司的老员工，辛辛苦苦工作多年了，职位却一直没有变。在平时的工作中，他认真负责，与身边的同事相处得也比较和睦，对上司更是敬重有加，不过，进入公司快十年了，许多比他晚进公司的同事都得到了晋升，只有他却还在原地踏步。同事戏谑地问他：“对你的工作挺满意吧？”他总是乐呵呵地回答：“是的。”在与同事相处中，遇到不同的意见，老张总是对这位说：“是，你说得对。”回过头，又对那位也说：“对，你说得没错。”这样没有立场的说话态度，让同事们感到很扫兴。

实际上，老张并没有发现自己没有得到重用的原因就在于自己这种唯唯诺诺的性格，不管是与上司打交道，还是和办公室的同事相处，他从来都是一副很顺从不争执的样子。这点可以从他的说话看得出来，比如，他总是说“是是是”、“好好好”，从来不会说任何反对的意见。刚开始同事接触到他，以为他这样的性格是由于陌生的关系，不想得罪人。时间长了，与同事都熟悉了后，他还是这样的性格特点，同事就觉得很讨厌了，而且，总觉得他这个人比较“虚伪”，不愿意与之交往。上司觉得老张没有自己的想法，只会一味地顺从，这样的人对公司不会有多大的帮助，于

是就一直没有重用他。

在公司，没有谁与老张能够谈得来，因为大家觉得他这种模棱两可的表达方式，唯唯诺诺的个性也让自己非常不舒服。所以，最后老张既没有得到领导的赏识，也无法获得同事的好感，而且还令人非常讨厌。

虽然，恭顺比较讨上司的喜欢，但是，不懂拒绝、一味地服从也会让上司感到厌烦。在更多的时候，上司希望下属能够有自己独当一面的见解，这样才能够看清楚一个人的价值。如果在任何时候都显得唯唯诺诺，不敢表露自己的真实想法，诸如老张这样的下属就不会得到重用。对于那些唯唯诺诺的人，他们身上还会显露另一个特点：做事犹豫不决，缺乏勇气。通常去做一件事情的时候，他们无法相信自己的判断力，以至于到最后他们也没有勇气去做这件事情。

福特汽车总裁菲利普说："如果缺乏冒险精神，今天就没有电源、镭射光束、飞机、人造卫星，也没有盘尼西林和汽车，成千上万的成果将不复存在。如果生活在一个没有冒险的世界里，我们必将面临重重危机。"所以，放下自己的唯唯诺诺，打造充满勇气的智慧人生。

在日常生活中，我们不能老是说"是"，还需要善于说出"不"。有的人不敢说"不"，结果不仅使自己陷入尴尬，还会使对方有所误会，甚至造成彼此之间关系疏远。有人抱怨"那些拒绝的话如何说得出口"，其实，拒绝并不意味着就一定会伤害他人，之所以不敢拒绝，是因为我们还存在着一定的心理障碍。

周末，好友芳芳热情地找上门来，对扬扬说；"放假了，好不容易有点休息时间，走，我们一起出去玩玩吧！"扬扬面露为难的神色，芳芳又接着说："听说江边的那家书店到了好多新书，咱们去一睹为快吧。"说完，拉着扬扬就要走。可是，扬扬还有不少事情要做，而且妈妈出差在外，爸爸早上出门时，告诉她抄表员要来查水表，让她在家别离开。这真让扬扬觉得很为难，一时之间，拒绝的话真难以说出口。

面对芳芳的热情邀请，扬扬不答应怕拂了好友的面子，而她又实在不能出去玩。于是，她陷入了两难的境地。拒绝的话说不出口，最关键的原因还在于自己的心理障碍，那么如何破除自己的心理障碍？

1. 拒绝是一种自卫

有时候，别人提出的可能是一些不合理、不合适的要求或者是自己根本不愿意去做的事情，这时候，拒绝其实是一种自我保护。比如，自己的胃比较娇惯，不能吃过于辛辣的食物，面对来自重庆同事的邀请，你就可以委婉拒绝“那我吃饱了再去餐厅找你们吧，我吃不惯火锅”。

2. 拒绝是一种智慧

或许你明明知道那位朋友是借钱不还的那种人，但面对他的要求，你还是难以拒绝，那最后吃亏的只能是你自己。所以，面对他提出的借钱要求，你可以直接拒绝“我的工资都是妈妈帮忙管理的，我每天就拿点吃饭的钱，实在不好意思啊”。

3. 大胆说出“不”

可能，在很多时候你都习惯说“是”，于是，身边的人都认为你是个很好说话的人，经常会忽略你的意见。那么，不妨大声说出“不”，勇敢地表达出自己的意见，肯定会为你的形象加分不少。

坚持自己的观点，直到最后一刻

很多时候，你难以拒绝对方，是因为你一直未能坚持自己的立场。每个人对每一个特定的事物都会有一个主观的看法和评价，一味在意别人的看法，你将找不到属于自己的路。每个人都有自己的特点和优势，别人对你的简单评价，并不足以反应你的真实情况。所以做人要有自己的主见，有充分的自信，相信自己的判断力，不要轻易地听从他人的意见，而改变自己的主张。我们每个人的使命终究还要靠自己来完成，你人生的目标，是独一无二的，是专属于你自己的。它既神秘而又绚烂，值得你用一生去追求。

从前，有一位中文系的学子酷爱文学，他苦心撰写了一部小说，请求一位著名作家指教。因为作家正患眼疾，学生便将作品读给作家听。读到最后一个字，学生停顿下来。作家问道："结束了吗？"听语气似乎是作家意犹未尽，渴望下文。这一追问，煽起学生的激情，立刻灵感喷发，马上接续到："没有啊，下部分更精彩！"他以连自己都难以置信的构思叙述下去。

说完一个段落，作家又似乎难以割舍地问："结束了吗？"

年轻人心想我的小说一定是精彩绝伦，叫人欲罢不能！他这样想着，心里更加兴奋，更加激昂，更富于创作激情。他就这样不停地往下接续……最后，电话的铃声骤然响起，打断了学生的思路。

这时有客人到作家家里做客，他们的交谈被迫中断了。作家说，"其实你的小说早该收笔了，在我第一次询问你是否结束的时候，就应该结束。何必画蛇添足，狗尾续貂呢？该停则止，看来，你还没把握情节脉络，尤其是缺乏决断。决断是当作家的根本，否则，像这样拖泥带水，如何能打动读者？"

学生追悔莫及，想想作家的意见，觉得自己的性格和情绪易受外界因素左右，不能沉下心来，把握作品的主旨，恐怕不是当作家的料。

没过多久，这个学子遇到另一位作家，羞愧地谈及往事，谁知这位作家却惊呼："你的反应如此迅捷、思维如此敏锐、编造故事的能力如此强盛，这些正是当一个作家的天赋啊！"

不同的两位作家，从不同的方面给予了截然相反的两种评价。学生听后，心中不禁一片茫然。

美国职业足球教练文斯·伦巴迪当年曾被批评为"对足球只懂皮毛，缺乏斗志"。贝多芬学拉小提琴时，技术并不高明，他宁可拉他自己作的曲子，也不肯改善拉琴的技巧，他的老师说他绝不是个当作曲家的料。但他们都勇于走自己的路，不被别人的意见或评论所左右，最后都取得了举世瞩目的成绩。

蒙提·罗伯茨在圣司多罗有个牧马场，他在一次活动的致辞中提到这样一个故事：初中时，有一次老师叫全班同学写作文。那一晚，一个小男孩费了很大的心血把作文写好了，他描述他的宏伟志向，那就是拥有一个属于自己的牧场。他还仔细地画了一张200亩牧场的设计图，上面标有马厩和跑道的位置，在这一大片牧场中央还要建一栋占地400平方米的豪宅。

两天后他拿回了作文，看到第一页上打了一个又红又大的“F”，小男孩下课后带着作文去找老师：“为什么给我不及格？”老师回答说：“你小小年纪，不要老做白日梦了。你没有钱，没有家庭背景，什么都没有，你别太异想天开了。”他接着说：“假如你肯重写一个不怎么离谱的志愿，我会重新考虑给你打分。”小男孩回家反复思考了很久，然后征求父亲的意见。父亲对他说：“儿子，这是非常重要的决定，你一定要自己拿主意。”经过再三考虑，这个男孩决定原样交回。他告诉老师：“就算拿个大红字，我也不愿意放弃梦想。”

“我讲这个故事，是因为各位现在就在这200亩牧场及占地400平方米的豪宅前，那份初中时写的作文我至今也还保留着。”罗伯茨对大家说：“有趣的是，两年前的夏天那位老师带了30个学生来到我的牧场露营一星期，离开之前，他对我说：‘蒙提，说来有些惭愧，你读初中时我曾泼你冷水，幸亏你有这样的毅力才实现自己的梦想。”

要知道，在这个世界上，生活着数十亿各具有不同特质的人，在他们各自的生活轨迹中，至少也存在过上亿种成功模式。当我们每一个人特定的优势与劣势、需要与理想是如此的与众不同时，怎么可能会存在有一种放之四海而皆准的成功模式呢?

1. 人生只属于你自己

人生只属于自己，一味遵循他人的思想，不敢面对真理是极其懦弱的表现，这样的人生是悲哀的。我们应该做主宰自己命运的人，走自己的路，走出自己特别的风格，走出自己独特的个性，那样我们的人生才会是独特的，才会是精彩的。

2. 自己的人生是独一无二的

如同我们每一个人有不同的生活轨迹一样，每一个人对成功的理解也

是截然不同的。成功的意义并不取决于你渴望的目标，而是取决于你达到目标后的满意程度。也就是说，每一个人都应该有自己的人生，有自己的成功之路。在这条成功之路上，我们都应该有属于自己的成功底牌，打拼出自己独特出色的人生。

3. 不要泯灭自己的个性

人应该要从没有路的地方走出一条路来，不要泯灭了自己的个性，一味地模仿别人。那样只会迷失自我，连自己的命运自己都把握不了。“走自己的路，让别人去说吧！”我们对但丁的这句名言并不陌生。可是，我们在日常生活中是否真正信奉它，实践它呢？

走自己的路，远离他人的干扰

在生活中，许多不懂得拒绝的人总会轻易地受到其他人的干扰，从而不能顺畅地走自己的路，做自己的事情。小时候，每个人都有宏大的理想想作伟人，成为世界首富，策划许多有创意的事情……总之，希望自己拥有精彩的人生，成为最杰出的人。但是后来呢？当你年龄增长到可以去实现自己的理想时，四面八方的压力会一涌而至。你耳边不断萦绕着别人的议论：“别做白日梦了”，你的想法“不切实际、愚蠢、幼稚可笑”，“必须要有天大的运气或贵人相助”或“你太老”、“你太年轻”。不可否认对方的建议都有合理性的成分，但自己的人生之路还是要自己去走，不能总是仰仗他人的帮助。建立起自己足够强大的自信，我们才可以将“拒绝”轻松说出口。

一群蛤蟆在进行竞赛，看谁先到达一座高塔的顶端，周围有一大群围观的蛤蟆在看热闹。

竞赛开始了，只听到围观者一片嘘声：“太难为它们了，这些蛤蟆无法达到目的，无法达到目的……”蛤蟆们开始泄气了。可是还有一些蛤蟆在分别摸索着向上爬去。

围观的蛤蟆继续喊着：“太艰苦了，你们不可能到达塔顶的！”好多的蛤蟆都被说服停了下来，只有一只蛤蟆一如既往地继续向前，并且更加努力地向前爬。

比赛结束，其他蛤蟆都半途而废，只有那只蛤蟆以令人不解的毅力一直坚持了下来，它竭尽全力终于到达了终点。

其他的蛤蟆都很好奇，想知道为什么它就能够做到呢。

后来大家惊讶地发现——它是一只聋蛤蟆！

你是要成功还是要听别人的话？如果有人说，你无法实现你的梦想，你也能做一个“聋子”吗？之所以要走自己的路，完全是因为我们每个人都是独具特色的——永远不要忘记这一点！尽管每一枚雪花都是六角形的，却没有完全相同的两片雪花；我们人也是如此，尽管人海茫茫，但谁也不可能找不到两个外貌、个性和特长都一样的人。每个人都是很独特的，无论在哪里，都是一道靓丽的风景。

有一个僧人道游，一心向佛，但他苦心修行了十多年。始终没悟出什么禅理来，眼看着师弟们一个个悟道出师了，而自己却没有多大的进步，仍是大俗人一个，不由得他心急如焚了。道游心想，自己既不懂得幽默，头脑又不灵活，所以入不了门。他不想再这样苦苦的修炼下去，认为不会有什么结果，还是做个苦行僧算了。

于是，道游打点好行李，决定出去云游。临走前，他来到法堂，向广固禅师辞行。道游跪在广固禅师面前，说道：“师傅，学僧辜负了您的教导，学僧跟您习禅已有十年之久，但却始终悟不出一点东西来。我想，我实在不是一块学禅的料，因此，想到外云游，特来向您老人家辞行。”广固禅师非常惊讶，问道:“为什么还没有觉悟就要走呢？难道在这里觉悟不出来，到别处就可以觉悟了吗”？道游诚恳地禀告道：“我每天除了吃饭，睡觉之外，将自己的全部时间与精力都花在参禅悟道上了，这么用功还是没能开悟，我想我和禅可能是无缘吧。看着师弟们一个个都出师了，我心里难受。师傅，还是让我去做个苦行僧吧，这样我的心里会好受

点”。广固禅师说道：“别人有别人的境界，你修你的禅道，这本来是互不相干的两回事啊，为什么非要混为一谈呢”?道游非常沮丧，辩解道:“师傅，您不知道，我跟师弟们一比，就好像小麻雀见到了大鹏鸟，心里难受极了。”

广固禅师又问道：“那么你说说看，大鹏鸟怎样的大?小麻雀又怎样的小”?道游答道:“大鹏鸟轻轻一展翅，就能飞越几百里，而我无论怎样努力，也只能飞出几丈而已。”广固禅师听了他的话，意味深长地说：“大鹏鸟一展翅就能飞出几百里，它能不能飞越生死界限呢”？道游禅僧默然不语，收起自己的行李，再也不提云游的事了。

有人觉得自己的岗位很普通，感叹自己的工作谁都可以做，经常高兴不起来。同样的工作许多人都能做，但不是谁都可以做；即使自己的工作别人也能做，但未必做的都一样，自己多少还是有独具特色的地方的吧？

1. 自己永远是无可替代的

如果将自己在某方面无人能比，不可替代性作为自己快乐的前提，简直是对自己的折磨，而且几乎没人能够做得到举几个例子来说明吧！就像千古一帝秦始皇，扫荡六国。统一中国，其功勋恐怕是很少有人可以与之比肩的吧？但他死后不几年，经过小乱之后而有汉，历史不是又向前进了一大步吗？

2. 少比较，自信多一点

俗话说：“人比人，气死人”。其实，每个人都是独具一格的自己，没有必要和别人比较。即使我们某一方面比别人差，也要学会从别的方面找到平衡。也许在另一方面，我们又比别人还要优秀呢。所以，一个人，不必等到优秀得别人都得仰视自己的时候，或当别人都无法代替自己的时候，才能感到快乐！要知道快乐是自己的，快乐属于自己的每一天！

第三章

总答应不想答应的事情：你有“好人”情结吗?

在朋友、同事眼中，你是否是一个典型的老好人？为人和善，在与人发生冲突时，即使自己是对的，也从不自我辩解；有人请求帮忙，从来不会拒绝；为了交际，甚至有时会放弃原则去获得朋友圈的一种表面和谐。事实上，好人情结也是一种心理偏差。

渴望被更多的人肯定

美国心理学家威廉·詹姆士曾说：“人类本质中最殷切的需求就是渴望被肯定。”不管是大人还是孩子，肯定他、赞美他都是调动其积极性的好方法，因为肯定和赞美是人们共有的心理需要。无疑，人们迫切需要被人肯定，所以他们在面对来自对方的请求时，常常会在肯定或赞美之后选择答应下来。美国心理学家马斯洛认为，人有生理需要、安全需要、人际关系需要、尊重和荣誉的需要、自我实现的需要。在日常生活中，一个人除了最基本、最原始的食物需要外，还有渴望得到别人的肯定和赞美的需要，这是高级的需要。在生活中，许多人总是会答应一些自己不愿意答应的事情，原因大概就是基于自己渴望被肯定。

有一次，曾国藩用完晚饭后与几位幕僚闲谈，评论当今英雄。他说：“彭玉麟、李鸿章都是大才，为我所不及。我可自许者，只是生平不好谀耳。”一位幕僚说：“各有所长：彭公威猛，人不敢欺；李公精明，人不能欺。”说到这里，他说不下去了。曾国藩又问：“你们以为我怎样？”众人皆低头不语。忽然走出一位光管抄写的后生过来插话道：“曾师是仁德，人不忍欺。”众人听了齐拍手。曾国藩十分满意地说：“不敢当，不敢当。”后生告退而去。曾氏问：“此是何人？”幕僚告诉他：“此人是扬州人。入过学，家贫，办事还算谨慎。”曾国藩听完后说：“此人有大才，不可埋没。”不久，曾国藩升任两江总督，就派这位后生去扬州做了盐运使。

众人皆知，曾国藩自认为自己“仁德”，都希望大家附和他，希望他的仁德能够得到大家的认可。那位后生，真可谓是“区区一句话，胜读十年书”。正是他抓住了曾国藩自以为“仁德”这一点，投其所好地进行了赞美，结果就使得曾国藩无法拒绝他的赞赏，于是对其予以重用，这不得不说因为渴望肯定与赞美，所以也就没办法拒绝来自别人的请求。

美国著名作家马克.吐温曾经不无夸张地承认：一句美好的赞扬，能使他不吃不喝活上两个月。那么，当我们听到别人的赞美时，根本无法抑制内心的冲动，以至于会甘愿服从，尽心尽力地做事，毫无怨言。或许，本来我们是不那么愿意帮忙的，但在听到对方的肯定与赞赏之后，便会觉得飘飘然，因为我们内心太想得到这些肯定了，所以即使是上刀山下火海也会无怨无悔。

卡内基的副手派伯中校是一位有些古怪、并有些可爱的人。有一次，卡内基正准备在圣路易斯的某个地方为公司刚修好的一座桥征收税款。在这个关键时刻，中校派伯却突然想家了，他头脑一热，就想搭夜班车马上回匹兹堡。眼看着卡内基的计划就要毁于中校的心血来潮的行为之中了。

在这关键时刻，卡内基灵光一闪，他没有乞求中校留下来帮他把这件事情办好。相反，他却不动声色地和中校谈起了另一个话题。平时，他就注意到，中校喜欢名马，并且对名马颇有研究。于是，卡内基就对中校说，以前他听人说过，圣路易斯专门产名马，因此一直以来，他就想给他的姐妹买匹好马，以供她们驾车，所以，他请求中校帮他挑匹好马，暂时不要急着回家。听了卡内基的话，这位可爱的派伯中校果然心甘情愿地留了下来。

在这个案例中，派伯本来是不愿意留下来的，但是他喜欢名马，而且对名马颇有研究。当卡内基对他说：“以前我听人说过，圣路易斯专门产名马，因此一直以来，我就想给我的姐妹买匹好马，以供她们驾车，所以，我请求中校帮我挑匹好马，可以吗？”从这个请求中，一方面可以看出卡内基对派伯关于马的研究的肯定；另一方面带着请求的意味，两者都是对派伯本人的一种欣赏与肯定，自然而言，派伯完全无法拒绝，他就这样留了下来，而且没有丝毫抱怨的情绪。

有一位教育博士曾在一所学校做过这样一个著名的实验：新学期开始时，博士让校长把三位教授叫进办公室，对他们说：“根据你们过去的教学表现，你们是本校最优秀的教师。因此，我们特意挑选了一百名全校最聪明的学生组成三个班让你们教。这些学生的智商比其他孩子都高，希望

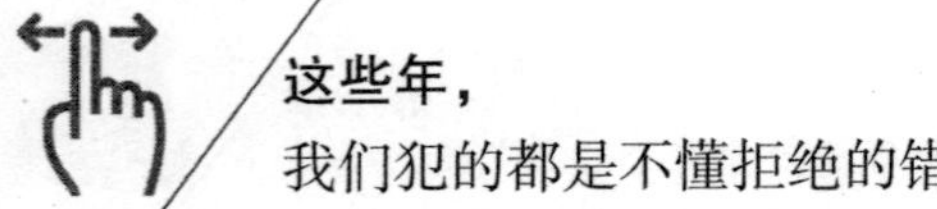

能让他们取得更好的成绩。”

三位老师都高兴地表示一定尽力。校长又叮嘱他们，对待这些孩子，要像平时一样，不要让孩子或孩子的家长知道他们是被特意挑选出来的，老师们答应了。

一年之后，这三个班的学生成绩果然排在了整个学区的前列。这时，校长告诉了老师们的真相：这些学生并不是刻意选出的最优秀的学生，只不过是随机抽调出的最普通的学生。老师们没有想到是这样，都以为自己的教学水平确实很高。

这时校长又告诉他们另一个真相，那就是：他们也不是被特意挑选出来的全校最优秀的教师，也不过是随机抽调出的普通老师罢了。这个结果正是所博士料到的，因为这三位教授都认为自己是最优秀的，并且学生又都是高智商的，因此对教学工作充满了信心。

校长首先肯定了老师们的教学能力，所以老师们自己也认为自己是最优秀的，所以对自己的工作充满了信心，他们根本无法拒绝校长的要求。最终的真相，其实教师和学生都是普通的，都是随机挑选出来的。但是依然能使学生的成绩名列前茅。当然，其中离不开老师和学生的努力，但是最重要的还是老师们的能力被肯定了，因为他们对自己的教学充满了自信，而激发出来无限潜力。

在生活中，你是否因为对方的肯定而无法拒绝呢？尽管你不愿意承认，但事实的确如此。因为被肯定是来自内心最深层次的需求，所以一旦自己被肯定了，那就再也没办法把“不”说出口了。

不要让付出成为习惯

在生活中，有很多人总是习惯于默默付出，他们就好像勤劳的小蜜蜂一样，不知疲倦地帮助别人。因为无法拒绝，所以形成心理定势——使

付出成为习惯。然而，这样的人在交际中并不算讨好的，因为一旦他习惯了总是在付出，如果其中一次你不想付出，别人就会对其不屑。比如，总是帮助朋友，但如果有一次无法帮助朋友，那朋友便会觉得你没有帮他是不对的；在爱情中，总是心甘情愿地付出，为对方默默地做一些事情，结果并不能得到期望中的爱情；对亲人总是有求必应，他们会将本来自己的责任也慢慢推到你身上。一旦你的付出成为习惯，那你的付出就是无价值的，在别人看来就是天经地义的，如果你停止付出，那就会惹人讨厌。假如你已经是一个习惯付出的人，那你在付出的同时不妨考虑一下自己，争取一些应该得到的利益，或者维护自己应有的权利，那就是拒绝的权利。

小瑶是一位善良的女孩子，她喜欢帮助朋友，每当朋友提出什么要求，她总是尽自己最大的努力去帮助对方，从来不拒绝，也不会有什么怨言。所以，朋友有事情，一定会马上向她求助，她已渐渐成为朋友的拐杖。

有一次，小瑶还在公司上班，朋友打电话来，说自己忘了及时还信用卡了，现在还有一个小时了，但手中没这么多钱，她希望小瑶能够帮助自己。小瑶二话不说，挂了电话就请假出去，急匆匆赶到银行帮朋友还信用卡。尽管，后来朋友再三表示了感谢，但小瑶还是被老板训了几句。小瑶天真地想：为了朋友，付出点没什么。

渐渐地，朋友养成了习惯：失恋了，她在电话里哭着向小瑶求救，于是，小瑶马上出去，随叫随到，不管是烈日炎炎的大中午，还是凌晨三点；工作不顺心了，一个电话打过来，一倾诉就是半个小时，小瑶总是耐心地听着，哪怕自己还在赶写文案；需要借钱了，朋友总是第一个打电话向小瑶求救，希望她能帮助自己渡过难关，这时小瑶又会将自己身上所有的积蓄都借给朋友。

但是，小瑶在有时候也会不开心：自己跟男朋友吵架的时候，打电话给朋友想诉诉苦，但朋友却说“我在外面逛街呢，一会再说吧”；自己工作不顺心的时候，希望能跟朋友聚聚的时候，朋友总是说“不好意思，我没时间”；自己经济紧张的时候，还没来得及向朋友开口，朋友就说“我

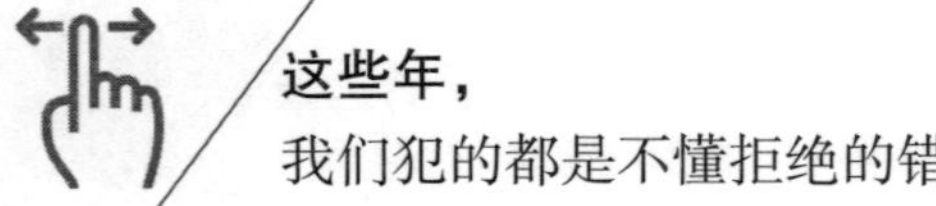

最近手头也比较紧”……

到头来，这段友情不过是小瑶自编自演的所谓“深情”，因为习惯了付出，所以她总是无法拒绝朋友的请求，一次次心软，养成了她再也没办法拒绝的习惯。

为朋友两肋插刀是应该的，不过要看我们面对是什么样的朋友。有些所谓的“朋友”喜欢占便宜，往往会利用我们的善良、心软，一次次把他的要求强加给我们。尽管我们在很多时候也感觉很无奈，但碍于面子还是会一次次满足了对方的要求。实际上，一味的索求就是变相勒索，由于自己付出成为习惯，朋友同事都愿意找我们帮忙，找我们的人多了，就会加重自己的负担，常常令我们感到厌烦。这时我们应该反思自己是不是人太好了，是不是付出已成为一种习惯。要明白一切的付出都应该适可而止，对朋友也是如此。

初入职场，露露谨记母亲的教诲。只要是领导布置的任务，她即使是加班加点，也总会按时完成。和领导打交道的时候，她总是小心翼翼，生怕说错一句话，做错一个动作，惹得领导不开心。与领导同行时，都让领导走在前面，双手给领导递东西……有两次在会议室开会，露露看到领导茶杯空了，就主动去加点水。在场的两个女同事还一边笑，一边开玩笑说露露“很懂事”。

同事们需要什么帮助，露露即使自己很为难，但也从不说“不”。在公司里，和露露一起工作的是苏姐，比露露先来公司两年多，露露礼貌地称她苏姐。露露入职一个月左右时，领导吩咐“苏姐”加班，但“苏姐”私下求助露露，说家里有事，希望她能帮忙顶一下。“我当时想都没想就答应了。”露露为此推掉了和姐妹的饭局，当晚就在公司加班到9点多才回家。之后，“苏姐”只要遇到不想干的事情，都会直接推给露露。露露很生气，即使心里不愿意，但面对同事的要求，她脸上还是勉强挂着笑容。

露露觉得自己一到办公室，就变成了一个没有主见的人。即使心里很窝火，但她一直都说服自己，吃点亏至少能换来了同事的好印象。可是上

个月，露露无意中得知，这个苏姐和另外两个女同事在背后议论她，说她对人假惺惺的，喜欢拍马屁。

如今，露露觉得很委屈，自己对人热情居然被大家误解，她不知道该怎么与同事相处，干脆把自己一个人锁在屋里深思。

当付出成为习惯，自己累了，身边的人也懂得了推卸责任，所以于人于己都没有多少好处的。对亲戚朋友习惯付出，养成了他们凡事依靠别人的习惯，同时把自己也累得够呛；在公司尽职尽责，只要是领导吩咐的事情都答应下来，结果累了自己，也让老板养成依赖你的习惯。而且，并非所有的付出都能换来真心，并不是所有的付出都有价值，有时候你付出越多，受伤越多，比如在爱情里付出越多的人往往也是受伤最多的人。

1. 付出是一种心理偏差

过分付出是一种病，她之所以这样，是源于对自己能力不够自信的原因。当露露对自己的能力产生怀疑的时候，她都会通过领导和同事的赞誉来获得成就感和安全感。同时，由于内心自卑，她不敢在公司说出自己的看法，永远都跟从着众人的意见。

2. 自己需要被需求感

许多刚刚入职的新人，他们在刚刚开始工作时都会缺乏自信，觉得公司不需要自己，领导同事也不会认可自己。这时新人可以尝试着与同事交流，让对方评价自己的工作情况，然后从中找出不足和增加自信。

3. 不要过于迎合别人

我们要真诚地在做好自己和尊重他人之间找到平衡点，不要过于迎合他人。毕竟，每个人的成长背景、生活习惯都不同，即使有不同的想法和观点也是很正常的。人与人之间，也不能因为某一个观点的不同就闹不和。

4. 犯错也没关系

难道拒绝对方就是犯错吗？不管是在工作和生活中，不要过分要求自己做一个完美的人，有时候说错话、做错事是很正常的，拒绝对方也是自己应当有的权利，只要能在这个过程中不断成长就好。

价值是论功劳不论苦劳

在工作中，许多人不懂得拒绝，因为他们以为苦劳就是功劳，自己做得事情越多，功劳就越大。我们经常会听到有人这样抱怨：“领导真是太不公平了，我为公司干了这么多事情，在公司工作这么多年，没有功劳也有苦劳啊，凭什么我就拿这么一点工资，拿如此少的钱。”实际上，这些在工作中不懂得拒绝、整日匆忙的人，应该思考一下自己的事业，到底为公司创造了多少的经济利润呢？有的人活得很平庸，他做的事情也很平庸，他有可能在同一个岗位上一做就是几十年，每天所做的就是领导和同事请求的工作分外事情，因为不懂得拒绝，所以整日忙碌，工作也毫无成绩。然而，在激烈的市场竞争下，公司始终以追求利润为宗旨，正如杜邦公司创始人亨利·杜邦所说：“企业利润高于一切。”在这个法则下，所有人都一律平等，即使是杜邦家族的成员，如果你没有为杜邦创造利润，一样会被解雇。

在中央电视台《赢在中国》的比赛现场：

评委史玉柱：“如果你是老板，你有一个项目，分别由两个团队实施，年底的时候，第一个团队完成了任务，拿到了之前约定的高额酬劳，另一个团队虽然没能完成任务，但他们很努力，也很辛苦，已经竭尽全力了，你会奖励这个团队吗？”

一个选手说：“因为他们太辛苦了，我得鼓励他们这种勤奋的精神，我会拿出奖金的20%来作为奖励。”

一个选手说：“那我得看看事先有没有完不成项目怎么奖励这个约定，如果没有约定就不给。”

还有一个选手说：“我得看具体是什么原因导致他们没完成任务，再做出是否奖励的决定。”

史玉柱说：“我不会给，但我会在发年终奖的当天请他们撮一顿。只有功劳对公司才有贡献，苦劳对公司的贡献是零，所以我只奖励功劳，不奖励苦劳。”

在公司企业中，比起员工的努力，老板更看重的是结果与创造的价值，考核员工是否给公司创造了有价值的东西。即便是两名员工同时做一件事情，那做得又快又好的员工才能受到嘉奖，尽管另外一位员工也很辛苦，但他无功劳可言。员工的功劳凝聚了能力与智慧，那是卓有成效的业绩；苦劳只是单纯的辛苦而已，是无谓的消耗。

在古罗马时代，一个叫哈德良的皇帝非常聪明，很懂用人之道。在他身边有一个忠心耿耿的将领，跟随自己南征北伐多年，付出了不少血汗。

有一次，这位将军对皇帝说：“尊敬的陛下，我觉得我应该成为一方统帅，因为我已经跟随你参加了非常重要的十次战役，我觉得自己拥有了非常丰富的作战经验，凭我的实力，我完全可以镇守一方。”

哈德良皇帝明白，这位将领虽然骁勇，却没有统帅之谋，他的能力只适合冲锋在前线，无法将整个战局运筹帷幄。

怎样告诉他呢？于是，哈德良皇帝指着周围的驴子对这位将军说：“将军，你看这些驴子至少参加过二十次战役，但他们还是驴子。”

在哈德良皇帝眼中，这个将领只是苦劳，但是没有功劳，作战的经验与资历固然重要，不过这并不是衡量能力的标准。员工在公司其实也是一样的道理，哪怕你“俯首甘为孺子牛”，尽心尽力为公司做事，甚至从来不拒绝领导和同事的请求，但只要你的工作没有一定的质量，那就只能算是苦劳而不是功劳。所以，当我们面对领导和同事请求时，你是否考虑到这些是零碎的琐事重要还是我们的工作重要呢？权衡之下，再做出拒绝。

1. 不是多做事就是功劳

在公司里，即便你每天十分繁忙，但这并不意味着你就是公司最大的功臣。如果你是一个不善于拒绝的人，每天所做的事情不是领导交代的小事就是同事的请求，那你根本没花太多时间在本职工作上。这样一来，领导反而会觉得你根本不适合晋升，因为你连最起码的拒绝都无法做到，又如何胜任更高层次的工作呢？

2. 合理拒绝工作的分外事

在工作中，对于领导和同事吩咐的工作分外事，我们需要合理地予以拒绝。否则自己就会成为办公室最忙碌的人，但却耽误了本职工作的进程。这样一来，你或许只能算是有苦劳的人，但并非是有功劳的人。

因为自卑，所以内心不够强大

现代社会是一个开放和竞争的年代，人际交往越来越频繁，在性格因素中，缺少自信，缺乏对情绪的驾驭能力，因而会时不时地还感到自卑。如果是这样的人，你即使有再多的才华，恐怕也难能获得广阔的施展空间。心理学教授说，自卑是一种消极的自我评价或自我认知意识，即个体认为自己在某些方面不如他人而产生的消极情感。自卑感就是个体对自己的能力、品质评价偏低的一种消极的自我认知意识。具有自卑感的内向者总认为自己事事不如人，自惭形秽，因而丧失信心，悲观失望，不思进取。

三毛是我国著名的作家，她小时候是一个非常勇敢而又聪明活泼的女孩，她在12岁那年，以优异的成绩考取了台北最好的女子中学——台北省立第一女子中学。在初一时，三毛的学习成绩不错，到了初二，她的数学成绩一直滑坡，几次小考中最高分才得50分。三毛因此心里很自卑。

但聪明而又好强的三毛发现了一个考高分的窍门。她发现每次老师出小考题，都是从课本后面的习题中挑选出来的。于是三毛每次临考. 都把后面的习题背过。因为三毛记忆力好，所以她能将那些习题背得烂熟于心。这样，一连六次小考，三毛都得了100分。老师对此很怀疑，决定要单独测试一下三毛。

一天，老师将三毛叫进办公室将一张准备好的数学卷子交给三毛，限

她10分钟内完成。由于题目难度很大，三毛得了零分。老师因此对她很是不满。

接着，老师竟然在全班同学面前羞辱了三毛。他拿起蘸着饱饱墨汁的毛笔。叫三毛立正，非常恶毒地说：“你爱吃鸭蛋，老师就给你两个大鸭蛋。”

他用毛笔在三毛眼眶四周画了两个大圆圈。因为墨汁太多，它们流下来，顺着三毛紧紧抿住的嘴唇，渗到了她的嘴巴里。老师又让三毛转过身去面对全班同学，引得全班同学哄笑不止。然而老师并没有就此罢手，他又命令三毛到教室外面，在大楼的走廊里走一圈再回来，三毛不敢违背，只能一步一步艰难地将漫长的走廊走完。

这件事情使三毛丢了丑，她一直没有调整过来。于是开始逃学，当父母鼓励她要正视现实，鼓起勇气再去学校时，她坚决地说“不”，并且从此开始休学在家。

休学在家的日子里，三毛仍然不能从这件事的阴影中走出来，当家里人一起吃饭时，姐姐弟弟不免要说些学校里的事，这令她极其痛苦，以后连吃饭都躲在自己的小屋，不肯出来见人了，就这样，三毛患上了严重的少年自闭症，渐渐产生了自卑的心理。

少年时期的这段经历，影响了三毛一生，在她成长的过程中，甚至是在她长大成人之后，她的性格始终以脆弱、偏颇、执拗、情绪化为主要特征。这样的性格对于她的作家职业可能没有太多的负面影响，但这严重影响了她人生的幸福。为她后来的命运埋下了伏笔。

英国人弗兰克林在1951 年从自己拍的极好的脱氧核糖核酸（DNA）的X射线衍射照片上发现了DNA 的螺旋结构之后，就这一发现做了一次演讲。然而，由于弗兰克林生性比较自卑，缺乏自信，于是就怀疑自己的假说是错误的，因而放弃了这个假说。1953 年，在弗兰克林之后，科学家克里克和沃森，也从照片上发现了DNA 的分子结构，提出了DNA 双螺旋结构的假说，从而标志着生物时代的到来，二人并因此而获得了1962 年度诺贝尔医学奖。可见，如果弗兰克林不是自卑，而坚信自己的假说，进一步进行深

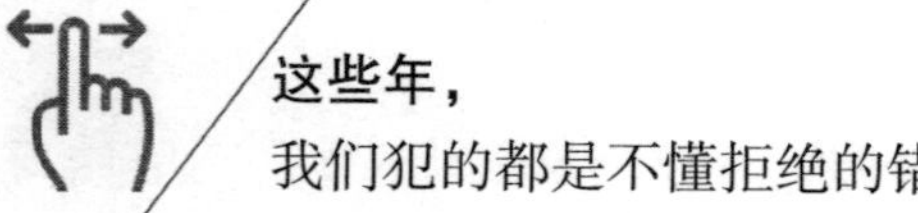

入研究，那么这个伟大的发现肯定会以他的名字载入史册。唐拉德·希尔顿曾说，许多人一事无成，就是因为他们低估了自己的能力，妄自菲薄，以至于缩小了自己的成就及能量。

自卑是一种长时期形成的心理状态，有自卑心理的人，就像披着海绵在雨中行走一样，包袱会显得越来越重，直至压得人喘不过气。

其实，战胜自卑并非难事，不要过于看重一次小小的失败与丢丑，不要因先天的缺陷而抬不起头，在生活中保持以平和的心态对待周围的人和事情，慢慢地，当你鼓起自信的风帆，划动奋斗的双桨，你一定会发现一个生气勃勃的你，一个潇洒自如的你，一个走向成功的你！

1. 自卑带来的坏处

自卑会让人心情低沉，郁郁寡欢，常常会因害怕别人瞧不起自己而不愿与他人来往，只想与人疏远，缺少朋友，甚至经常自疚、自责、自罪；他们做事缺乏信心，没有自信，优柔寡断，毫无竞争意识，享受不到成功的喜悦和欢乐，因而感到疲惫，心灰意懒。

2. 彻底摆脱自卑

被自卑感所控制，其精神生活将会受到严重的限制，聪明才智和创造力也会因此受到影响而无法正常发挥作用。自卑就是束缚创造力的一条绳索，是阻碍成功的绊脚石。各种消极的反应都表明，自卑的心理会促使一个人在人生道路上常走下坡路。

过度地依赖，不愿意开始新的生活

有时候，不愿意拒绝其实是一种过度依赖，不愿意开始新的生活。一个人总是要看陌生的风景，结识陌生人，甚至，生活在一个陌生的环境里。因为这个世界是变幻莫测的，如果我们固执地待在最初的原点，那么，我们将不能适应这个世界的变化，并会逐渐被这个世界所淘汰。当

然，对于大多数人而言，他们更喜欢接触熟悉的人和事，因为熟悉，少了内心的那份恐惧。在陌生的人和事面前，人们往往会乱了阵脚，多了胆怯，他们不知道在这种情况下自己该说什么话，该做什么事情，甚至，他们连把自己的手放在哪里都根本不知道。既然，陌生的风景、陌生的人、陌生的环境是我们无法拒绝的，为什么不尝试着去慢慢接受呢？其实，人生一直是在适应环境中体味快乐，我们又何苦那么惧怕陌生呢。让我们慢慢开始接触陌生的世界，做一些陌生的举动，比如拒绝人。

“陌生”这个词儿常常会唤起人们内心的胆怯和疑虑，他们害怕去接触，更害怕自己从一个熟悉的环境进入一个全新的环境。其实，这样的心理是可以理解的，从陌生到熟悉，是需要有一个漫长的过程。但是，如果你换一个角度，你会发现，所谓的“陌生”其实就相当于一个新奇的探索之旅。在这一陌生的环境里，你会结识新的朋友，新的同事；你会有一间跟以前全然不同的房间，或许，你早就厌倦了之前的摆设，趁着这个机会不是可以重新装饰一下吗；你会有一种新的生活方式，以前那循规蹈矩的生活你早就厌倦了，为什么不趁着这个机会来做一改变呢。在适应陌生环境的过程中，其实你一直都能体味到那种“新奇”的快乐，因为所有的所有对于你来说都是未知的，新鲜的，自然也会是乐趣无穷的。

成功大师拿破仑·希尔曾讲述过这样一个故事：

一位将军去沙漠参加军事演习，妻子塞尔玛也需要随军驻扎在陆军基地里。因为沙漠干燥高热的气候，全然陌生的环境，令塞尔玛感到很难受，而且身边又没有可以倾诉的人，陷于孤独的塞尔玛经常给父亲写信，在信中透露出自己想回家的强烈愿望。然而，她拆开父亲的回信，只有短短的两行字：“两个人从牢中的铁窗望出去，一个看到泥土，一个却看到了星星。”父亲的回信令塞尔玛十分羞愧，她决定要在沙漠里寻找星星。

从此以后，塞尔玛开始与当地人交流，彼此之间互相赠送礼品，闲来无事，她开始研究沙漠里的仙人掌、海螺壳等植物。慢慢地，她迷上了这里，通过亲身的经历，她写了一本书《快乐的城堡》。

沙漠并没有改变，当地的印第安人也没有改变，那么是什么使塞尔玛的生活发生了巨大的变化呢？是心态，当然是心态，以前惧怕陌生的塞尔玛看到的只是泥土，但是，当这样的心态发生变化之后，她开始慢慢适应这个陌生的环境，并在亲身体验中追寻到了快乐，甚至，她在沙漠里终于找到了星星。

王先生热衷于广交朋友，而他最擅长的就是与陌生人打交道。有朋友问他："面对陌生人，你不害怕吗？"

王先生哈哈大笑，回答说："我这个人可从来不提倡'不要和陌生人说话'，相反，我觉得与陌生人聊天乃是人生的一大乐趣。前不久我回老家，坐在很是拥挤的大巴车里，人们用熟悉的乡音聊天，一位年逾70的老大爷给我们讲了他参加革命的故事，我就特别喜欢，时而询问两句，看着他那颤动的皱纹，我觉得自己又多了一个陌生的朋友。虽然，下车后，我们还是各走各的，可能以后也不会见面了，但是，他所讲述的那些故事，以及他这个人，都有可能会成为我讲给别人的故事，我仍记得，我曾跟这样一位陌生的大爷在一辆破旧的大巴车上热情地聊天"的情景。

朋友笑了，问道："也难怪你为什么能讲那么多好听的故事哩，不认识你的人还以为你经历了很多事情呢？"王先生笑着说："其实，那些故事都来源于陌生人。人们常说'行万里路'，其实，我与那些不同的人打交道，听不同的故事，认识不同的人，我又何尝不是在行万里路呢？所以，对于我而言，比起那些熟悉的朋友，我有时候更愿意接触陌生人。"

与陌生人交流其实就是一段新奇的旅程，在这段旅程里，你会认识到不同于以往所接触的人，包括他们的秉性、长相、说话方式，以及发生在他们身上的故事。其实，在这个世界上，对我们来说并没有什么完全陌生的东西，因为一切陌生的事情都会在我们的日常生活中慢慢地变得熟悉起来。那熟悉的过程，事实上就是体味快乐的过程，很多时候，快乐就是如此简单，比如听别人的故事。当你在陌生人面前越来越自如的时候，那就表示你也越来越会拒绝了。

你是否存在恐惧心理

恐惧，是一种常见的心理反应，表现为焦虑、紧张、语速过快，逻辑思维进入停顿状态。恐惧心理，就是人类对未知环境或者未能预料事情的一种条件反射。比如，有些内向的男孩子在追求女孩子时，因担心被拒绝而产生的恐惧；有些人在迷路时产生的恐惧，这些都是由人体大脑神经产生的保护性条件反射。

即使是一个普通人在看恐怖电影时，因大脑会受到刺激，也会促使人们产生恐惧心理。恐惧感是人们内心的一种反应，但长时间的恐惧会危害人们的身体和心理健康。那么，你目前的心理是否存在恐惧呢？你的恐惧指数有多少呢？你可以通过下面的测试来判断自己内心是否存在恐惧心理。

1. 童年时期，你对父母感到害怕吗？

A. 对父母双方或其中一人感到害怕

B. 有时

C. 我不记得对父母感到恐惧

2. 你经常会感到无奈吗？

A. 偶尔，当遭遇困难和挫折时，我感到很无奈

B. 每当遇到麻烦事情时，我都感到自己无能为力

C. 在处理问题时，我从来不会感到无奈

3. 你害怕丢掉自己的工作吗？

A. 我从来没有担心过

B. 有时会担心

C. 我经常会担心丢了工作

4. 你常常在意别人对你的印象吗？

A. 有时会这样

B. 我经常在意别人是怎么看我的

C. 别人对我的看法，我完全不关心

5. 对那种有威慑力的人，你会？

A. 经常会感到恐惧与苦恼

B. 不惧怕任何人

C. 尽量不和这样的人打交道

6. 看见猫、兔子等无害动物，你会？

A. 感到害怕

B. 感到惴惴不安

C. 从来不害怕这些小动物

7. 你害怕会失去自己爱的人吗？

A. 是的，我经常担心

B. 偶尔我会担心

C. 我对我们的感情充满信心

8. 你会担心自己的健康吗？

A. 我总是觉得自己患了重病

B. 有时发现身体有问题，会担心自己的健康问题

C. 我从不为自己的健康而担心

9. 你害怕做决定吗？

A. 从来不担心出错

B. 偶尔会感到不安

C. 做任何决定都会使自己感到痛苦

10. 你害怕负责任吗？

A. 我做任何事情都不想承担责任

B. 假如需要我负责任，那我一定会负责到底

C. 我应主动承担应有的责任

计分标准

1. A1 B2 C3

2. A2 B1 C3

3. A3 B2 C1

4. A2 B1 C3

5. A1 B3 C2

6. A1 B2 C3

7. A1 B2 C3

8. A1 B2 C3

9. A3 B2 C1

10. A1 B2 C3

20~30分：无所畏惧

你的心理处于非常健康的状态，不管是对生活还是工作，你永远充满着热情与信心，在你身上呈现出来的特质就是豁达、乐观。同时，你还有一股坚忍的劲儿，一旦自己认定的事情，你总会坚持到底，不管前面有多少困难，你也相信自己通过努力后会拼搏出一片属于自己的蓝天来。

15~24分：有时会有恐惧感

你的内心比较平静，只是恐惧感会像湖泊里荡起的涟漪一般，若隐若现地出现在你的人生里。不管是在生活中还是工作中，恐惧感会不太在意的时间出现，尤其是当你遇到比较有震撼力的人和物的时候，你会感到那么一丝的惧怕。如果你渴望平静，那可以向身边的人求助，诉说自己的苦闷，调整心态，消除萌芽的恐惧感。

10~14分：严重恐惧症

你有严重的恐惧症，它就像一个鬼魅一般，时常出现在你心里，使你产生强烈的惧怕感。或许，你曾经做过一些自己不满意或有悖于常理的事情，所以你的内心有强烈的自卑感，你做事情总是前怕狼后怕虎，害怕失败。你内心的恐惧感会演化为一种强烈的、病态的惧怕，这是一种心理疾病。当然，对于这样的心理应该正视并尝试改变，而非逃避。

如果你患了严重恐惧症，可以先分析一下自己产生某种恐惧的主要原因，如果是某件事引起你的恐惧，你就可以将当时的事情回忆一遍，从头到尾仔细分析，然后再回想一遍，接着，第三遍，第四遍……这时因为你重复置身于这种恐惧环境中，慢慢地，你对身临其环境就不会感到恐惧了。如果这个方法没有效果，你那可以向心理专家求助。

第四章

想拒绝却做了点头的动作：要有决断力和行动力

生活中，难以拒绝他人的人往往缺乏行动力和决断力，明明想拒绝却做了点头的动作。习惯于中庸之道的中国人，在拒绝别人时则很容易产生一种“不好意思”的心理。这种心理阻碍了人们很难把拒绝的话说出口，由于这种矛盾的心理，导致有些人在与人交流时态度不诚恳，说话吞吞吐吐，缺乏行动力，欲言又止，想拒绝却违背自己的心理做了点头的动作。

不懂拒绝，所以处处被动

虽然，我们总是被教育要学会与人分享，养成慷慨大方的品德，但是，任何事情都需要讲究一个“度”字。在人际交往中，如果我们总是担心伤害别人，不敢拒绝别人，这样做的结果就有可能伤害了自己，令自己事事处于被动，有可能使你永远成为别人支配的对象，你永远只会听到这样的话语“某某，给我拿份文件”、“某某，给我倒杯茶”，等等，即便你心里满腹的不情愿，但只要你不懂得拒绝，那就会咬牙坚持下去，直到把所有的事情都做完，当你没来得及松口气的时候，下一个你难以拒绝的请求又会出现了。长此以往，会让你整个工作和生活都充满着一种被动的状态，你只能等待着被要求去做什么，而你自己却难以决定自己想做什么的。不懂得拒绝的人，虽然他给人的外在形象是一个“老好人”，但谁又知道其内心的苦恼呢？也许，在每天回家去以后，他都会躲在卫生间里哭泣，甚至生气，但若是到了别人向自己提出要求的时候，他却又不懂得拒绝了。

小王是一个十分勤奋的年轻人，头脑聪明，乐于助人，刚刚进入公司的时候，他就下定决心要从最基层做起，要做所有人的好朋友。所以，公司里的事情，属于自己分内的，他会努力做好，不属于自己分内的，只要有人喊自己帮忙，他也会尽力做好，慢慢地，他在同事之间赢得了一个“热心肠”的绰号。

小王感到十分满意，但是过了不久，他才发现：有些事情，同事原本是自己可以做的，但他们总是要让自己去帮忙，有些人的态度很随意，似乎吩咐小王是一件理所当然的事情，帮忙之后，受助者往往连“谢谢”都懒得说，似乎让小王帮忙是给了他自己很大的面子。甚至有的人，还直接将自己手头的工作交给小王去做，而自己竟然去做私活。

小王虽然心里不高兴，但又不好意思拒绝，更关键的是他不懂得拒绝，结果被那些事情弄得乱七八糟，整天忙得昏天黑地，工作非常被动，而且自己的工作却经常出现小错误。小王感到很烦恼：难道自己热心帮助同事有错吗？为什么会让自己变得这样被动呢？

案例中，小王热心帮助同事并没有错，错在于他来者不拒，不懂得拒绝。在生活中，帮助别人是对的，但帮助别人应该建立在把自己工作做好的基础之上，当你自己的工作都还是一团糟时，那你有什么能力去帮助别人呢？即便自己的工作已经做得很好了，面对他人提出的要求，自己也应该权衡一下，是否该帮忙，对于应该帮忙的，需要立即动手；而不应该帮忙的，则要懂得拒绝，这样才不至于出现像小王这样被动的局面。

1. 不懂拒绝，行动只会变为被动

因为不懂得拒绝，所以人们总会感觉说“是”、“行”、“好的”比较容易，而开口说“不”却很难。实际上，如果不善于拒绝，就好像你总是在别人的世界里忙碌，所做的都是关于别人的事情，而很少会忙自己的事情，甚至，有可能因不懂得拒绝而陷入被动的陷阱。很多时候，对于我们不应该拿的东西应该学会拒绝，如果我们还是不拒绝，那只会把自己置于被动的环境。比如有的人因为贪欲而深陷牢狱之灾的时候，他还会说“对方一再坚持给，我就不好意思拒绝”，结果因不懂得拒绝成为了被动的罪人。

2. 拒绝做“好好人”

喜剧大师卓别林曾经说：“学会说‘不’吧！那你的生活将会美好得多。”在生活中，我们并不应该做有求必应的好好先生或者好好小姐，而人们的要求却是永无止境的，有的是合理的要求，有的却是悖理的要求。如果你不好意思说“不”，轻易承诺了自己无法兑现的诺言，势必给自己带来更大的困惑，同时也会让自己处于被动的境地，所以，学会拒绝，我们更需要掌握拒绝的技巧与秘诀。

3. 坚守自己的原则和底线

生活中，我们需要懂得拒绝，并懂得在什么样的情况下说“不”。当对方的要求违背了我们做人的原则，甚至违反了道德和法律的时候，那就是应该拒绝的时候，比如贿赂、吸毒、打架等违法犯罪行为，倘若在这种情况下不懂得拒绝，被人左右，其实就是害人害己。

4. 与其打肿脸充胖子，不如拒绝

其中，最常见的是别人的要求和自己的意愿或者计划相冲突，在自己不愿意的情况下，如果不懂得拒绝，那就会委屈了自己，让自己变得相当被动。最后，出现自己力所不及的情况。有时候是明明自己做不到的事情，就应该懂得拒绝，而不是打肿脸充胖子；还有就是该拒绝时懂得拒绝，不要一味高估自己，甚至作出一些超出自己能力范围的承诺。

培养行动力，拒绝拖拉

有了行动力，自然就会有拒绝的意味。曾有人问一个做事拖拉的人：“你一天的活是怎么干完的？”这个人回答说：“那很简单，我就把它当作昨天的活。”这就是拖拉的习惯，其实，拖拉岂止是把昨天的活今天来干。有人给拖拉下的定义为：把不愉快或成为负担的事情推迟到将来做，特别是习惯性的这样做。如果自己是一个做事拖拉的人，那么，生活中这种人大部分都在浪费时间，做一件事不仅需要花很多时间来思考，担心这个或担心那个，而且还找借口推迟行动，但是他们最后又为没有完成目标任务而后悔，这就是“拖拉者”典型的特点。拖拉对于成功来说，是一个讨厌的绊脚石，拖拉的习惯不阻碍目标任务的完成。所以，我们要想把拒绝的话说出口，就需要培养自己有效的行动力，拒绝拖拉。

阿尔伯特·哈伯德出生于美国伊利诺州的布鲁明顿，父亲既是个农场主又是个乡村医生。年轻时的哈伯德曾在巴夫洛公司上班，是一位很成功的肥皂销售商，但是，他却对此感到不满足。1892年，哈伯德放弃自己的事业进入了哈佛大学，然后，他又辍学开始到英国徒步旅行，不久之后，哈伯德在伦敦遇到了威廉·莫瑞斯，并喜欢上了莫瑞斯的艺术及其手工业出版社。

哈伯德回到美国，他试图找到一家出版社来出版自己的那套名为《短暂的旅行》的自传体丛书，但是，他没有找到任何一家出版社。于是，他决定自己来出版这套书，他创建了罗依科罗斯特出版社，哈伯德的书出版之后，他本人成为了既高产又畅销的作家。随着出版社规模的不断扩大，人们纷纷慕名而来拜访哈伯德，最初游客会在出版社周围住宿，但随着人越来越多，周围的住宿设施已经无法容纳更多的人了，哈伯德为此特意盖了一座旅馆，在装修旅馆时，哈伯德让工人做了一种简单的直线型家具，而这种家具受到了游客们的喜欢，哈伯德又开始了家具创造业。哈伯德公司的业务蒸蒸日上，同时，出版社还出版了《菲士利人》和《兄弟》两份月刊，而随后《致加西亚的信》的出版使哈伯德的影响力达到了顶峰。

有人说，阿尔伯特·哈伯德有着无比传奇的一生，他之所以能在多方面都能获得成功，在于他从来不拖拉，不断地朝着自己的一个又一个目标而努力奋进。阿尔伯特·哈伯德是一位坚强的个人主义者，他一生坚持不懈、勤奋努力地工作着，成功对于他来说是理所当然的。当然，他有着很好的行动力，自然不会养成那种顾虑太多、犹豫不决的性格，当然也不会不好意思说“不”。

马克·吐温曾经说过：“如果你每天早上醒来之后所做的第一件事情是吃掉一只活青蛙的话，那么你就会欣喜地发现，在接下来的这一天里，再没有什么比这个更糟糕的事情了。”由此引发出了“青蛙”规则，对每一个人而言，吃“青蛙”就是最重要的任务，如果我们现在对它不采取行动的话，我们就很可能就会因为它而耽误时间，我们的青蛙也可能是对自己的生活产生最大的有积极影响的事情。

有人引申出了“吃青蛙”的两个规则：一就是如果你必须吃掉两只青蛙，那就要先吃那只长得更丑陋的。简单地说，假如在一天里我们面临了两项重要的任务，那么我们应该先处理更重要的一项，即使重要的任务总是棘手的，但我们也要去吃掉那只丑陋的青蛙。我们要养成这样的习惯，万事一旦开始做就要坚持到底，完成一个目标再接着开始另外一个目标。

二是如果你必须吃掉一只活的青蛙，那么即使你一直坐在那里并盯着它看，也无济于事。摆在面前的即使是一件非常难完成的任务，我们也需要立即行动，这可以使我们养成不假思索、立即行动的习惯。你漫无目的地思索只会浪费更多的时间。

为了完成既定目标，提高自己的工作效率我们必须立即行动，即“吃掉那只青蛙”所阐发出来的理论：每天早上要做的第一件事情，就是对你来说最重要的那件事情，并养成这样一种习惯。这样时间久了，自然就能克服拖拉的毛病。通过大量的研究表明，那些成功人士身上最显著的共性是“说做就做”。一旦他们有了明确的目标，就会立即行动，一心一意、持之以恒地完成这项工作，直到达成目标为止。

1. 朝着目标，立即出发

在《致加西亚的信》中，阿尔伯特·哈伯德讲述了罗文送信这样的一个情节：“美国总统将一封写给加西亚的信交给了罗文，罗文接过信以后，并没有问：‘他在哪里？’而是立即出发。”拖拉、懒散的生活态度，对许多人来说已经是一种常态，要想成为罗文这样的人，我们就应该拒绝拖拉。

2. 培养做事不拖拉的习惯

通常而言，一个人成就的大小取决于他做事情的习惯，克服拖拉是做事情的一个重要技巧。我们要想完成既定目标，取得成功，就应该培养做事不拖拉的习惯，通过逐渐学会“吃掉那只青蛙”，不断地重复。一旦养成了这个习惯，那么“完成目标，马上行动”就会成为一件自然而然的事情。

优柔寡断，所以缺乏决断力

因为优柔寡断，所以常常不懂得拒绝。不管是生活还是事业，如果我们想要赢得成功，拥有决断力并将之付诸实际行动将会有更大的意义。事实上，一个人是否能够成功，很大程度上取决于他的决心和行动。而有

的人只是嘴上说说，行动上总是没办法积极起来，这些人因缺少决定的勇气，总是被懦弱的性格所控制，这就是生活中为何存在如此多失去自我和已经失去自我的人，也就是他们为什么不懂得拒绝的原因。这样的人就是一个好好先生，完全不懂得怎么样坚持自己的立场，他的工作是父母安排的，每天生活在一个不属于自己的世界里，他们中有的人甚至在父母的安排下与一个自己不爱的女孩结婚。曾经，他也有机会选择自己的事业，不过他无法拒绝父母。

王太太这半个月来，一直在考虑是否要买一件新的衣服，为此她不断地给老公、闺蜜打电话寻求合适的建议，结果这样优柔寡断、犹犹豫豫地变换了好几十次主意，最后她来到新世纪购物广场，试穿了十多件新裙子，不是穿上显得非常奇怪，就是尺码非常小。王太太极为焦虑，她继续在商场里闲逛。时间没过多久，她又试穿了一件比较淑女的裙子，还有一件看上去比较青春的裙子，但是最后她也没能决定买哪一件好。

就这样，王太太疲惫不堪地回了家，打电话问闺蜜的意见。闺蜜说淑女款式的裙子更适合她；接着她又和老公商量，老公认为一件漂亮的裙子，最好是要搭配好首饰。

最终，王太太听从了闺蜜的建议，不过这一切都是自己所喜欢的吗？比如淑女的裙子很显身材，但较小的尺码穿起来感觉浑身不舒服，不过好像只符合闺蜜的品位。过了一段时间，王太太把裙子退了回去，她又穿上了原来的那套裙子。就这样，王太太每天都过着犹豫不决的日子。

王太太不但购物如此，就是平时生活中的其他小事，她也一样拿不定主意。准备稍微丰富的晚餐，她就会在牛肉与羊肉之间拿不准主意。每次出门，都有一种强迫症，会回来好几次看看家门锁好没有。

很多人与王太太有差不多的性格，比如每天早上坐在办公室的时候，有时会为先做哪一件事而举棋不定，比如今天是先见客户呢，还是先把会议需要的方案做好呢？当你觉得今天要下大雨，不适合外出拜访客户的时候，却又想到会议是下周一才开始，差不多还有好几天的时间，而客户那边已经打电话在催了，不如还是冒雨前去拜访客户吧。不过，即便出了办

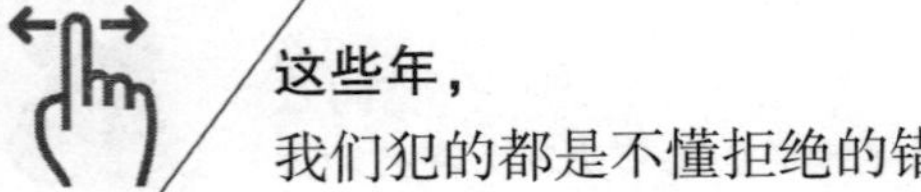

公室，也忍不住感到一丝疲惫与懒惰，心想，明天再去也不迟啊？于是，又返回办公室去做方案，最后几经周折，一件事情都没有做完，却已经马上到了下班时间了。

一位经常优柔寡断、犹豫不决的女人总是没法确定自己是否关了煤气，或是断了电熨斗及烤箱的电，只要这种担心一出现，她就会强迫自己回家去再看一下。

有一次，这位女士前往云南度假，在半路上她开始下意识地担心家里，然后想到煤气。她心里十分不安，不断臆想家里的情形。当车子行驶到丽江时，她已经想象家里的房子燃起了熊熊烈火，家里浓烟滚滚，周围的人们只能从窗户跳出四处逃窜。就凭着这样的臆想，这位女士认为由于是自己的粗心造成了这一切，于是她返身赶回自己云南的家里。

迪亚·吉普森博士是人寿保险公司的精神病学专家，她说："一般而言，人们犹豫的根源在于焦虑。在财富方面产生的忧虑，是由于我们还没有明确定位自己。在复杂的问题上产生的忧虑，是因为我们还不知道该如何着手解决。我们害怕自己患上什么病，却不去看医生。如果一个人一直这样反复无常、犹豫不决，挫败感就会积累到极限，最终会导致精神崩溃。"优柔寡断、犹豫不决的情绪，会对人的精神造成极大的折磨，使人没办法进行正常思考。

当然，犹豫不决的性格并不一定影响到一个人的智慧，如果你的性格中有犹豫不决的成分，也大可不必太过担心。而且，犹豫不决的人，他们的这种懦弱的性格往往体现在简单的事情上，而越是有智慧的人，他们在做决定时往往会瞻前顾后，颇多疑虑。那些缺乏智慧的人，他们不会过多地考虑后果，所以做决定倒是比较爽快。所以，综合一点，这些犹豫不决的人往往顾虑太多，他们习惯将一些很小的事情都纳入重点因素来考虑。对于这样的人，如果想要改善自己的性格，那应该首先考虑以下五点问题。

1. 机会来临，需要说"是"而不是"不"

当机会来临的时候，需要说"是"，而不是"不"。这样就可

以向我潜在的机会，主动出击。在生活中，不要为了晚饭是吃羊肉还是牛肉而苦恼，为了这样的问题而纠结，本来就是一种很无聊的表现。吃了饭不要为是否运动而优柔寡断，应当马上决定下来，然后行动。

2. 不要回答“随便”

在吃饭时，当服务员问你吃清汤还是麻辣锅时，你不应该说“随便”这种模棱两可的话。这样的话是让服务员小姐感到为难，你应该迅速做出选择。看电影的时候，不要选来选去还是选不定看哪部，不要花了十分钟的时间还没有做出决定，闭上眼睛马上决定。即使看的电影比较差，也总比你浪费十多分钟犹豫不决的强。

3. 权衡一下，尽早做决定

当我们需要决定什么事情的时候，应该权衡一下，立即做出决定。哪怕有一点点小失误，毕竟小错误永远比犹豫不决、拖拖拉拉的好。很多时候，尽早做决定，对自己是很有益的，比如在公司选择轮休的时候，那些尽早决定放假的人，总会获得最好的休息时间，而那些犹豫不决、拿不定主意的人只能在一边永远干等着。

4. 做完决定，马上行动

在平时生活中，我们可以利用一些琐事培养自己快速做决定的习惯，既然做完决定，就要马上行动，不要像以前那样没完没了地思考。很想出去旅游吗？那就可以马上放下手中的其他事情，赶紧去。只要一件事情你积极面对了，那当第二件事情出现时，你就可以下意识选择用积极的处理方法来解决。

5. 坚持培养自己的决断力

把培养决断力当做一种游戏，反复练习，假如你一直坚持，就会发现收获颇多，然后继续自信满满地这样做下去。最后，你会摆脱心理上拖拉、犹豫不决的缺点，获得积极生活的态度。通常而言，生活中的美好事物只属于那些敢决定并积极行动的人，当然也包括那些尽全力争取做自己和追随者所需要的人。

及时行动，不要犹犹豫豫

无法拒绝，往往是因为有太多的犹豫。有了目标，就应该坚定地为之努力，并不断地坚持这个目标，千万不要犹豫，一旦你陷入犹豫的旋涡，你将会被吞噬。等到你再次做出决定的时候，目标早已经变得模糊了，这时候，你还能像当初那样意气风发吗？人们在实现目标的路途中，有的人目标丢失了，有的人目标实现了，有的人目标尚未实现。然而，在朝着目标前进的路途中，我们需要记住一个原则："看准目标，一举拿下，"只有果断做出决定，并立即行动，目标才不会遥不可及，目标也可以成为现实。在生活中，我们常常祝福朋友"梦想成真"，其实，这样美好的祝福一样适用于心中既定的目标，只要我们能果断地拿下目标，那么，成功就离我们近了一大步。所以，在现实生活中，若是认定了目标，就不要犹豫，否则，你将会丧失追逐目标的信心，也会丧失大胆拒绝的勇气。

有人讲述了这样一个故事：

在我小学六年级的时候，因为考试得了第一名，老师送给我一本世界地图，我十分高兴，回到家就开始翻看这本世界地图。然而，很不幸的是，那日正好轮到我为家人烧洗澡水，我只好一边烧水，一边在灶间看地图。突然，我看到了一张埃及的地图，原来埃及有金字塔、尼罗河、法老王，还有很多神秘的东西，心想：我长大以后一定要去埃及。我正看得入神的时候，爸爸走过来了，他大声对我说："你在干什么？"我说："我在看地图。"爸爸跑过来掴了我两个耳光，然后说："赶快生火！看什么埃及地图！"接着，他又踢了我一脚，严肃地对我说："我给你保证：你这辈子也绝不可能到那么遥远的地方！赶快生火！"

我呆住了，心想：爸爸怎么给我这么奇怪的保证，真的吗？难道我这辈子真的不能去埃及了吗？我开始陷入了犹豫，但这时心中有个声音在对

我说：“不要犹豫，否则，你就会失去目标！”于是，我醒悟了过来，我坚定了自己的目标，不再犹豫，我的目标就是要去埃及。

20年后，我第一次出国就去埃及，朋友都问我：“你到埃及去干什么？”我说：“因为这是我的人生目标，我的生命不需要被他人保证。”我自己跑到了埃及，当我坐在金字塔的最前面，我买了张明信片写给爸爸：“亲爱的爸爸，我现在就在埃及的金字塔前面给你写信，记得小时候，你打我两个耳光，踢我一脚，还保证我不能到这么远的地方来。”

即使，自己的目标遭到了爸爸的讽刺，甚至，自己的生命也被父亲保证了，但是，面对内心的声音，那早已经定下的目标，他没有犹豫，他果敢地为自己写下这样的人生目标：“去埃及！”因为当初的果断，他后来真的去了埃及。如果在爸爸的训斥下，他犹豫了，觉得自己或许不能达成目标，可能他这辈子就真的没有办法去埃及了。很多时候，我们的目标需要被认定，如此，它才能够彰显出更大的力量，否则，你的目标将永远是模糊不清的，那也将预示着你难以达到自己的目标。

1995年，马云受托去美国催讨一笔债务，结果，他一分钱都没有讨到，但他发现了互联网。顿时，马云意识到互联网是一座未被开掘的金矿，在回到杭州之后，马云身上只剩下1美元和一个疯狂的念头：“做互联网。”

然而，当他把自己的目标告诉身边的朋友时，却遭到了朋友们的一致反对，但是，马云并没有犹豫，而是更加坚定了自己的目标。在后来的四年时间里，马云舍弃了两次，这其中的艰辛可想而知，但是，马云做互联网目标却丝毫没有动摇，他再一次决定：回杭州创办自己的公司，一切从零开始。1999年4月15日，阿里巴巴上线，很快便在商业圈里声名鹊起，马云开始在世界各地讲述互联网的梦想，著名的风险投资公司InvestAB的亚洲代表台湾蔡崇信加盟到其中，随后华尔街多家公司也向阿里巴巴投入了500万美元，一时之间，阿里巴巴声名大振，马云的目标终于实现了。

面对“创建互联网”这个目标，马云没有犹豫，而是一举拿下。如此的果断勇敢精神，为他后来的努力提供了强大的精神支柱。当然，在确立目标的那一刻，你首先需要明确自己是否有足够的能力来完成目标。因为一个人首先应该确定自己有能力实现目标，其次才是用双手去建造这座理想大厦。

1. 目标需要被认定

有的人为自己确立了目标，但是，如果旁边的人一说什么，他就开始犹豫自己的目标是否可行，这样一犹豫，当初那种为了目标而不懈努力的冲劲就自然淡了下来。等到他再次认定目标的时候，心中的豪情壮志早已经消失得无影无踪了。因此，目标需要被我们认定，而且是毫不犹豫地认定，否则，你就会失去目标，甚至一事无成。

2. 犹豫将会给你造成更多的障碍

在实现目标的路途中，我们可能会遇到许多的困难与挫折，但只要你能坚持自己的目标，那么，再多的障碍你都会跨过去。反之，如果你一再犹豫不决，那就只会为你前进的道路制造更多的障碍，这样一来，目标定是难以实现的。

心动即行动，培养自己的决断力和行动力

如果一个人不具备良好的决断力和行动力，那他根本无法拒绝别人。比如，在工作中，我们需要为客户做一个策划案，在这个过程中我们总会多次修改：要么风格不好，要么字体不搭配，要么颜色不行……结果重复修改之后，浪费了很多时间和精力，而且距离递交方案的时间也越来越近。最后会有两种结果：一种是我们如愿以偿地递交了方案，虽然，在这其中你也浪费了很多的时间和精力，但这个方案根本没有产生如期的效果；另一种是因为重复的修改，以及犹豫不决的个性，耽误了太多的时间，导致方案不能如期完成。所以，犹豫不决、拖拖拉拉的性格对我们的生活、工作产生的影响是巨大的，因而，不管我们今后遇到什么事情，不

要顾虑太多，心动即行动，马上行动，说不定生活反而会给你一个惊喜。

伊丽莎白不是哈佛毕业生中最出色的一位，也并不具有什么非凡的才能，人们对她的敬佩，不是因为她年轻或老迈，而是她勇敢尝试，始终坚持的毅力和决心。

这一天，身穿毕业生礼服、头戴黑色学士帽的伊丽莎白·麦克尼尔从哈佛大学校长手中接过毕业证书，在获得了文科学士学位的同时，她还被颁发了一个表彰其学术成就和品德的奖项。

伊丽莎白已经早在1941年就高中毕业了，之后，她陆续生了4个孩子。26年前，她成为哈佛大学健康服务部门的员工。哈佛的学术氛围令她对学习产生了很大的兴趣，于是几年后，她开始尝试着在哈佛“蹭课”。

于是在这之后的很多年里，她并没有正式注册当学生，因为她觉得自己没有能力完成哈佛的课程，一度曾想放弃拿到哈佛学历的念头。

直到9年前，同事和同学的鼓励让伊丽莎白产生了取得学位的念头，那时她已经73岁了。对于一个普通的73岁的老人来说，安享晚年是她最好的选择。而伊丽莎白去不甘心就此放弃自己的理想，她再次鼓起勇气，走入了哈佛的课堂，她给自己制定了“10年目标”，并经常向孩子们许诺，要在83岁之前从哈佛大学毕业。

如今满脸皱纹的伊丽莎白在哈佛工作了25年，学习了20年，攻读了9年学位，最终赶在自己的孙女之前获得了本科学历。在哈佛，伊丽莎白可谓是特立独行的一位学生。许多教授，都以伊丽莎白的事迹作为案例，鼓舞学生：树立信心、勇敢尝试，走属于自己的路。

人的一生有太多的等待，在等待中，我们错失了许多美好的机会，在等待中，我们白白浪费了无比宝贵的光阴；在等待中，我们由一个花季少女，变为一个碌碌无为的老年人，我们还在等待什么？选择去尝试，总不至于让自己在原地踏步。人生就是如此，只要你迈步，路就会在你脚下延伸。

有一天，老鼠大王召集了许多鼠族成员召开一次会议，大家围在一起商量如何应付猫吃老鼠的问题。当老鼠大王抛出了问题，老鼠们纷纷积极发言，出主意，提建议，不过会议持续了很久，最终也没有找到一个切实可行的方法。

这时，一只平时被大家称为最聪明的老鼠对大家说："通过我们与猫多次作战的经验表明，猫的武功实在太高了，倘若总是单打独斗，我们根本不是它的对手。我觉得对付它的唯一办法就是——预防。"老鼠们听了面面相觑，问道："怎么防呢？"这个老鼠狡黠地说："我们给猫的脖子上系上铃铛，这样，猫一走铃铛就会响，听到铃声我们就躲藏到洞里，它也就没有办法捉到我们了。"老鼠们听了都高兴得雀跃起来："好办法，好办法，真是个聪明的主意！"

老鼠大王听了这个办法以后，高兴得什么都忘记了，当场宣布举行大宴。可是，第二天酒醒了以后，觉得不对。于是，又召开紧急会议，并宣布说："给猫系铃铛这个方案我批准了，现在就开始落实到具体行动中。"一群老鼠激动不已："说做就做，真好真好！"受到老鼠们的支持，鼠王问道："那好，有谁愿意去完成这个艰巨而又伟大的任务呢？"会场里一片寂静，等了许久都没有回应。

于是，老鼠大王命令道："如果没有报名的，我就点名啦。小老鼠，你机灵，你去给猫系铃铛吧。"老鼠大王指着一个小老鼠说。小老鼠一听，马上浑身抖成一团，战战战兢兢地说："回大王，我年轻，没有经验，最好找个经验丰富的吧。"接着，老鼠大王又对年纪稍大的鼠宰相发出命令："那么，最有经验的要数鼠宰相了，您去吧。"鼠宰相一听，吓破了胆，马上哀求说："哎呀呀，我这老眼昏花、腿脚不灵的怎能担当得了如此重任呢，还是找个身强体壮的吧。"于是，老鼠大王指派那个出主意的老鼠。这只老鼠哧溜一声离开了会场，从此，再也没有见到它。最终，老鼠大王一直到死，也没有实现给猫系铃铛的目标。

目标是否可以实现，关键在于行动。在任何一个领域中，不努力去行动的人，就不会获得成功。正所谓"说一尺不如行一寸"，所有的希望、所有的计划最终必然要落实到具体的行动中。只有行动才可以缩小自己与目标之间的距离，也只有行动才能将梦想变为现实。女孩需要记住，做好

每件事，既要心动，更要行动。只有理想和目标，不去行动，成功当然只能是一句空话。

1. 只要迈步，路就会在脚下延伸

智者说：“只要你迈步，路就会在脚下延伸。只有启程，我们才会向理想的目标挺进。”是的只有启程，我们才会向理想的目标挺进。无论你的梦想和目标是什么，这些都只是你成功的开始，更主要的还是立即开始行动，从而实实在在地看到成功的希望。这一点被许多人所忽略，其结果都会以失败告终。

2. 行动之前要有可行的计划

美国著名成功学大师马克·杰斐逊说：“一次行动足以显示一个人的弱点和优点是什么，能够及时提醒此人尽快找到人生的突破口。”

确实，想要实现某种目的，必须要有可行的方案，而且要努力将计划落到实处，这样的计划才有意义。也许有人说“心想事成”，诚然，只有首先有了想法才能有成功的可能，但是许多人只是把想法停留在空想的阶段，而不会落实到具体的行动中去，最后这些空想终究无法成为现实。

3. 敢想敢做

成功是没有秘诀的，只要敢想敢做，给自己定一个目标，然后努力，全身心努力，总会有收获。敢想可以使一个人的能力发挥到极致，也可能督促一个人贡献出一切，排除人生道路上的所有障碍。千万不要抱怨自己运气不够好，因为只有行动才能够改变自己的命运。行动就是力量，要知道十个空洞的幻想也不如一个实际行动。

第五章

管理好自己的情绪：抛开“难以拒绝”的消极因素

在生活中，不知道有多少人因为不好意思说出“不”，最后买了自己不喜欢的衬衫，娶了自己不喜欢的女孩，答应了自己办不到的事情，耽误了自己不应该耽误的事情等等。在不好意思拒绝的心理制约下，很多人戴着面具生活，不但活得很累，而且迷失了自我，经常后悔不已。不好意思拒绝，往往会催生一种消极的情绪。所以，假如想要学会拒绝，首先应该管理好自己的情绪。

因为顾虑太多，往往会产生情绪病

负面情绪，与积极乐观情绪相反，往往会使人不好意思把拒绝的话说出口。负面情绪是一种快速把人的情绪压低，使人陷入低沉的东西，这也是一种能量，而且是一种“负”能量，换而言之，它只会让我们变得越来越糟糕，甚至最后被这种负能量吞噬。我们经常会说的一句话用来安慰人的话是“人生不总是一帆风顺的”，但似乎这句话的效用只会发生在当我们对一些失意的人说话时，实际上，我们自己似乎从来都没有去深思这句话的含义，一旦在自己身上发生了许多不开心的事情，我们就会想到逃避，甚至开始在体内滋生出一系列负能量：比如自卑、贪婪、嫉妒，等等。而这些负能量将会摧毁我们好不容易建立起来的自信和成功，一步步拉我们步入深渊。

里昂多年以来一直担任美国西蒙出版公司的高层主管，目前是纽约州纽约市洛克菲勒中心袖珍图书公司的董事长。在过去的15年里，里昂每天都需要把一半的时间用来开会和讨论问题，比如这个问题应当这样？还是那样？或者这个问题根本不用理会，这时里昂都会表现得异常紧张，坐立不安，在房间里走来走去，与下属讨论时，不停地争辩，一次会议可以一直开到晚上，散会时，里昂总是感觉到精疲力竭。

在这样繁忙的日子重复很多年之后，里昂以为他这一辈子都会这样，不过，他也在想，或许还会有更好的办法。在这之前，如果有人告诉里昂，只要减少四分之三的会议时间，可以消除四分之三的紧张感，那样里昂会觉得这个人真是盲目的乐观主义者。不过，在经过了很长时间的摸索之后，里昂觉得，这真的可以，对此，里昂是如何做的呢？

里昂的秘诀是：

第一，里昂马上停止了那套15年来的会议中一直使用的程序，比如，

在以前，里昂会跟那些同事先报告一遍问题的细节，最后再询问与会者“我们该怎么办呢”；

第二，里昂订下了一条新的规矩，任何人想要问他问题，必须事先准备好一份书面报告，并准备着四个问题：

1.到底是出了什么问题？

在过去我们这种会议一般都要开上一两个小时，但是大家还是弄不清楚真正的问题在哪里，大家经常是开始讨论问题，却不愿意提前写出所讨论的问题究竟是什么。

2.是什么导致了问题的出现？

回想了过去的会议，里昂好奇地发现，即使在这种会议上浪费的时间很多，但最后都没有找出是什么原因导致了这个问题的出现，也就是说，这个会议根本没有达到预期的目的。

3.如何来解决这些问题

出现了问题肯定需要解决，在过去的会议上，只要有一个人提出了一种解决方法，就有其他的人为此跟他争论，于是大家也就争论了起来，结果往往是说着说着就说到了别处，直到开完会，还在继续那个题外话。

当里昂提出这几个问题之后，他说：“过去那些跟我一起开会的人，常常会在会议上绕圈子，却从来没有想到过切实可行的解决方法，现在，我的下属基本不会把他们的问题拿来找我了，因此他们发现在需要回答我上面这几个问题之后，他们已经在仔细思考问题了，当他们做了这些之后，就发现大部分问题都需要再来找我商量了。”

以上就是里昂如何摆脱自己的负面情绪的方法，在过去，每当里昂结束一个会议，总感觉很累，而且更糟糕的感觉是问题还得不到解决，既浪费了时间，又觉得根本没达到自己想要的效果。这样长期以来，最终的结果是里昂越来越害怕开会，甚至他听到“开会”这两个字都会提不起精神来，这其实就是一种负面情绪，它不断地使人们否定自己，打击自信心，最终他就会在这种负能量的影响下变得更糟糕。

不要否认，负面情绪是处于我们潜意识里的，其实它一直存在，就好像有一个魔鬼，只是在我们没唤醒它的时候，它就像一个熟睡的孩子，一旦被唤醒，则会直接影响我们身心，乃至一生的幸福生活。在每个人的身体内部都潜伏着负面情绪，它通过潜意识微妙地影响着我们生活中的每一件事，虽然，它的存在是我们可以忽略不计的，但至少，它占据了属于我们本来强大的正能量的空间。

在生活中每个人都有面对困难和痛苦的经历，它们显然是负面情绪的主要来源，而且，人们到最后会发现，这些痛苦糟糕的经历带来的创伤会在人们内心某个地方刻下情感的伤疤，它就像是挥之不去的阴影。当然，负面情绪不仅仅来自于这些糟糕痛苦的经历，有时候甚至生活中的小事也有可能是引起我们负面情绪的源头之一：

1. 喜欢轻易下结论

人们或许不知道，轻易下结论是一个暗伏着的陷阱，这会让我们很容易把一个人的行为和他的为人联系起来。其实，关键点在于，我们会在不同的时间有不同的处事方式，这会给我们带来多方面的变化，每件事情的变化都会影响到我们的不同情绪以及我们的自我控制能力和对待他人的方式。

2. 喜欢比较

许多人都有攀比心，这其实是一种不健康的心态，虽然来源于竞争的环境，但我们更应该清楚，有人会成功，就有人会失败。生活并不只是和其他人的一场竞争赛，我们只需要做好自己，成为自己想梦想中的那个人，永远不要沉浸在互相攀比的游戏中。

3. 总觉得自己很委屈

许多人存在这样一种心理，好像全世界只有自己最委屈，他们始终扮演着一个受害者的角色。其实，这时我们不愿意承担自己生命中应当承担的个人责任，假如我们总觉得自己很可怜，那我们就会长期处于一个自卑、自闭、负面而狭隘的心态中，我们会拒绝正能量的加入，到最后我们所受到的只能是更多的负面影响。

4. 总看到事情不好的一面

其实，这个世界是美好的，但我们的知觉形成了我们看待事情的方

式。如果我们总是看到事情不好的一面，那我们的感受就是极其糟糕的，那些不好的感觉会不断地被放大，而积极的感觉则会缩小，于是，负面情绪就会在我们体内滋长，这种情绪就好像是少量的毒药，点滴积累终究会毁掉我们原本美好的生活。

5．总喜欢回忆过去痛苦的经历

就像是祥林嫂不断地向人们诉说自己的痛苦经历一下，许多人总是往往沉浸在过去的痛苦回忆中，固执地去收集那些不愉快的经历和情感，并把它们累积起来，那些糟糕的感觉如毒气一样挤压在胸口，终有一日爆发，便会将自己伤得体无完肤。我们应该知道，执着于负面情绪就好像服毒，会上瘾，而且会推着我们走向毁灭之路。所以，如果你有一段不愉快的经历，那就应该学会释怀，淡忘。

摆脱悲观心态，掌控良好情绪

有时候由于我们的情绪太过悲观，往往会让自己无法将拒绝的话说出口。悲观，它是一种比较普遍的情绪，面对生活中那些不如意的事情，我们的心情会变得悲伤，内心也会产生一些悲观的情绪。但是，许多人都没意识到悲观情绪的危害性，可能在某些人看来，悲观没什么大不了的，又不会得抑郁症。不过，据心理学家观察，长时间的悲观心态，会使一个人感到渐渐失望，丧失其心智，若是长时间生活在阴影里，自己也会变得气郁沉沉。世界上往往有很奇怪的事情，小小的烦恼，一旦开了头，就会渐渐地变成比原来多得多的烦恼。若是对于悲观心态的人而言，那烦恼就好像是身体里长了一颗毒瘤，那些生活中不如意的事情，总是让他们备受煎熬。

有两个人，一个叫乐观，一个叫悲观，两人一起洗手。当初，端来了一盆清水，两个人都洗了手，但洗过之后水还是干净的，悲观说：“水还是这么干净，怎么手上的脏物都洗不掉啊？”乐观却说：“水还是这么干净，原来我手一点都不脏啊！”几天过去了，两个人又一起洗手，洗完了发现盆里的清水变脏了，悲观说：“水变得这么脏啊，我手怎么这么脏？”乐观却说：“水变得这么脏啊，瞧，我把手上的脏东西全部洗掉了！”由此看到同样的结果，不同的心态，就会有不同的感受。

拥有悲观心态的人，他们往往只会看到天空暂时的阴霾，却忽视了躲在乌云之后的太阳。悲观心态的人，他们看什么都会带着悲观的情绪，即便是到了春天的田野，他们所看到的依然是折断了的残枝，墙角的垃圾，他们总是会忽视了身边美丽的风景，因此，他们的心里永远无法收获快乐。而乐观的人则不一样，因为心怀感恩，他们总是善于发现生活中不经意的美，即便是残枝破败的冬天，他们也会觉得那就是一种萧瑟的美，寂静的美。

林肯在患抑郁症期间，他曾说了这样一段感人肺腑的话：“现在我已成了世界上最可怜的人，假如我个人的感觉能平均分配到世界上每个家庭中，那么，这个世界将不再会有一张笑脸，我真不知道自己能否好起来，我现在这样真是很无奈，对我来说，要么死去，要么好起来，别无他路。”幸运的是，最后，林肯战胜了抑郁症，成功地当选了美国总统。完全摆脱了悲观心态，林肯掌控了健康的情绪，最终铸就了成功。在生活中，我们也需要像林肯这样，摆脱内心悲观情绪的骚扰，重新培养乐观的心态，以健康的情绪迎接明天的到来。

有两位年轻人到同一家公司求职，经理先把第一位求职者叫到办公室，问道：“你觉得你原来的公司怎么样？”求职者脸色满是阴郁，随意地回答说：“唉，那里糟透了，同事们尔虞我诈，勾心斗角，我们部门的经理十分蛮横，总是欺压我们，整个公司都显得死气沉沉，生活在那里，我感到十分的压抑，所以，我想换个比较理想的地方。”经理微笑着说：“我们这里恐怕也不是你理想的乐土啊。”于是，那位满面愁容的年轻人走了出去。

第二个求职者被问了同样一个问题，他却笑着回答：“我们那里挺好

的，同事们都待人很热情，互相帮助，经理也平易近人，很关心我们，整个公司气氛十分融洽，我在那里生活得十分愉快。如果不是想发挥我的特长，我还真不想离开那里呢。”经理笑吟吟地说：“恭喜你，你被录取了。”

人们总是喜欢欣赏那些乐观积极向上的人，而对那些有着悲观心态的人采取回避的态度。原因并非因为拥有悲观心态的人欠缺能力，或者资历不足，而主要在于他们的心态不够健康。悲观者总是看不到未来和希望，因此，他们只会生活在漫无边际的黑暗之中，即使是一份再美好的生活摆在他们面前，他们也会视而不见，继续沉浸在一个人的悲观情绪之中。

1. 悲观者顾虑太多，所以不好意思拒绝

悲观，是一种不健康的心理状态，不仅给我们的前途带来不利的影响，而且对我们的身体也会产生巨大的伤害。在日常生活中，那些拥有悲观心态的人，生病的概率往往比其他人高，而病愈的概率则会大大减少，因为他们总是处在悲观心态的笼罩下。所以，在认识到了悲观心态有如此大的危害之后，我们应该努力摆脱悲观的心态，让自己重新培养起健康的情绪。

2. 掌控良好情绪，才能自然说“不”

其实，悲观心态给我们生活带来的影响是巨大的，一个有着悲观心态的人，不管是工作还是生活，他们都无法获得成功，那悲观的心态会成为他们走向成功路上的绊脚石。所以，要想学会拒绝，那我们就应该努力设法摆脱悲观心态，掌控健康情绪。

坦然面对自己的“负面经验”

台湾著名美学大师蒋勋曾写道：“每个人能完成自我，才是心灵的自由状态；每一个人按照自己想要的样子完成自己，那就是美，完全不必有相对性。天地之间可以无所不美，因为每个人都发现自己存在的特殊性。在大自然中，从来不会有一朵花去模仿另一朵花；每一朵花对自己存在的状态都非常有自信。”面对人生道路中的磨难，有的人选择了“枯萎”，因为他已经认定自己就是失败的；有的人却选择了完美地绽放，因为他们始终坚信自己才是最美的。

人生中的磨难，是我们在所难免的，它是客观存在的，既然它早已经存在，我们又何必去顾虑太多呢？它来了，我们就迎难而上，在磨难中重塑出一个更加完美的自己。很多人在面对磨难的时候，心底就会传出这样的声音：我战胜不了。在这种消极情绪的主导下，磨难还没有开始，他就主动放弃了，后来，他错过了走向完美的最后机会。这些无法坦然面对自己负面经验的人，他们在拒绝他人时也是难以说出口的。

1921年夏天，年近39岁的富兰克林·罗斯福在海中游泳时突然双腿麻痹，后来经过诊断是患了脊髓灰质炎。这时，他已经是美国政府的参议员，是政坛上的热门人物，遭到了疾病的打击，他心灰意冷，打算退隐回到家乡。刚开始的时候，他一点都不想动，每天都必须坐在轮椅上，但是，他讨厌整天别人把他抬上抬下，于是，到了晚上，他就一个人偷偷地练习如何上楼梯。经过一段时间的练习，一天他得意地告诉家人：“我发明了一种上楼梯的方法，表演给你们看。”他先用手臂的力量把自己的身体支撑起来，慢慢挪到台阶上，然后再用臂力把双腿拖上去，就这样一个台阶一个台阶艰难地爬上了楼梯。母亲阻止儿子，说：“你这样在地上拖来拖去，给别人看见了多难看。”但富兰克林·罗斯福却断然地说：“我必须面对自己的耻辱和磨难。”

历史已向我们证明，磨难对于富兰克林·罗斯福来说，并没有成为他人生成功的阻碍，甚至，它在一定程度上帮助了罗斯福，使他成为了美国历史上最伟大的总统。因为磨难，罗斯福更加确定了自己的人生追求，加快了向前的步伐，最后，他成功了。磨难降临，有的人心底立即就会“泄气”，他们开始逃避，挑战还没有真正开始，他们就被打倒了。

齐克果说：“一个人一旦自我设限，并且一直认定自己就是个什么样的人时，他就是在否定自己，甚至他不会挑战自我，只想任由自己一直如此下去，而这终将导致自我毁灭。”磨难是上天给我们的考验，它不是我

们最终的归宿，甚至，它像是一座人生修炼的高等学府，你是否能从这里毕业，将意味着你人生的成败，更何况，磨难带给人们的，比它本身更有意义。

格连·康宁罕8岁的时候，他的双腿在一场爆炸事故中严重受伤，当时，双腿上几乎没有一块完整的肌肤。医生十分肯定地断言：“你此生再也无法行走。”父母满脸悲伤，康宁罕却没有哭泣，而是大声宣誓：“我一定要站起来！”在床上躺了两个月之后，康宁罕便尝试着下床了，为了不让父母看见伤心，他总是背着父母练，拄着父母为自己做的小拐杖在房间里慢慢挪动，钻心的疼痛将他一次次击倒，跌得浑身是伤，但康宁罕并不太在意身体上的疼痛，反而咬着牙挣扎着站起来。他坚信自己一定能够重新站起来，重新走路，甚至奔跑。经过了几个月痛苦的练习，康宁罕的两条腿可以慢慢地屈伸了，他在心底默默地为自己欢呼：“我站起来了！我站起来了！”

在医院里，康宁罕想起了离家两英里的一个湖泊，他怀念那里的蓝天，怀念那里的小伙伴。他想再次走到湖泊，与小伙伴一起玩耍，有了这样一个美好的心愿，康宁罕更加坚强地锻炼着自己。两年之后，康宁罕凭借着自己的坚忍和毅力，走到了湖泊边。从此，他又开始练习跑步，把农场上的牛马当作自己追逐的对象，几年如一日，始终没有放弃过。最后，他的双腿竟然奇迹般地强壮了起来，他不断地挑战自己，成为美国历史上著名的长跑运动员。

或许，康宁罕的身体是残缺的，但是，他的心灵却是异常完美的，即使遭受了多么大的磨难，他依然保持积极健康的心态，以乐观积极的心态面对。曾听说过这样一个故事：一位刚刚毕业的大学生在一次体检中被查出是乙肝病毒携带者，因为这张诊断书，她的求职被几家公司拒绝，当得到了这个消息，她从病床上一跃而起就想往墙上撞去，幸好有护士及时拉住了她的衣服。尽管医生告诉她这没有任何危险，但是，在复查过程中，她情绪变得十分差，动不动就发脾气，似乎自己求职失败是其他人的过错。磨难虽然来得无声无息，但是，它却在悄悄地考验着我们的毅力和坚

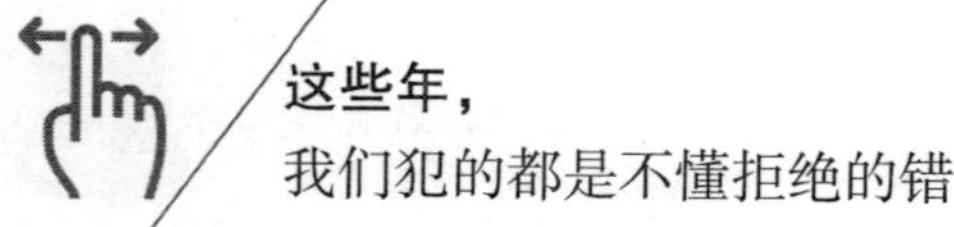

忍，如果我们能够顽强抗争，逃离磨难的阴影，那么，我们将重新给人生以幸福的方向，自己也将变得更加完美。

1. 人生就是一个不断完善的过程

人生对于我们来说，是一个不断完善的过程，就像小茧一点点褪去衣衫，蜕变为美丽的蝴蝶，人也一样，在磨难中，他将得到了重生，经历了磨难，他将变得更加完美，更加坚强，同时，也更接近成功。

2. 每一次磨难都是一次人生历练

每一次磨难，都是一次人生历练，强者容易变得坚强，弱者容易变得软弱。想做一个完美的强者，就要不断地完善自己，克制内心沮丧、愤怒的情绪，勇敢地向前行。当我们面对磨难，不自暴自弃，不灰心丧气，不生闲气，勇敢向前时，你会发现，磨难将会成为你人生最珍贵的记忆。

换个角度思考问题，消除拒绝别人后的内疚感

很多人在拒绝别人之后总会产生一种负罪感和内疚感，尤其是当别人觉得你是一个好人，很贴心时，而自己却那样直接地拒绝了对方，所以心里总会产生一些负罪感和内疚感。犹豫内疚与道德有着非常密切的关系，所以这个情绪体验一直是情绪心理学以及品德心理学研究的对象。伊扎德一直崇尚情绪分化理论，在他看来，内疚是存在于每个人身上的一种基本情绪，是人们在进化过程中产生的，是一种先天存在的，而不是通过后天学来的。当人们在内心坚持某种道德理念的时候，一旦他觉得自己的行为未能达到道德上的目标，他就会感到内疚，他觉得自己的行为已经做出了，从道德理念来说，自己有这样的行为是会感到愧疚的，心里会滋生出负罪感。比如，有的人习惯做好人，对于别人的要求从来都是来者不拒，当这样的行为养成习惯，甚至形成道德行为，一旦他偶尔拒绝了别人，他

就会产生内疚感。

小文是一位性格温顺的女孩，平时她从来都是不擅长拒绝的人。她总觉得别人向自己提出要求，肯定是相信自己，如果就这样把对方拒绝了，那岂不是很伤对方的自尊心吗？

于是，她就这样一次次地接下领导布置的任务，尽管内心感到很憋屈，但当领导布置工作任务的时候，她依然无法开口拒绝。有一次，因为公司当天事情太多，到下班时工作还没做完，这时领导竟然破天荒地说：“你有事，就先走吧。”小文收拾东西离开了。不过，当她看到领导还在办公室加班时，内心竟然有一种莫名的内疚感，似乎自己应该陪着领导一起加班才对，就这样走了，岂不是很不仁义吗？

在某种意义上，小文的内疚是对自我的心理惩罚。霍夫曼提出一个虚拟内疚理论，谈到内疚是一个人“对别人的痛苦的移情性反应”和“对引起别人痛苦的原因的认知”二者之间的结合。一个人的内疚，等同于自我轻视和自我厌恶，同时还伴随着迫切、紧张和后悔等负面情绪。在拒绝别人的请求之后，不管这样的拒绝是否故意，内疚自然而然都会从内心产生，因为我们感受到了那个被自己拒绝人的感受，就好像是自己被他人拒绝了一样。一般情况下，拒绝别人时所产生的内疚感就是移情效应的结果，而移情能力强的人则更容易内疚。

今年28岁的露露是一家传媒公司的文案策划，她认为，理智的拒绝更加有利于工作。“有段时间，我手头的工作非常多，老板又准备给我布置一项文稿，当时我犹豫着该不该拒绝，最后还是接了下来”，她说，那段日子时间特别紧张，没日没夜地工作，结果是交上去的文案多处有差错，连“原本可以完成好的工作都没有做好。”“所以，要学会拒绝。不要因为对方是你的领导你就不敢拒绝，也不要因为对方是你的同事你就不好意思拒绝。不然，最后是会把自己给累垮的。”

露露说，公司以前有个同事，工作起来完完全全就是有一股“俯首甘为孺子牛”的劲头，领导布置的任务他全部完成，同事之间、部门之间要求合作、协调的工作他也全部接下，时间久了，给他的工作就越来越多，有一天他跟我说，“自己实在太累了，但是又无法拒绝。因为一个习惯了来者不拒的人，一旦开始拒绝，大家都会觉得奇怪。”露露说，最后他只有离职。

“不要觉得一次拒绝会让别人对你产生看法，实际上，一个懂得拒绝的人，有时候反倒会为自己赢得尊重。”露露说，有一回，因为部门之间工作需要协调，她给财务部的李大姐打电话，想要她帮忙提供一张清单，“李大姐说她最近很忙，拒绝了我。但是她帮我联系到别人来完成这件事。”露露认为，如果是为了专心致志做一件事而拒绝对方，这也是一种负责任的体现。

当露露因对工作负责的态度，所以她在拒绝他人时不会产生太多的内疚感。一个人随年龄增长不断成熟，逐渐产生了责任感，知道在人际关系网络中，要对与自己有关的人负责，一旦没有履行好责任，这个人就会有内疚的情绪。人们在日常交际中，不自觉地将完成对方的请求当作自己的责任，所以当他在拒绝对方的时候，内心就会涌现出一种内疚感和负罪感。

当然，如果对方在拒绝时很好地接受了，我们的移情效应就会减弱很多，这样我们也就不会太内疚了。所以，当我们在拒绝时，应该合理地照顾对方的情绪，努力使对方很好地接受。

1. 努力以一种平静，庄重的方式拒绝

对于一种客气的拒绝，人们是不会非议的。一旦你学会说“不”字，您你会发现过去很多积怨都会消失。你就会从容地，放心地拒绝他人一切不适当的要求。

2. 马上答复，不要使对方抱有不能实现的希望

要打消为避免直接拒绝而寻找脱身之计的念头。请不要说：“我再想想看”，或“我看看到时候行不行”等等。应当明确地告诉对方：“实在不好意思，这是不行的。”

3. 如果您想避免生硬的拒绝，就提出一个反建议

假如闺蜜打电话问道：“今天早晨你能帮助我照看一下孩子吗？我

有好多东西要去买。”也许你会本能地答道：“哎呀，今天上午可能不行。”为了表示自己慎重的态度，或许你还可以这样客气地说：“我很愿意帮你的忙，但实在不巧。我能帮你干点别的吗？比如说我买东西时顺便给你带些什么？”

4. 不要以为每次都有必要说明理由

在很多时候，你的拒绝会比他人提出的要求更明确有力。这一点对孩子们特别有效果。比如，你答应带孩子们到公园去游玩，但是刚坐上车，他们又改变了主意，想去看电影。这时你可以停下车，说：“如果想去公园玩，我就继续开；但想干别的事情，我们就开车回家。”对这种坚决的态度，大多数孩子的反应只能是“好吧”。

测试你的情绪指数

一个人的情绪指数到底怎样呢？有人戏谑地对女人的生气做了一个形象比喻：“普通的怒火能使三枝蜡烛燃烧，最厉害的怒火能让一辆汽车启动。”或许，我们会觉得这样的形容比较夸张，但是，事实上，情绪所形成的能量的确是惊人的。心理学家向我们建议，在现实生活中，有坏情绪并不是一件坏事。同时，心理学家把那些喜欢生气的人所产生的能量称为“情绪指数”，每个人都有自己的一份情绪指数，可能，有的人不怎么喜欢生气，有的人却常常生气，那么，他们的情绪情商都是有差别的，如何来了解自己的“情绪指数”呢？

美国心理学家的研究结果表明，一个人倘若是不愿意宣泄自己不满情绪或喜欢抑制自己的愤怒，这样，他们很容易在抑制愤怒的过程中缩短自己的寿命。实际上，不仅抑制自己的愤怒会缩短自己的寿命，而且常常产生坏情绪也会使一个人缩短寿命。另外，心理学家通过研究表明，那些所谓的长寿者基本上都属于“温和”的类型，他们的情绪指数偏低。各种情绪对一个人的身心健康都是有着不利的影响的，一方面，坏情绪不利于心脏的健康；另一方面，生气还会影响免疫系统的正常运行，有可能会引起大脑内激素的变化。因此，我们需要清楚地了解自己的“情绪指数”，努力控制自己的情绪，尽力使自己成为一个高情商的人。

哈佛大学曾帮助学生做了这样一个“生气指数”的测试，下面就是一份哈佛大学当时的测试卷。一共为16道题，前面15题，若答“是”就得1分，反之不得分；第16题答“否”得1分，反之不得分，你可以通过这样的测试，来了解自己的“情绪指数”。

（1）有时候我想骂人

（2）有时候我想摔东西

（3）我经常对自己的愤怒和抱怨感到莫名其妙

（4）有时候我想对别人实施武力

（5）我很容易对别人不耐烦

（6）别人常说我脾气不好

（7）排队时看到有人插队，我会忍不住提醒他

（8）对于态度粗鲁或烦我的人，我将以牙还牙

（9）我常对自己的易怒和抱怨后悔不已

（10）有人催我，我会生气

（11）我很死板

（12）有时候我太生气，太伤心，真不知自己会做出什么

（13）我喝酒时曾摔过家具或碗碟

（14）有时别人气得我简直要爆炸

（15）我曾因生气同他人进行过武力较量

（16）我几乎从未失控过

结果分析：

0～1分：脾气温和，基本不会有因生气导致心脏病的危险；

2～4分：中等，因生气导致心脏病的危险系数是温和人群的2.7倍；

5分以上：暴躁，因生气导致心脏病的危险系数是温和人群的3.5倍。

曾经，有一篇科学报告中说了这样一段话：“一个人在生气时的分泌物可以毒死一只老鼠；如果一个人生气 5 分钟，所消耗的体能不亚于跑 2 公里路所消耗的体能。”对此，许多科学家曾得出了这样的结论：“一个人在很大程度上并不是老死的，而是被气死的。”由此可见，对于我们来说，拥有健康的心理是极为重要的，良好的情绪，温和的脾气都是良好心理素质的必备条件，这样，在任何情况下，我们都能处于泰然自若，平静如水的境地，而这正是高情商的标志。或许，你很想知道自己是属于哪种情绪类型吗？那么，不妨来做做哈佛大学的情商测试题。

如果你很想知道自己到底是属于哪种情绪类型，就先做一做下面的测试题吧。（注：每道题都3个选项，所选择的答案分数在小括号里）

1. 假如让你选择，你更喜欢：

A. 与许多人一起工作，并进行亲密接触（3）

B. 和一些人一起工作（2）

C. 独自工作（1）

2. 当为解闷而读书时，你会喜欢：

A. 史书、秘闻、传记类（1）

B. 历史小说、“社会问题”小说（2）

C. 科幻小说、荒诞小说（3）

3. 对恐怖电影反应如何？

A. 不能忍受（1）

B. 害怕（3）

C. 很喜欢（2）

4. 以下哪种情况与你相符？

A. 很少关心他人的事（1）

B. 关心熟人的生活（2）

C. 爱听新闻，关心别人的生活细节（3）

5. 到外地时，你会：

A. 为亲戚们的平安感到高兴（1）

B. 陶醉于自然风光（3）

C. 希望去更多的地方（2）

6. 你看电视剧时会哭或感动得哭吗？

A. 经常（3）

B. 有时（2）

C. 从不（1）

7. 路上遇见朋友时，通常是：

A. 点头问好（1）

B. 微笑、握手和问候（2）

C. 拥抱他们（3）

8. 假如在飞机上有个烦人的陌生人要你听他讲自己的经历，你会怎样？

A. 显示你颇有同感（2）

B. 真的很感兴趣（3）

C. 打断他，做自己的事（1）

9. 你想过给报纸的问题专栏写稿吗？

A. 绝对没想过（1）

B. 有可能想过（2）

C. 想过（3）

10. 当别人问你的个人隐私时，你会怎样？

A. 感到不快和气愤，拒绝回答（3）

B. 平静地说出你认为合适的话（1）

C. 虽然不快，但还是回答（2）

11. 在咖啡店要了杯咖啡，这时发现邻座有一位姑娘在哭泣，你会怎样？

A. 想说些安慰话，但却羞于启口（2）

B. 问她是否需要帮助（3）

C. 换个座位远离她（1）

12. 在朋友家聚餐之后，朋友和其爱人吵了起来，你会怎么做？

A. 觉得不快，但无能为力（2）

B. 马上离开（1）

C. 尽力为他们排解（3）

13. 送礼物给朋友

A. 仅仅在新年和生日（1）

B. 全凭兴趣（3）

C. 在觉得有愧或忽视他们的时候（2）

14. 刚认识的一个人对你说了些恭维话，你会怎么样？

A. 感到窘迫（2）

B. 谨慎地观察对方（1）

C. 非常喜欢听，并开始喜欢对方（3）

15. 假如你因家事不快，上班时你会：

A. 继续不快，并显露出来（3）

B. 工作起来，把烦恼丢在一边（1）

C. 尽量理智，但仍因压不住而发脾气（2）

16. 生活中的一个重要关系破裂了，你会：

A. 感到伤心，但尽可能正常生活（2）

B. 至少在短暂时间内感到痛心（3）

C. 无可奈何地摆脱忧伤之情（1）

17. 一只迷路的小狗闯进你家，你会：

A. 收养并照顾它（3）

B. 扔出去（1）

C. 想给它找个主人，找不到就让它安乐死（2）

18. 对于信件或纪念品，你会：

A. 刚收到时便无情地扔掉（1）

B. 保存多年（3）

C. 两年清理一次（2）

19. 你会因内疚或痛苦而后悔吗？

A. 是的，一直很久（3）

B. 偶尔后悔（2）

C. 从不后悔（1）

20. 与一个很羞怯或紧张的人说话时，你会：

A. 因此感到不安（2）

B. 觉得跟他讲话很有趣（3）

C. 有点生气（1）

21. 你喜欢什么样的孩子？

A. 很小的时候，而且有点可怜巴巴（3）

B. 长大了的时候（1）

C. 能同你谈话的时候，并且形成了自己的个性（2）

22. 爱人抱怨你花在工作上的时间太多了，你会怎样？

A. 解释说这是为了两人的共同利益，然后仍像以前那样（1）

B. 试图把时间更多地花在家庭上（3）

C. 对两方面的要求感到矛盾，并试图使两方面都令人满意（2）

23. 在一场非常精彩的演出结束后，你会：

A. 用力鼓掌（3）

B. 勉强鼓掌（1）

C. 加入鼓掌，但觉得很不自在（2）

24. 当拿到母校出的一份刊物时，你会：

A. 通读一遍就扔掉（2）

B. 仔细阅读，并保存起来（3）

C. 不看就扔进垃圾桶（1）

25. 看到路对面有一个以前的朋友时，你会：

A. 走开（1）

B. 走过去问好（3）

C. 招手，如对方没反应便走开（2）

26. 知道一位朋友误解了你的行为，并且正在生你的气，你会怎样？

A. 尽快联系，作出解释（3）

B. 等朋友自己清醒过来（1）

C. 等待一个好时机再联系，但对误解的事不作解释（2）

27. 你怎样对待不喜欢的礼物？

A. 立即扔掉（1）

B. 热情地保存起来（3）

C. 藏起来，仅在赠者来访时才摆出来（2）

28. 对示威游行，爱国主义行动，宗教仪式的态度如何？

A. 冷淡（1）

B. 感动得流泪（3）

C. 使你窘迫（2）

29. 你有没有毫无理由地感到过害怕？

A. 经常（3）

B. 偶尔（2）

C. 从不（1）

30. 你属于下面哪种情形？

A. 十分留心自己的感情（2）

B. 总是凭感情办事（3）

C. 感情没什么要紧，结局才最重要（1）

结果分析：

30~50分：你的情绪类型是理智型，你具有较强的自制力，缺点是对别人的情绪缺少反应，建议放松一下自己；

51~69分：你的情绪类型是情绪型，有时候会感情用事，有时又十分理性，一般很少与他人争吵，爱惜生活，生活过得愉快、舒心；

70~90分：你的情绪类型是冲动型，很重感情，会意气用事，建议你以后遇事冷静一些。

中篇

懂点技巧，掌控自己的大脑

拒绝是一种气度，更是一种勇气，只有拥有拒绝的气度和勇气的人，才真正会生活得轻松快乐，而不碍于情面，或为一时的虚荣，给自己平添出许多的烦恼。有时候，拒绝更是一种自我保护、善待自己、完善自己的奇方妙药。

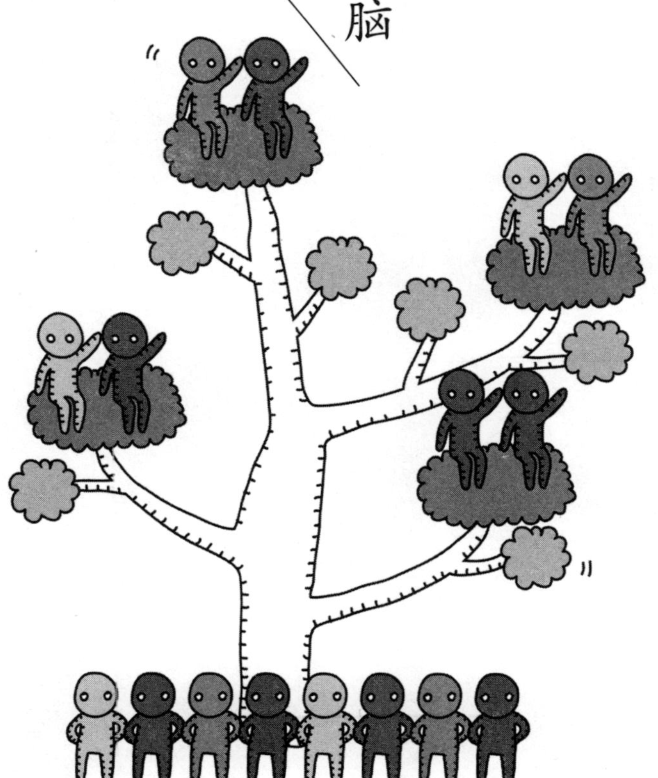

第六章

注重自己的感受：别为了取悦别人而亏待自己

有的人在大家眼里是大好人，有求必应，即便自己受苦受累也无法拒绝别人。他们总是将他人的需求摆在第一位，从来不会拒绝他人，无形之中，他们被一种自我强加的压力所折磨，牺牲了自己的快乐来取悦他人，尽力争取每个人的认可，努力想让所有人都满意。这可能吗，事实上，我们应该注重自己的感受，别为了取悦他人而亏待自己。

你是老好人吗？

“老好人”是人们对一个人人格的赞许，因为他们对别人总是有求必应，即使自己会因此感到痛苦，他们也不会拒绝。对此，美国心理学家莱斯·巴巴内尔则认为，为人友善是应该的，不过在能力不足或自己繁忙时懂得拒绝也是应该的。在他看来，那些不懂得拒绝，表面上看似乐于助人的老好人，其实内心隐藏着很多的心理问题。巴巴内尔在其著作《揭开友善的面具》中写道：这类人的病理状态可命名为“看管人性格紊乱”或“友善病”。他们之所以表现得乐于助人，很可能是存在着天生的人格问题，比如自卑心理或孤独心理，在童年时期可能存在心理阴影，比如父母严格的教育，使得他们从小养成了听话、乖巧的性格。

王女士的亲友有问题就喜欢向她求助，一个侄女每天给她打电话，声泪俱下地控诉丈夫，而且一说就是数小时。王女士的其他朋友也是遇到问题就找她帮忙，她从来都不知该如何拒绝别人。私下里，王女士说，她已经身心俱疲了。有一次，一位同事向她倾诉，她只好放下自己的事情安慰同事。“我当时心里真想让她闭嘴或滚开，但就是不知如何开口。”

人们不好意思拒绝的原因是为了获得对方的肯定，以及取悦别人，事实上，这样的心态并非是健康的，而且存在着心理缺陷。在他们的认知里，一旦拒绝了对方，会让对方不高兴，他们自身也会产生沮丧、自责或愧疚等消极情绪，然后就陷入这样不良的情绪中无法自拔。这样的人要学会控制自己的思维，毕竟总想取悦对方的心态是不靠谱的。思想会为促使自己取悦于人的习惯找理由，从而让这些习惯根深蒂固，比如养成付出的习惯，不懂得拒绝的习惯。甚至，这样的思想还会纵容自己继续逃避极可怕的情感。

2001年，布莱柯的《讨好的毛病：治疗讨好他人的综合症》一书问

世，如同一颗重磅炸弹在美国社会中爆开，不仅一下子成为了畅销书，而且在著名电视主持人奥普拉·温弗里的电视节目里成为讨论的专题，直到今天，这仍然是一个大众心理学不可错过的好话题。

在书中，布莱柯认为：一心只想当好人原来并非没有问题，而是一种有害的心理疾病，它源自“好人”对自己个体价值的信心匮乏，渴望用给他人做好事来赢得外界的肯定与赞美，这样的渴望一旦成为心理定势，就会严重降低行为者的判断力和自控力，并成为一种习惯和依赖。

你是否是老好人，这是可以测试的：

请根据自己真实情况，进行一次“体验”，请回答“是”或“否”。

A. 与其说出分歧之处，不如试图强调我们的共同之处。

B. 在问题解决的过程中，我试图找到一个妥协性的解决方法。

C. 我可能努力缓和与他人的情感从而维持我们的关系。

D. 我有时牺牲自己的意志，而成全他人的愿望。

E. 为避免不利的紧张状态，我常做一些必要的努力。

F. 我试图推迟对问题的处理，使自己有时间做一番周全的考虑。

G. 我试图不伤害对方的情感。

H. 感到意见分歧总是值得人们担心的。

I. 我放弃某些目标作为交换，以获得其他的目标。

J. 我避免站在可能产生矛盾的立场。

假如你的回答中“肯定”的答案超过了大半，那你就是一个不折不扣的老好人，你总是扮演着乐于助人的角色，模糊自己的心理定势，不喜欢说实话，对任何人的请求都是来者不拒。哪怕遇到两人争执，也会充当和事老的角色，总是安慰对方。尽管你善于调节气氛，但是你这是没有原则地缓和气氛。

在生活和工作中，你缺乏应有的创造力以及必要的努力，所以总是在一个平庸的位置。生活中你是一个温和的人，不喜欢与人做对，也不大喜欢与人打交道，总是表现出一副温和谦卑的姿态。

在美国，有一个叫“好人综合症”的说法，所谓的好人，是那些对别人非常亲切友善、十分好说话、有求必应、想方设法帮助别人、从来不考虑自己，并以此为荣的人们。对这些所谓的“好人”来说，当好人不但是一种习惯或行为方式，而且更是一种与他人建立的特殊人际关系。老好人所做的都是对别人有利，讨别人喜欢的事情，所以他们都会收到了别人颁发的“好人卡”。实际上，其他人接受好人的乐于助人，都会有意无意地带着自私的目的，但老好人却乐在其中，甚至通常人们并不觉得这样做有什么问题。

1. “老好人”也是一种行为偏差

老好人不仅是一种心理偏差，而且也是一种行为偏差，表面上看他们已经赢得了周围人的喜欢，但实际上他们在工作和生活中已经出现了交际危机。通常情况下，他们有可能是一个平庸的人，平时工作非常努力，但因为他总是答应其他人的请求，所以浪费了很多时间和精力，使得他们并没有多少时间来做好自己的事情。他们之所以不拒绝别人，是希望能够获得他人的肯定以及赞赏。这样的人通常家庭或家庭关系可能会有欠缺，童年得不到父母或兄弟姐妹的关爱，这会使他们更渴望关系疏远者对自己的肯定，并为此不惜付出自己的百倍努力，甚至也有一些人对家人态度很恶劣，对外人却很好。

2. 缺少健康界限

老好人并非好人一个人的事，往往会弄得身边人也会有所困扰，甚至给他们带来跟着受罪的感觉，而且好人的亲疏还会对家人带来伤害。对此，心理学家指出，一个人要保持健康的心理，有符合情理的正常行为，必须保持一种健康的心理定势。也就是说，每一位个体的人都生活在某种身体、感情和思想的健康界限之内，这个界限帮助他判断和选择谁可以接纳，并接纳到什么程度，为谁可以付出，并付出到什么程度。

3. 有时候会带来坏情绪

有时候，老好人的思想意识会给人带来负面情感。比如当朋友需要你帮助，或者要求你周末陪她逛街，如果你做不到，就会感到内疚；假如领导需要你在工作时间做一些烦琐的事情，你如果做不到，则可能感觉到的并非内疚，而是担心领导不高兴。

暗示自己的喜恶，让对方自行领会

语言暗示，也就是不明说，而用含蓄的语言使人领会自己的意思。当我们为了某种目的，在无对抗的条件下，通过交往中的语言，用含蓄、间接的方式表达出一定的意愿，使对方接受自己的意见或观点。在日常交际中的一些场合里，许多话都不便于直说，这时可以利用言语暗示来传递一些信息，暗示所采取的方式可以是较含蓄的语言，但只要对方能够明白你所表达的意思，那么操控他人心理的目的就实现了。通过大量事实证明，暗示比直言快语更能凸显出表达效果，因为它所表现出来的婉转曲折，总是给人以愉快的感受。

从前，有个酒店老板，脾气非常糟糕。一天，有个客人来喝酒，才喝了一口，嘴里便喊："好酸！好酸！"老板听后大怒，不由分说，把客人绑起来，吊在了屋梁上。这时来了另一位顾客，问老板为什么吊人，老板回答："我店的酒明明香醇甜美，这家伙硬说是酸的，你说该不该吊他？"来客说："可不可以让我尝尝？"老板热情地给他端了一杯酒，客人呷了一口，酸得皱眉眯眼，对老板说："你放下这个人，把我吊起来吧！"

这位客人通过言语暗示出自己对老板吊人强烈的反感，这样的表达方式既显得委婉含蓄，又显得十分艺术。在很多时候，我们会对他人的行为或者语言感到不满，而语言暗示恰好能够得体礼貌地表达出自己的真实想法。

在日常生活中，很多时候我们都无法直接表达自己的想法，这时候就需要用暗示来表达，于是就出现了一语双关、含沙射影、指桑骂槐等旁敲侧击等的艺术性语言。既然可以用暗示的语言来表达自己的厌恶，当然，同样我们也可以用暗示的语言来表达喜欢。

1. 含蓄表达爱情

通过语言暗示来表达爱情，这可以使语言本身具有一定的弹性，不至于对方一拒绝就没有挽回的余地，而且，这也符合恋爱时的羞怯心理。据说陈毅和张茜同志是一对情爱甚笃的革命情侣，陈毅为了暗示自己的爱慕之情，苦心创作了一首诗“小箭含胎初出岗，似是欲绽蕊露黄。娇艳高雅世难觅，万紫千红妒幽香”。而张茜正是从这首诗中领悟了陈毅的深情，最终两人确定了恋爱关系。

2. 委婉表达讥讽之意

在日常交往中，直接辱骂别人，听者当然很容易就能听出来。但如果对方是利用暗示语言来侮辱人，我们就更应该注意了，这时不仅要善于听出别人的言外之意，还应该“以其人之道还治其人之身”。比如，安徒生戴了一顶破帽子，过路人取笑“你脑袋上边戴那个玩意是什么呀？能算是帽子吗？”安徒生随即回道：“你帽子下面那个玩意是什么呀？能算是脑袋吗？”

3. 暗示拒绝

有的人喜欢用暗示来投石问路，这时你也可以用暗示来拒绝对方。比如，面对老乡的借宿的请求，李先生这样暗示拒绝道“城里比不了咱们乡下，住房可紧了。就拿我来说吧，这么小的屋子竟然住着三代人……你们大老远地来看我，不该留你们在我家好好地住上几天吗？可是没有办法啊！”老乡也只好知趣地走了。

4. 暗示自己的不满

有时候，面对他人的错误，我们也最好以双关影射之语言来暗示他，迫使对方意识到自己的错误。比如，顾客发现汤里有一只苍蝇，便可以巧妙暗示老板“对不起，请您告诉我，我该怎样对这只苍蝇的侵权行为进行起诉呢？”

难以启齿的拒绝，巧传“弦外之音”

在日常交际中，对于一些难以启齿的拒绝，我们很多时候无法直接开口说出来，而是需要借助含蓄的语言才能达到表达目的。很多时候，我

们不得不向他人提出自己的所需所求，有可能是对方没有意识到的尴尬问题，也有可能是求人办事，这时候含蓄的表达效果也远远高于直截了当。含蓄表达是从侧面切入，暗中点明自己要表达的意思，换而言之，就是把话说在明处，把含义藏在话的暗处。在正常交往中，我们要善于用含蓄的语言来表达自己的需求，传递出说话者的“弦外之音”。

王伟到总经理家请求帮忙，经理夫人热情接待了他，并很有礼貌地端茶递水。可是，王伟办完了正事之后竟然开始高谈阔论起来。眼看天色已经很晚了，孩子也得早点休息，可那个王伟还显得意犹未尽。于是，经理夫人拾掇了一下家务，到房间对丈夫说：“小王这么晚来找你，你快点给他想个办法，别让他总是这样等着。”又对小王说：“您再喝杯茶吧。”一时之间，王伟领会了夫人的话，就很知趣地告辞了。

天色越来越晚，经理夫人想要休息了，但王伟却还在继续高谈阔论，出于礼貌，夫人不可能生硬地说“今天已经很晚了，我们都要休息了，你还是早点回去吧”。于是，夫人通过含蓄的暗示表达了自己的真实需求。看似表面上是帮王伟说话，实际上却传递了另外一个信息——拒绝，这种因情因势的表达，语言得体，又达到了自己想要的结果。

纪伯伦曾经说：“如果你想了解一个人，不是去听他说出的话，而是去听他没有说出的话。”通常情况下，我们都不会轻易地把自己真实的意见或者想法直接说出来，但这些感情或意见却总会在我们的语言表达中表现得清清楚楚。所以，在沟通的过程中，我们不仅需要听得出别人的“弦外之音”，而且还要善于去传达自己的“言外之意”。

战国时期，楚国曾发兵攻打齐国，齐威王决定派能言善辩的淳先生去赵国求救。他让淳先生驾上马车十辆，装上黄金一百两，淳先生见了放声大笑，连系帽子的带子都笑断了。齐威王于是问：“先生是嫌这些东西少了吗？”淳先生说：“我怎么敢嫌少呢？”“那你刚才笑什么呀？”齐威王又问道。

淳先生这才停住了笑声，说道：“大王息怒，今天我从东面来时，看见有位农民在田里求田神赐给他一个丰收年，他拿着一只猪蹄和一坛子美酒，祈祷说‘田神啊田神，请你保佑我五谷成熟，米粮满仓吧！’他的祭品那么少，而想得到的却是那么多，我刚才想到了他，所以忍不住想笑。”齐威王领悟了他的暗示，马上给他黄金一千两，车马一百辆，白璧十对。最后，淳先生终于出使了赵国，搬来了十万精兵。

淳先生通过讲述自己经历的一件事情，暗示齐威王“拿很少的东西，却想得到更多的帮助”是可笑的，并且暗示这样造成的结果肯定是求救失败。在整个谈话过程中，淳先生都没有直接表达自己的想法，而是处处用隐语作巧妙暗示，这样既没有拂了齐威王的面子，又能达到了自己成功进谏的目的。

毫无疑问，在交际中我们是很需要“言外之意”的，因为在很多时候，说话不能太直白、太明了。比如，给上司提意见的时候，不能表现得比上司还强；批评对方的不足之处，不能伤害到他人的自尊。那么，怎样含蓄地表达，才能让对方准确领会隐藏在话语中的真实需求呢？

1. 通过说话方式传达自己的需求

在日常交往中，我们通常都会把自己的真实情感隐藏起来，但事实上在我们的言谈中却时刻流露出“蛛丝马迹”。这时，说话方式便是一扇透露给对方内心所想的“窗口”，我们的说话方式不一样，所反映出的真实需求也不同，注意自己的说话方式，就能够把自己的真实需求传递给对方。比如，在对他人表示心怀不满或者有敌意时，我们的说话速度就变得迟缓，而且显得比较木讷。

2. 说话的表情

有的人对自己的喜怒哀乐从不掩饰，有的人习惯于不动声色地掩饰自己的情绪，所以，我们在与别人交谈的时候，要学会用表情来传递自己的真实意愿，比如面对同事的诉说，你嘴上表示“我当然也很关心”，但脸上却分明显得很漠然，传递着“谁有空来管这件事啊”，对方也会很快领会到你不耐烦的情绪。

3. 巧妙穿插“暗语”

我们的表述方式与表述习惯会传递出某些信息，这样你就可以在言语

中穿插一些暗语，“我会试着把这件事安排进工作进度中”，你所传递给对方的信息就是“我早已安排好了，你怎么不早一点说呢”。

客气也是一种拒绝

在日常交际中，若对方是初次见面的陌生人，我们会使用较多的客气话，以此拉近彼此的距离。适当的客气话可以展现一个人的修养与素质，但过分地使用客气话，也会妨碍彼此的亲切感。然而，在某些时候，我们却可以通过说过分“客气礼貌”的话来拒绝同别人的交往，故意拉开彼此的距离，令对方主动退却。我们可能都有这样的经历，如果自己到一个朋友家里，朋友却对自己异常客气，你说一句话，对方只会用“嗯”、“啊”、“哦”来回答，甚至和你说话时也是满口客气话，唯恐你不高兴，老是担心会得罪你。这样一来，你一定会觉得如芒刺在背，坐立不安，真想逃离这个地方。其实，这就是“过分”客气话达到的效果，当然，朋友也许并不是想以此来疏远你，而是客气话运用的不恰当。如此一来，我们却可以从中得出一个结论：当你不想与某人继续交谈下去的时候，不妨以过分“客气礼貌”的话来令对方自退。

其实，偶尔说一些过多的客气话，也会成为你的社交利器。比如，当你在朋友面前说客气礼貌的话语，这是令朋友难堪的最好武器；当你成为主人的时候，又成为最好的最高明的逐客令。说客气话有时比大骂一顿更奏效，如果你怕对方会干扰到你，就拼命地跟他说客气话，临走时别忘了请他“有空再来”，但他绝对是不会再来的。

小王是一位十分帅气的男孩，他在一家美发店工作。由于长相俊美，许多女孩子都慕名而来，成了他最忠实的顾客。可是，小王自己却吃了不少苦头，自己是有女朋友的，但许多女顾客却屡屡“求爱”，甚至在深夜还会收到很多内容暧昧的短信，女朋友为了这事情与他冷战了很长一段时间。为了与那些女顾客疏远距离，小王开始频繁地使用客气话“好的，非常谢谢您的惠顾，您慢走！”他连经常上门的老顾客也少有一句客气话，这样的话语让许多女顾客感觉不到亲切感，甚至觉得小王的态度有些冷淡。于是，在每次做完头发之后，那些之前“示爱”的女顾客都会很有礼貌地告别。过了一段时间，小王就再也没有收到过那种内容暧昧的短信了，他和女朋友也和好如初了。

在交际过程中过多地使用客气礼貌的语言，可以为你“赶走”一些不喜欢的人。因为客气的语言会让对方感到生疏、别扭，继而感受到一种心理压力，最后使得对方不得不选择退却。假如你不想与对方继续交谈下去，不妨使用客气的语言，通过语言暗示对方“我不愿意与你交谈下去”了。当然，如果是较要好的朋友，客气话就不能说得太多。

习惯于说礼貌客气的话，实际上会给别人一种心理暗示：我与你之间是有一定的心理距离的，或者，我不大愿意与你继续交谈下去。大多数人都有这样的经历，一般而言，只有在面对陌生人的时候，我们才会多出那么多客气礼貌的话，而对于那些熟悉的朋友，我们会很自然地省去这些繁文缛节。谈话的目的在于沟通双方的情感，增加彼此的兴趣，当你不想与对方继续交流下去时，就可以在你们之间建立一堵“墙”，而客气礼貌的话恰恰可以达到这样的效果。这样一来，对方只能是隔着墙作一些简单的敷衍酬答，最后选择主动离开。

1. “公式化”的客气话

为了使对方能够主动退却，你最好选择那些十分刻板的客气话，比如“久仰大名，如雷贯耳”、“贵店生意一定兴旺发达”、“小弟才疏学浅，还要请阁下多多指教！”当你说出这些公式化的客气话时，对方一定会主动闭嘴的。

2. “夸张”的客气话

当同事为你倒了一杯茶，以此想讨好你的时候，你可以故意夸张“呵，谢谢你，真对不起，不该这点小事也麻烦你、真让我过意不去，实在太感谢了……”等一大串客套话，让对方尽量领会到你的“敷衍”之意。

3. “流水般”的客气话

为了展现出你“敷衍”的态度，在说客气话时可以像背书一样流畅。另外，还可以加上一些身体语言，比如，过度地低头，摇头摆身作态来增加自己说客气话的表情，以“不雅观”的动作来展现自己的“虚假”，使得对方主动退却。

别太操心，有些事情没必要亲力亲为

有的人不懂得拒绝，因为他们天生是个操心的命。他们的心无时无刻不是在担心这担心那，好像一刻也不能放松，于是，他们的整颗心都是紧绷着的。在生活中，无论是大事还是小事，他们都不放心别人去做，而是习惯于亲力亲为。他们永远只是一个人在考虑自己要做什么、做成什么样的程度，没有一个人伸出援助之手，而且，造成他们常常独自做事的原因，并不是其他人不愿意帮忙，而是他们拒绝别人帮忙。对此，特地提醒那些太过于自我的人，不要太操心，其实生活中很多人和事都无需你亲力亲为。

况且，如果在日常工作中，我们并不只是一个普通员工，而是领导者。在这样的情况下，如果还保持着凡事亲力亲为的习惯，那下属到底去干什么呢？假如我们真的站在领导者的位置，那就需要将更多的机会让给下属去展现，这既可以有效地锻炼出下属的工作能力，又可以凸显出领导者的威严。一个领导者若是凡事都亲力亲为，那样的工作量是相当重的，而且，下属只会认为“领导根本不相信我们，什么事情也不交给我们去做”，如此一来，不仅累坏了自己，而且也将别人展现自我的机会给剥夺了。因此，我们要想活得潇洒一些，轻松一些，就不要去操那些不属于自己范围内的心，有些事情大可以交给别人去做，我们只需要适当做做指导，等待结果就行了。

王姐从小就有个习惯，对于有关自己的事情，她一定是自己去做，她不放心任何人去做。在她年纪尚小的时候，有一次，她背着厚重的东西回家，身边的朋友好心建议说："让我帮你背一程吧。"结果她也拒绝了，理由是怕对方将她的东西摔地上了，朋友听到这个理由，下巴都快掉了下来。

长大后，王姐的这个习惯更是日益严重了。高中毕业后，王姐就在一家蛋糕店当了收银员，平时没事就是守在那个柜台边，不让任何人接近自己的工作位置。店长吩咐："你在有时间的时候，教教店里的导购收银。"结果，王姐也是经常将店长这样的吩咐忘记了，她从来不放心自己的工作让别人去干。就因为这样独特的习惯，她在店里的人缘相当不好，但她工作倒是很认真负责任，工作了几年之后，她升职当了店长，这样她显得更忙了。早晨，她是第一个到店里，晚上她最晚一个离开蛋糕店，因为她不放心任何一个店员，她需要亲力亲为收货、摆货、收银，虽然这样一来，自己算是放心了，但长此以往这样拼命地上班，王姐真是疲累不堪。但如果她一旦是想到不去店里，让店员们去做，她的心就更累。

终于，没过多久，王姐终于累倒了，躺在医院里，她所担心的还是蛋糕店："今天货到齐了吗？"、"货物摆放得整齐吗？"坐在床边的老公忍不住说："你总是这样，凡事亲力亲为，你以为自己多伟大，但你这样是抹杀了店员们表现自我的机会的，今天早上我路过蛋糕店，发现没有你，他们依然将事情做得很好，有条不紊，你就不用操心了，你现在是店长了，很多事情完全可以交给别人去做。如果你总是操心，那你就永远有操不完的心，你自己也会身心俱垮的。"

在案例中，王姐虽然升职成了店长，但她对店里的很多事情还总是亲自去做，结果病倒在床上，她的累不仅在身体上，而且来自于心理。因为太过于操心，她几乎每时每刻都在想还有什么事情没做好，她就像一个陀螺一样，不停地转，直至最后无力地摔倒在地上。其实，她完全没必要这样累，放手将一些事情交给下属去打理，不仅轻松了自己，而且给予了下属展现自我的机会。

1. 不要以自我为中心

当然，凡事都亲力亲为，这是一种负责任的态度，但如果是太过亲力亲为，那就是有点以自我为中心了。通常情况下，那些习惯于凡事亲力亲为的人，他们大多只相信自己，不太相信别人，因此，哪怕是一件小事情，他们也不愿意交给别的人去做，而是尽量亲自去操办。这样的一种心理所导致的行为，我们且不说事情的最后结果会怎么样，但如果真的大事小事都自己去做，那所造成的很显著的结果就是——身心疲惫。

2. 学会把一些事情和压力分担出去

生活中，一个人操心太多就会造成身心疲惫，反之，如果将别人能做的事情交给其他人去做，自己只是观看或指导，这样反而会轻松许多。当然，要想培养这样的习惯，首先应该学会信任别人，以及放松自己。你只有足够地信任了别人，才能放心地将事情交给对方；你只有放松了自己，才不会那么执着于什么事都要自己亲自去做。所以，不要太过操心，让自己过得轻松一点，将某些人和事交给别人去办，这样才能让自己轻松起来。

欣赏自己，自信的人懂得拒绝

子曰：“不患人之不知己，而患人之不己知。”对于一个人而言，最担心的事情就是自己不够了解自己，更为关键的是，不懂得欣赏和肯定自己，因为有时候人们之间那些莫名其妙的斗气其实就是源自于内心的自卑。内心自卑，却又追求完美的人习惯了对自己的苛求，总是觉得自己这里不满意，那里不如意，而那些他们所挑剔的地方都可能成为他们自己跟自己斗气的理由。他们常常会自言自语：“如果我再瘦一点就好了”、“要是我的皮肤再白一点就完美了”。然而，生活哪会有“如果”，最终，他们的心理会陷入一个反复纠缠的境地：在欣赏自己的同时，否定自我，最终将自己否定得一无是处。因而，我们更需要学会欣赏自己，相信自己，因为自信的人才是真正懂得适时拒绝的人。

林黛玉刚刚进荣国府的时候，作者就对她就有一句评语：“心较比干多一窍。”后来，林黛玉看到史湘云挂了金麒麟，宝玉最近也得到了一个金麒麟，林黛玉就开始生气：“便恐就此生隙，同史湘云也做出那些风流佳事来。”于是，林黛玉便去偷听，结果却听到了宝玉厌烦史湘云劝他留心仕途经济的话，宝玉说：“林妹妹就不说这样的混帐话，若说这话，我也和他生分了。”黛玉听到这样的话，心中想：“不觉又惊又喜，又悲又叹。所喜者，自己果然眼力不错，素日认他是个知己。所惊者，他在人前一片私心称赞于我，其亲热厚密，竟不避嫌疑。所叹者，你既以我为知己，自然我亦可以为你之知己，既你我为知己，则何必又有金玉之论哉；既有金玉之说，亦该你我有之，则又何必再来一宝钗哉！所悲者，父母早逝，虽有刻骨铭心之言，无人替我主张。况近日每觉神思恍惚，病已渐深，医者更云气弱血亏，恐致劳怯之症，你我虽为知己，但恐自不能久持；你纵为我知己，能奈我薄命何！”

有一次看戏，大家都看出那个演小旦的有点像林黛玉，只是都不肯说，而史湘云却是快人快语，一下子就说了出来，林黛玉立马感觉到自己受辱了，马上就生气了。怕黛玉生气，宝玉使眼色给史湘云，本来宝玉是一片好意，黛玉却是更加生气了。

后来，黛玉说起宝琴来，想到自己没有姊妹，不免心中生出怨气，又哭了，宝玉忙劝道：“你又自寻烦恼了，你瞧瞧，今年又比去年越发瘦了，你还不保养，每天好好的，你必是自寻烦恼，哭一会儿，才算完了这一天的事。”黛玉拭泪道：“近来我只觉得心酸，眼泪却好像比旧年少了些的，心里只管酸楚，眼泪却不多。”宝玉说道：“这是你平时哭惯了心里疑的，岂有眼泪会少的！”

林黛玉自己也明白，自己的病是因性情所致，但是，她却没有为之做出改变，真是令人叹息。虽然，林黛玉各方面条件都不差，但是，父母都已经不在人世间，自己又寄人篱下，心中难免有点自卑，这成了其怨气的根源。在林黛玉身上所体现出来的特点是：既才华出众，却又多疑多惧，

很是自卑。很多时候，她不懂得欣赏自己，自然就无法快乐起来，也无法改变自己的命运。

有一个衣衫不整、蓬头垢面的女孩，她本来长得很美，但她总是表现得满脸怒气。有人跟她聊天，她总是显得心不在焉，聊天的人都沉默了。有一天，一位心理学家惊讶地告诉她："孩子，你真的不知道你是一个非常漂亮、非常好的姑娘吗？"

"您说什么？"姑娘有些不相信地看着对方，美丽的大眼睛里有泪，更多的却是惊喜。原来，在日常的生活中，她每天所面对的都是同学的嘲笑、母亲的责骂，在这样的过程中，她已经失去了自信，而自卑则成了她同自己和他人斗气的根源。

心理学教授威廉·詹姆斯说："世界精神太忙碌于现实，太驰骛于外界，而不愿回到内心，转回自身，以徜徉自逸于自己原有的家园中。"世界上没有完全相同的两个人，每个人都是作为独立的个体，在我们身上有许多与众不同的甚至优于别人的地方，这是每一个人都具有的值得骄傲的地方。我们完全有理由肯定并欣赏自己，这会有效地提升我们的自信心，同时，我们在拒绝对方的时候底气也会更足。

有这样一句话："人活着，或许有不少人值得欣赏，但你最应该欣赏的还是你自己。"不管我们自己身上有着多么独特的缺点，都不要自卑，更不要嫌弃它，我们还变得自信起来，以一种欣赏的眼光来看待自己，因为这个世界毕竟更需要一份独特的美丽。

第七章

有自己的原则和底线：守住底线别轻易退让

在生活中，我们做任何事情都需要坚持一个应有的界限及原则。在这个社会，我们是独立的个体，应该有自己的利益与权利，对于涉及的一些侵犯利益以及法律法规的事情，我们应该拒绝。无论是人情还是制度，我们都应该顶住压力，守住自己的底线与原则，千万别轻易退让。

有底线，才值得拥有

爱默生曾总结美国才华横溢而又行事不端的大律师韦伯斯特一生信奉的三不原则为：“绝不偿还任何可能逃过的债务，绝不做任何可以拖到明天的事情，绝不做任何能找到别人替自己做的事情。”而且，爱默生很坚定地说，正是韦伯斯特坚持自己的底线和原则，所以他最终走向了成功。在这个竞争非常激烈的社会，假如你不懂得在某些时候变得冷酷无情、善于拒绝，那不但成功会离你很远，甚至连愉快的心情也无法拥有，不好意思拒绝的后果将是我们沦为别人案板上的鱼肉，任人宰割。所以，当别人向自己提出不合理要求之后，你是否应该坚守自己的底线和原则，理直气壮地予以拒绝呢？

什么是底线？底线即是不可妥协的领域。底线，就是无论对方给你多好的条件，承诺你能够因此赚更多的钱，我们所能做得就是毫不犹豫地拒绝，始终如一地坚持自己的底线和原则。在现代社会，坚持底线与原则是非常重要的。毕竟，这个社会是处在一个价值多元、充满各种诱惑的时代。我们需要在这个社会生存下来，首先需要谨慎，其次需要策略，最后就是坚守底线和原则。然而，人们往往会丧失底线，由于人性的劣根，加之社会上的种种诱惑，以及人生遇到的各种各样的矛盾，会使一些人变得浮躁、冲动、急功近利，极其容易丧失理智和底线。但是，无论是从道德、情感，抑或是社会规则、法律层面，底线都是最低标准，是人们最起码要遵循的原则，也是逾越之后需要付出巨大代价的最后屏障。

春秋时期，公孙仪是鲁国宰相，平时非常喜欢吃鱼。所以那些巴结他的鲁国人都纷纷向他送鱼，但他却总是拒绝。

对此，公孙仪的家人感到疑惑不解：“你喜欢吃鱼，为何有人送鱼给你，你又拒绝人家呢？”公孙仪回答说：“正是因为我喜欢吃鱼，所以才拒

绝接受别人送的鱼。如果我接受了别人送的鱼，就免不了替别人说话办事，正所谓拿人手短，吃人的嘴软，倘若对方要求我去做一些违反法规的事情，那我更不好意思拒绝，最后我只能白白丢了乌纱帽，这时候又有谁送鱼给我呢？到那时不仅不能收到别人送的鱼，反而自己也没了俸禄，那我就再也没办法吃到自己喜欢的鱼了。现在尽管我拒绝了别人送的鱼，但我有俸禄啊，我可以自己买鱼吃，若是接受了对方的鱼，那总有一天我将无法吃到鱼。”

各种成功故事证明，只有能够拒绝得了诱惑，耐得住寂寞的人，才能真正地在人生道路上越走越远，越走越稳，才能真正走向成功。在日常交际中，人与人之间更基本的关系是试探底线。毕竟，大多数人都属于比较自私的人，他们总是喜欢向别人提出各种各样的要求。在我们身边，不难发现，有的人虽然换了无数个老板，但他的角色就是典型的受气包；有的人尽管换了无数个男朋友，但她所扮演的角色始终是个苦情女主角。难道他们真的是遇人不淑吗？真正的原因在于他们不懂得拒绝，未能坚守住自己的底线。

从前有一条小鱼问大鱼：“妈妈，听说钓钩上的食物是最美味的，就是有点儿危险，怎么样才能既尝到这种美味而又能安全脱身呢？”大鱼无奈地摇摇头：“当你面对美味与生命的抉择时，你必须学会拒绝各种钓钩上的美食诱惑，如果你无法拒绝这些美食的诱惑而甘愿成为俘虏，那只会丢失自己最宝贵的生命。”不懂拒绝的人通常称自己遇人不淑，但其实很有可能是由于自己软弱的性格正好吸引了气场强大的人，甚至引发了对方内心的一种自私心理，他们都希望有机会可以欺负一下别人，这个别人正好就是柔弱的你，倘若你没有勇气像韦伯斯特那样说“不”，那你就只能等着受欺负。

守住底线，才有勇气拒绝

真正的底线，意味着“绝不”，意味着不可更改，意味着没有“也许”和“或者”。但对于大部分人来说，许多自以为有底线的人，他们的底线往往是随着事情的变化而变化的。比如，女孩子原本将“男朋友出轨”作为分手的底线，不过真正到了男朋友出轨的时候，她却又在纠结男朋友是主动出轨还是被动出轨，是他主动投怀送抱还是别人主动送上门来，因而使得自己的底线一降再降。又比如一个本来无法接受与公婆生活的女孩，当她遇到一个多金男时，当对方提出婚后与公婆一起住的时候，女孩却又犹豫不决起来，不断为自己找借口，毕竟多金男是多么吸引人啊。他们经常说没办法接受什么样什么样的人，但当他们真正遇到的时候，这个底线就会一降再降。他们总会找出各种理由来降低自己的底线，然后就慢慢地变成一个不再清楚地明白自己究竟需要一个什么样的人，因为底线与原则全部掌握在别人那里，他们唯一需要安慰的就是不要总是遇到能够挑战自己底线的人。

曼德拉是一位始终坚守自己底线与原则的人。

1963年5月，曼德拉刚进卢本岛监狱时，狱警要求这些新来的犯人跑步前进，曼德拉对一个狱友说：这可不行，一旦开了这个顺从的先例，以后就只能任人欺负了。于是他和这个狱友走到队伍的前面，不但没有开始跑步，反而停下了脚步。狱警非常生气说道：“听着，我们可以杀了你，而你的家人不会知道这里发生了些什么事！”曼德拉答道：“你们有你们的职责，我们也有我们的。”边说边慢慢地走到了牢房里。狱警也只好沮丧地跟了进去。

1975年，曼德拉关押在卢本岛的第12年。那天他和监狱长为其妻维尼来访的事发生了争执。争执中监狱长对维尼出言不逊，把曼德拉给惹火了。曼德拉从座位上站起来，绕过桌子向他走去。监狱长向后退去，但曼德拉及时控制住了自己，忍住了没有用拳头而是只用言辞教训了他，因为曼德拉一直是个反感说脏话的人，但是那天他却违背了自己的准则。

在这个案例里，不管是监狱的狱警还是曼德拉本人，都是能坚守自己底线的人。狱警的底线是不能随便打人；曼德拉的底线是不说脏话。当然，当狱警有着自己的底线，这使曼德拉有了可乘之机，他坚守自己的准则，以至于狱警也无可奈何。事实上，对于自己的底线，如果一降再降，

那就相当于没底线。不管是出于什么理由，原则与底线是不能降的，否则你将会坠入痛苦的深渊。

晏婴，字仲平，春秋时齐国大夫，也是一个坚守底线，敢于拒绝的人。

晏婴才华出众，但严于自律，颇受齐国国君的赏识。尽管他位高权重，但生活却非常简朴，从来不搞特殊待遇，他的住房低矮简陋，环境太差。对此，齐国国君提出给他另盖新房，却被他婉言拒绝了。齐景公见实在说不过他，就乘晏婴出使鲁国时期，为他扩建了住房。结果，晏婴回来之后，车停在郊外，就是不肯进城回家。齐景公无奈，只得恢复他本来房子的原貌，晏婴这才愿意回家。

晏婴平时穿着十分简朴，驾乘的是破车，齐景公就派人给他送来豪华马车，但晏婴拒不接受。他对齐景公说："我节衣缩食，是为了给黎民百姓做表率，以防止奢华浪费之风。假如我们君臣都穿金戴银，骑好马，追求奢侈的生活，那老百姓也会效仿，最后结果是导致人们品行不端，社会风气败坏，到时候再想阻止就太难了。所以，请恕我不能接受您的赏赐。"听了晏婴的话，齐景公从此再也不提帮他改善生活的事情了。

孔子曰："君子有所为，有所不为。"如果我们现在理解起来，就是做人要有底线。当然，底线对不同的人来说，高低自然是不同的。比如纯素食主义者，因为心怀保护动物的理念，不但不吃肉，甚至连鸡蛋牛奶也坚决不碰；而素食主义者，底线就是不吃肉。坚守底线的人是勇敢的，放弃底线，尽管可以得到我们想要的，但我们就再也没有应有的底线了。

1. 不轻易暴露底线

真正的聪明人，不会轻易地暴露自己的底线，他们所表达出来的底线，永远比自己真正的底线高那么一点。"假如你想得到100%，那么你最好提出200%的要求；假如你只提出100%的要求，那你最多能得到80%"，事实上，这条商务谈判的规律也适合于任何人生谈判桌。

2. 有底线更有尊严

尽管坚守底线不会让我们马上变得快乐起来，不过却能让我们活得有尊严。毕竟，在漫长的生命体验中，尊严才是最基本的快乐。当我们学会坚守底线，身边的人就会止步，不会想到来欺负你。当你坚守底线时，你才会活得更开心，更有尊严也不会因不好意思拒绝而感到烦闷。

绕个圈子拒绝，坚守自己的原则

对于许多人来说，拒绝他人是一件十分困难的事情。但事实上，在我们日常生活中却有着许多需要拒绝的事情。当别人向我们提出一些要求的时候，我们往往不好意思张口说“不”，以为这样有可能会伤害到双方之间的感情，而使本来关系较好的两个人变得疏远了。但是，在更多的时候，假如你答应了对方的要求而自己又确实有难处，或者这样会使你丧失许多东西。这时候，我们就会陷入抉择的两难境地之中，异常苦恼。有的人心直口快，开门见山就说“不”，直接拒绝，最后的结果可想而知，虽是简单的一个“不”却破坏了两人之间的和谐关系，甚至还有可能因为一次拒绝而失去一个朋友。其实，拒绝也是要讲究艺术的，这时候，应该舍弃直接的“开门见山”，而采用 “绕个圈子”婉言拒绝，这样既不会让自己难做，也更容易让朋友接受。所以，当你陷入了拒绝的艰难处境中，学会用绕个圈子来间接维护自己的原则吧。

三国时期，当华歆还在孙权手下的时候，他的名声就很大。曹操知道后，便请皇帝下诏招华歆进京，华歆起程的时候，亲朋好友千余人前来相送，赠送了他几百两黄金和贵重礼物。华歆不想接受这些礼物，但他想倘若当面谢绝肯定会使朋友们扫兴，伤害朋友之间的感情。于是他便暂时来者不拒，将礼物统统收下来。并在所收的礼物上偷偷记下了送礼人的名字，以备原物奉还。

华歆设宴款待众多朋友，酒宴即将结束的时候，华歆站起来对朋友们说道：“我本来不想拒绝各位的好意，却没想到能收到这么多的礼物。但

是，匹夫无罪，怀璧其罪。想我单车远行，有这么多贵重之物在身，诸位想想我是否有点太危险了呢？”朋友们听出了华歆的言外之意，知道他不想收受礼物，又不好明说，使得大家都没面子，他们内心里对华歆油然而生出一种敬意，便各自取回了自己送的东西。

如果华歆当面直接拒绝了朋友们的馈赠，那么多的朋友，一一拒绝，也不知道拒绝到什么时候，又要多费口舌。而且，当面直接拒绝会让朋友们扫兴，使朋友都非常尴尬。所以，聪明的华歆只是在酒宴上说了几句话，就退还了朋友的礼物，而且话语之间流露出自己真诚的感激之情，保全了朋友们的面子。他在拒绝朋友时，并没有坦言直说，而是找了一个对自己人身不安全的理由。这样既没有伤害到朋友的感情，又达到了自己拒绝礼物的目的，即便是朋友知道他是在故意推辞，但并不会以此为意，还纷纷表现出对华歆的叹服，所以，他得以成功地谢绝了馈赠。

有一家洗发水公司的经理正在与合作伙伴进行商业洽谈，这时候却发现在抽检中发现了有分量不足的产品，而洽谈的另一方则趁机以此为筹码不依不饶地讨价还价，这位经理微笑着娓娓道来：“美国一家专门为空降部队伞兵生产降落伞的军工厂，产品不合格率为万分之一，也就意味着一万名士兵将有一个在降落伞质量缺陷上牺牲，这也是军方所不能接受和容忍的，他们在抽检产品时，让军工厂主要负责人亲自跳伞。据说从那以后，合格率即为百分百。如果你们提货后能将那瓶分量不足的洗发水赠送给我，我将与公司的负责人一同分享，这可是我公司成立八年以来首次遇上使用免费洗发水的好机会哟。”几句话一说完，那合作伙伴当即微笑颔首。

经理并没有直接拒绝合作伙伴的要求，而是讲了一个类似的故事，婉转拒绝了对方的要求。这样婉转的拒绝方式不仅转移了对方的视线，而且还在话语中表述了自己的理由，使对方叹服。因而，最有效的拒绝方式并不是直接说“不”，而是舍弃直接而选取的婉转方式，当我们发现直接的拒绝无法取得成功的时候，就应该果断放弃，另辟蹊径，选择一种婉言拒绝的方式。

1. 艺术地拒绝

在现实的人际交往中，需要我们的援助之手，但也需要我们学会拒绝。在某些时候，我们的确有难处，或者假如答应了别人的要求会使自己利益受损很大，这时候我们就应该拒绝他人。但是，拒绝他人的同时也要考虑到对方的情感，尽可能地做到不伤害彼此之间的关系。所以，这时候，怎样艺术地说“不”就会成为一门学问。

2. 既保对方面子，又维护了自己的利益

虽然，直接地说“不”既简单又不拖泥带水，但这样做无疑会伤害了对方的情感，所以，我们需要绕个圈子说“不”，需要舍“直”取“曲”，即是不用直接的拒绝方式，选取婉曲的拒绝方式。这样的婉言拒绝可以不使对方的面子受损，不伤害对方的自尊心，使别人非常体面地接受拒绝，也使彼此之间的关系得到缓解。如果既拒绝了别人的要求，又使对方丢了面子，那么对方心中产生不满之情当然是在所难免的。

拒绝舍弃底线占小便宜

在日常生活中，往往有许多人喜欢占小便宜，却反而吃了看不见的大亏，这就是“捡了芝麻，丢了西瓜”。只不过为了小小芝麻，就把那大西瓜丢了，简直有点得不偿失。在我们身边，有很多小人设这样的陷阱，他们就是看准了人们喜欢贪小便宜的特点，所以，等着大家去上当受骗。而那些喜欢占小便宜的人，全然不知道前面有个大陷阱，还乐滋滋地跑向前去，却为了一点好处就吃了大亏。也许每一个人的潜意识里都有占小便宜的心理，但部分有智慧的人却懂得“小不忍则乱大谋”，他们懂得学会理智地拒绝。

拥有大智慧的人，他们的眼光看得更长远，不会只着眼于眼前的蝇头小利，因为他们知道在前方还有更多的收获在等着自己。然而，并不是每一个人的目光都会那么长远，有一些人整天算计着，富有典型的小人心理，目

光短浅，把那仅有的一点注意力用在了占小便宜上，处心积虑，费尽心机，结果自己最终能得到的无非是鸡毛蒜皮。而当他们在为占了小便宜而沾沾自喜的时候，却不知道自己已经为此付出了很大的代价，而这样的代价已经远远超过了得来的小便宜。心里盘算下来，才发现吃亏的还是自己，何尝不是呢？占了小便宜却吃了大亏，这确实不能算是聪明人干的事情。所以，拒绝小便宜，你最终会收获人生的大幸福，而贪小便宜只会使自己吃大亏。

老王到菜市场买菜，向卖主讨价还价，卖主不同意，两个人争执了起来。经过一番争执，卖主终于同意优惠一点，当老王选好了菜，正要付钱的时候，卖主还是按原价收钱。老王心里很不满，又见卖主少找给了自己1.2元钱，心里更是生气，在那里一个劲儿地嚷嚷。

卖主见状，知道这是个难缠的主儿，一摊手："愿买就买，不买拉倒。"老王一听火冒三丈："我还不买了呢？你怎么着？"说完，就把菜往地上一扔，准备要走，卖主见状连忙追上去，让老王捡起来。老王硬撑着就是不捡，卖主一急就踩了老王一脚，谁知这个老王却不服输，拿起旁边的一个秤砣就向卖主的头部打去。

这一下手还狠了点，卖主当场就晕倒了，被送进了医院。老王本来想占点便宜，不愿吃1. 2元钱的小亏，没想到自己却吃了管人家医疗费、医药费，还得照顾病人的大亏。他坐在医院外面的椅子上，悔不该自己当初贪那小便宜而酿成了大错。

老王开始不愿意吃1. 2元钱的小亏，最后却吃了大亏。没有必要去做一只爱占便宜的"便宜虫"，这并不是意味着你没有占上这些小便宜就没法活了，恰恰相反，这些小便宜对于绝大多数人来说的确是可有可无的。因此，舍弃那小便宜，让自己的生活少一些是非困扰，多一点明智的光彩。

1. 克制一己之私

孔子曰："君子喻于义，小人喻于利。"君子走的永远是一条坦坦荡荡的道路，而小人因为贪图小便宜，往往会在一己私欲之下易于走上邪路。有的人在官场上行走，却顶不住各种诱惑，从吃顿饭、一瓶酒等贪图小便宜开始，逐渐走上了一条不归路，沦落为腐败分子。他们就是占了小便宜吃了大亏的典型例子。天下并没有真正免费的午餐，当你占了小便宜，总有一天会为自己的行为买单，你会为占那小便宜付出高昂的代价，甚至是生命的代价。一个人学会理智地拒绝，其实比索取更困难。但是，在人的一生中，有获得就应该有所舍弃，因为有了放弃，所以才有了选择。当我们开始拒绝的时候，才不会被什么利益牵着鼻子走，从而获得选择的主动权。所以，我们要做君子，而不做小人。

2. 做君子，勿做小人

孔子曰：“君子怀德，小人怀土。君子怀刑，小人怀惠。”君子和小人他们每天心中惦记的事情是不同的，君子总是注意着自己的道德修养，而小人则总是惦记着那自己的一亩三分地；君子心中总是有一份规矩，不得逾越；而小人满脑子想的都是那些小恩小惠。因而，君子最后还是君子，而小人永远都是小人。

3. 丧失底线是一件可怕的事情

在生活中，这样的小人比比皆是，无论是公家还是私人的，他们只要见了便宜就占，哪里有利益就往哪里走。在他们心里，是典型的以自我为中心，用自己的很心疼，如果是公家的就大肆侵吞。有的人在上班时间利用公共资源干私活，还把办公用品带回家使用，有的人把手机带到办公室充电，早上饿着肚子去公司蹭早餐吃。类似这样的人见缝插针，唯利是图，他们已经逐渐沦为利益的奴隶。但是，这些爱占小便宜的人事后才知道，自己吃了大亏：有的人还为此丢了工作，有的人成为了大家避而远之的对象，有的人还为此付出了生命的代价。

原则就是原则，有些事情不能妥协

尽管我们应该赞美、推崇、弘扬高尚的人格，但在物欲横流的今天，好像我们的标准在降低，然而，最重要的、最基本的是要坚守自己的原则和

底线。在纷繁复杂的社会里，一个人要有克制力，努力牢记自己的原则和底线，如果突破了原则和跨过了底线，就可能带来严重的不良后果。不管如何，都要坚持自己的原则和底线；无论别人怎么样，都要有自己的原则和底线。现代社会，大部分事情已经成了诱惑人的游戏，不过所有游戏的玩家都需要有强烈的安全感，毕竟缺乏安全感的游戏总是会令人感到不安的。面对着太多的诱惑和无奈，我们在精神上要依然抵抗世俗的影响和收买。无论什么时候，都需要给自己一个明确的底线，因为很多时候有些小人会一点一点打磨你的底线，当你没有底线的时候，你就易于被别人控制。

有一次，曾国藩坐着轿子正要出门，突然，听到帘子外有人叫自己的乳名："宽一！"他连忙叫轿夫停轿，看到来人他又惊又喜："这不是干爹？您老人家怎么到了这里？"说完，赶忙下轿将干爹迎到了家中。

面对远道而来的干爹，曾国藩不停地问家乡的情况，可是，干爹却是满腹委屈，他找了个机会把自己在家乡受到知府大人不平遭遇的事一一告诉了干儿媳，儿媳妇安慰他说："不要担心，除非他的官比你干儿子大。"老人家听了，悬着的心才放下了一半。

过了几天，夫人特意说起了干爹的事情，她劝曾国藩："你就给干爹写个条子到衡州吧。"曾国藩大声叹气："这怎么行呢？我不是多次给澄弟写信让他们不要干预地方的公事吗？如今自己倒在几千里外干预起来，岂不是自己打自己嘴巴吗？"夫人说："可干爹是个老实本分的人，你总不能看老实人被欺负，你得为他主持公道啊！"曾国藩思考了片刻，说道："行！让我再想想。"

第二天，曾国藩接到了奉谕升官，于是，许多达官显贵都来庆贺，曾国藩将干爹迎到了上座，向大家介绍了他。这时，曾国藩拿出了一把折扇，说道："干爹执意要返回家乡，我准备送干爹一份小礼物，列位看得起的话，也请在扇上留下墨宝，以作纪念。"文武官员一听，都争相留名，不一会儿，折扇两面都写满了名字。干爹带着这把折扇回到了家乡，知府大人一看，气势顿时矮了半截。

虽然，曾国藩官运亨通，但是，他从来不以此为荣，平日里，他常

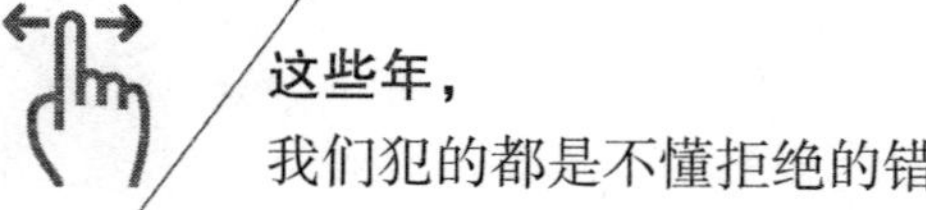

常告诫家里人要内敛，不可嚣张。这次，干爹有一些事情求助于他，并且确实是冤屈的事情，倘若不帮于情于理都说不过去，但是，如直接出面帮助，这不符合自己的做官原则，还难免会落人口实。不管再怎样维护自家人，曾国藩也坚守住了自己的原则。

三国时期，诸葛亮亲自率领着大军，向西路扑向祁山，因为魏国毫无防备，守在祁山的蜀军纷纷败退。刚刚即位的魏明帝曹叡立即派张颌带领五万人马赶到祁山去抵抗，并亲自去长安督战。

马谡一直是诸葛亮信任的人，不过，刘备在去世时却看出了马谡这个人不太踏实，他特意嘱咐诸葛亮："马谡这个人言过其实，不能派他干大事，还须好好考察一下。"不过，诸葛亮并没有把这番嘱咐放在心上，这一次，他即派马谡当先锋，守街亭。马谡当即带着副将王平来到了街亭，他对王平说："这一带地形险要，街亭旁边有座山，正好在山上扎营，布置伏兵。"王平提醒说："丞相临走的时候嘱咐过，要坚守城池，稳扎营垒，在山上扎营太冒险了。"马谡却不假思索地拒绝了，根本听不进王平的劝告。

没想到，这一不加思考的决定真的带来了恶果，街亭失守了，马谡虽然侥幸逃脱，但是，他最终难免处罚，诸葛亮自叹"用人不当"，只好挥泪斩马谡了。

尽管诸葛亮在重用马谡时缺少了一点细心，最终铸成大错，不过，他依然坚守原则"挥泪斩马谡"，拒绝自己为他求情。即使诸葛亮从内心而言，非常欣赏马谡的才能，但他依然坚守住了自己的原则。于公于私，我们都需要坚守底线，否则将会给其他人提供可趁之机。自私的一面可以调动人的热情与积极性，毕竟自私可以确知一个人的价值以及体现这个人的价值。不过，我们依然要为自私设置原则和底线，这个原则就是不能损害他人的利益。不能让私心无限制地膨胀，不掌控自己会损人利己，而不把握原则则可能影响自己的生活乃至害了自己。

有时候，那种过分的"善良"会伤害到自己，会让一些没有底线、没有原则的人得寸进尺。这个社会上并不是所有人都有着"善"的本质，有些人在伤害过别人以后，他们丝毫不会内疚，不会不安，他们只会笑话你是傻瓜，说一切都是你自找的。然而当你学会了拒绝别人，学会了以牙还牙，学会了懂得巧妙拒绝的时候，那些曾经想要欺负你的人反而会尊重你，甚至敬畏你。

第八章

我的人生我做主：该拒绝时别嘴软

拒绝不仅是一门语言的艺术，更能直接体现出一个人的智慧。学会拒绝是我们的一种自我保护，也是一种豁达明智的行为，更是一种卓越的口才技巧。在生活中，或许我们都会遇到需要拒绝的人和事，这时千万不要不好意思，毕竟学会拒绝也是一种生存诀窍。

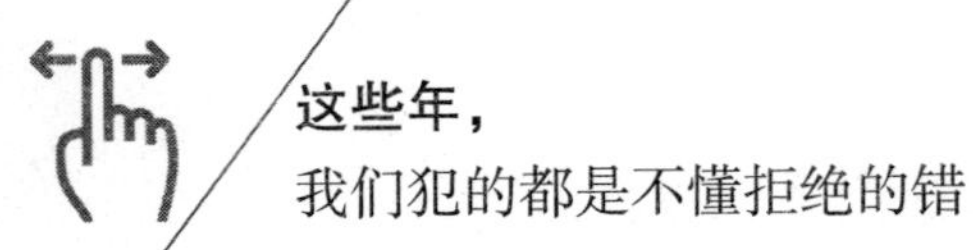

巧妙将拒绝的话说出口

在日常生活中，我们都不可避免地会遇到需要拒绝的人或事，面对别人提出的不合理、不合适的要求或者自己不愿意去做的事情，这时需要我们大声说“不”，不要以为自己就是受欺负的，不要以为自己总是应该对别人言听计从的。虽然，拒绝是必然的，但拒绝的方式却是需要考量的，直接的拒绝将意味着对他人意愿或行为的一种否定，无形中会影响到对方的自信心，甚至伤害对方的自尊心。那么，如何既能够保全了双方的面子，又能巧妙地达到拒绝的目的呢？我们可以通过语言来向对方暗示说“不”。拒绝也是一种艺术，这样既能实现巧妙拒绝的目的，又不至于让对方心里产生不快的情绪，这才是最高明理智的拒绝。在某些时候，我们不得不说“不”，当然，拒绝并不是以伤害他人为目的，而是要以和为贵，尽量在保全双方面子的前提之下进行的。

有一天，萧伯纳收到了著名舞蹈家邓肯的求爱信，她在情书中写道：“如果我们结合，有一个孩子，有着和你一样的脑袋，和我一样的身材，那该多美妙啊！”萧伯纳看了信以后，很委婉又很幽默地回了一封信，他在信中说：“依我看那个孩子的命运不一定会那么好，假如他有我这样的身体，你那样的脑袋岂不很糟糕吗？”

邓肯收到信以后，明白了萧伯纳的拒绝之意，她不无失望地离开了，但她一点也不恨萧伯纳，反而成了他最忠实的读者和好朋友。

拒绝的话一向都不好说，说得不好很容易扫了对方的光，或者让自己陷入尴尬境地之中。所以，我们在拒绝他人时，需要讲究策略，最关键的一点就是要学会用含蓄委婉的语言来传达“拒绝”的心理意向。

1. 考虑到对方的面子

在拒绝的时候，我们需要考虑到对方的面子，而幽默地拒绝恰好可以

巧妙地做到这一点，用幽默的方式来拒绝对方，让对方在毫无准备的大笑中失望。比如面对同事相约去钓鱼的要求，“妻管严”丈夫回答“其实我是个钓鱼迷，很想去的，可结婚以后，周末就经常被没收了”，同事们哈哈大笑，也就不再勉强他了。

意大利音乐家罗西尼生于1972年2月29日，因为每4年才有一个闰年，所以等他过第18个生日的时候，他已经72岁了。在他过生日的前一天，一些朋友来告诉他，他们凑钱要为他建一座纪念碑。他听了以后说：“浪费钱财！给我这笔钱，我自己站在那里就好了！”

罗西尼本来就不同意朋友的做法，但他并没有正面拒绝，而是从反面提出了一个不合理的想法，含蓄地指出朋友的做法太奢侈了，点明了这种做法的不合理性。拒绝是需要讲究技巧的，尤其是语言上的巧妙之处，我们只有掌握了这些技巧，才会既不得罪人，又能让别人欣然接受。

2. 委婉拒绝

有时候面对下属提出的建议，上司不忍直接拒绝，只好委婉地暗示“这个想法不错，只是目前条件还没有成熟，我觉得你还是应该把工作重心放在现阶段的主要工作上”。有时候，身边的同事或朋友可能会向你打听一些绝密的事情，但原则却要求你保密。这时候，你不妨采用诱导性暗示，诱导对方自我否定。比如，你可以先问他说：“你能保密吗？”对方肯定回答：“能。”然后你再说：“你能，我也能。”

3. 借助他人之口把拒绝的话说出口

如果自己不知道该如何拒绝，你可以借助他人之口把拒绝的暗示语说出来。比如利用公司或者上司的名义进行拒绝，“前几天董事长刚宣布过，不准任何顾客进仓库，我怎么能带你去呢”，或者说“这件事我做不了主，我会把你的要求向领导反映一下，可以吗”。

4. 通过语言暗示

一位男青年被女播音员优美动听的声音所吸引，来信希望见一见播音员本人，对此，播音员在回信中说：“这位听众朋友，首先，我了解你的心情，非常感谢你的好意。不过你听过‘知人知面不知心’这句格言吧，看来，交朋友最难的是交心。那么，还是让我们做一个知心的朋友吧！”通过语言暗示“拒绝”，而且拒绝方式极其婉转，巧妙回应了男青年的提出的无理要求。

拒绝的话，换个说法说出口

其实，中国人受传统思想影响，他们在说话时大多时候是含蓄的，委婉的，即便是在拒绝别人的时候，也是如此。不过，就算是我们擅长于委婉说话，但在现实生活中，还是不乏一些心直口快的直爽人，对于这样性格的人，应该记住拒绝不要太直接，这样容易让对方心生怨恨。拒绝是一种艺术，既要能巧妙达到拒绝的目的，又不至于使对方心里产生不快的情绪，这才是高明的拒绝。通常来说，太过直白的拒绝往往是会伤害人的，不仅严重打击了对方的积极性，而且还会令对方心生怨恨。拒绝，意味着否定了他人的意愿或行为，所以太过直接，就会伤害到对方的自尊心。

张大千留有一把长胡子，在一次吃饭时，一位朋友以他的长胡子为理由，接二连三地开玩笑，甚至取笑他。

可是，张大千也不烦恼，只是不慌不忙地说：“我也奉献给诸位一个有关胡子的故事。刘备在关羽、张飞两弟亡故后，特意兴师伐吴要为兄弟报仇。关羽之子关兴与张飞之子张苞报仇心切，争做先锋。为公平起见，刘备说：‘你们分别讲述父亲的战功，谁讲得多，谁就当先锋。’张苞抢先发话说：‘先父喝断长板桥，夜战马超，智取瓦口，义释严颜。’关兴口吃，但也不甘落后，说：‘先父须长数尺，被献帝当面成为美髯公，所以先锋一职理应归我。’这时，关公立于云端，听完忍不住大骂道：‘不肖子，为父当面斩颜良，诛文丑，过五关，斩六将，单刀赴会，这些光荣的战绩你都不讲，光讲你老子的一把胡子又有何用？’”

听完张大千所讲述的这个故事，众人哑口无言，从此再也没人扯胡子

的事情了。

拒绝是一门艺术，它最忌直接，而拒绝的最高境界是让你和对方不至于因此陷入尴尬的境地。朋友以张大千的胡子开玩笑，甚至有些过分，张大千想制止对方，可是如果轻描淡写地说的话，恐怕对方会不以为然，声色俱厉，却又会伤了朋友之间的和气。张大千这样一说，委婉地告诉对方，你们拿我的胡子开玩笑，我已经忍了这么长时间了，再这样下去，我可就不高兴了。意思传达出来了，大家自然知趣，也就不再提这个话题了。

1. 换个说法

我们不建议用直接的拒绝方式，比如，这两种拒绝方式："我不吃日本料理"、"附近还有其他特色餐厅吗？我不太习惯吃日本料理"。前一句更像是一句带着刺的话语插进对方心里，典型的自我中心辜负了别人的一番好意；而后一句则委婉地表达了自己的想法，别人则会更容易接受些。

2. 态度委婉而坚定

当我们开始说不的时候，态度必须是委婉而又坚定的。委婉地拒绝比直接说"不"往往更容易让人接受。比如，当同事提出的要求不合公司部门规定的时候，你可以委婉地告诉对方你的权限，说明自己真的是爱莫能助，明确假如耽误了工作，会对公司与自己产生不利。

3. 艺术性地拒绝

在日常生活中，我们需要拒绝，也要发挥女性特有的魅力，也就是需要说出"不会让对方伤心的拒绝话"，艺术的拒绝方式不但让对方感受不到一点伤害，反而会理解你的处境。当别人对你有所求而你却办不到的时候，你就应该说"不"。当然，拒绝并不是以伤害他人为目的，而是以和为贵，是在尽可能在不影响两人关系的前提之下进行的。虽然拒绝是很难堪的，但在不得已的时候还是会用到拒绝技巧的，事实上，只要你能够很好地运用拒绝的艺术，它最终带来的并不是尴尬而是和气和幸运。

恰到好处，给对方一个台阶下

人活在这个世界上，总会遇到这样一些情况：自己的同窗好友或者同事，相处的时间长了，就会找自己帮忙。如果自己可以做到那么应该尽自己全力去做，如果对方所提出的某些要求过分，自己办不到，或者说不是我们个人力所能及的，那就需要拒绝他人，而不是硬撑着，导致结果很糟糕。生活中总是有很多人在处理诸如此类的问题时感到很困惑，不知道该怎么办，明明知道这些事情办不好，但又害怕因此而伤害了彼此之间的友谊，所以还是答应下来。那么，怎样才能不伤害对方呢？最有效的办法就是先设法给对方一个台阶下，以此维护好对方的面子。

“不论什么事情只要交给小安，我就放心了。”小安进入公司两年了，这是领导经常挂在嘴边的一句话。刚开始小安很高兴，但时间一天天过去了，领导交给自己的工作任务越来越多，小安经常听到这样的吩咐：“小安，这个方案你负责一下”、“小安，这个客户你去接待一下”、“小安，这个项目人手不够，你也参与进来”等。

小安手头的事情多得做不完，但身边的同事却有时间发呆，薪水却也不比自己少多少。小安心想，也许自己再忍忍就会有升职加薪的机会。但是，每次到了升职加薪的时候，那机会总是从小安眼前溜过，到了别人的口袋里。后来，小安也通过人事部的老同事嘴里得知，关于自己的升职的事情，中层主管会已经讨论过很多次了，每次都被公司领导否决了，说小安虽然业务能力不错，但管理能力不足，需要再锻炼锻炼。这时老同事就会说：“你想想，如果他升职了，你上哪儿去找这么任劳任怨的下属呢？”

小安觉得，自己一定要想办法拒绝领导了，可是，该怎样拒绝呢？这天，领导又开始吩咐：“小安，下班后先别急着走，有一个案子还需要你

负责一下。”小安脱口而出：“不好意思，领导，今天我妈妈从老家过来了，是五点半的火车，我得去接一下，您也知道，老年人嘛，手脚不太方便，我可不放心她跟那些身强力壮的人在火车站拥挤啊，而且我妈妈她也不认识路，我必须得去接她。”领导似乎很理解，挥挥手，说道：“行，那你早点回去吧，案子的事情我让别的同事去做。”

在案例中，小安找一个老掉牙的理由——接人，虽然，这算是一个好“台阶”，暂时不会被领导看出来，但下一次再接到领导“加班”的要求该怎么办呢？如果领导意识到自己被下属欺骗了，那结果会更糟糕。对此，作为下属，一定要在拒绝领导时，找一个最合适的理由，给领导一个更好的台阶下。

1. 找个好理由让对方下台阶

其实，拒绝时给对方一个台阶下，也就是我们需要找个较合适的理由。通常我们在拒绝他人时都会阐述一些理由，而这样的一些理由必须是充分而合理的，否则对方会感觉到你不够真诚。所以，在拒绝对方之前，需要给自己找好恰当理由。一方面，如果没有好的理由就拒绝，明显会表现出“支支吾吾”的状态；另一方面，若是随便找的理由，不足以让对方理解，最终还有可能会导致双方关系破裂。

2. 明确说出自己的想法

当然，在拒绝他人的过程中，我们要开诚布公，明确说出自己的理由。如果你在已经找到合适理由的情况下，还是采取模棱两可的说法，就会使对方摸不清你的真实意图，而产生一些不必要的误会，这也很容易导致两人关系从此疏远。

3. 照顾其心理

当然，给对方一个台阶下，其背后的意思是需要照顾对方的心理，拒绝尽量要在不伤害对方的前提下进行。所以，当我们拒绝他人的时候，不要只针对一个人，比如，面对推销员上门推销，你可以这样说“我们公司已经与某某公司签订了长期供给合同，公司有规定不用其他公司的原料，我也是按规矩办事”，由于你说的是以公司为单位，并不针对他这个人，他也不会埋怨你的，因而他自己也没受到多大的伤害。

4. 在拒绝之前了解对方的想法

我们在说“不”之前，要让对方了解你之所以拒绝的苦衷和缘由，拒绝的语言要诚恳，语言要温和。当对方向你提出要求的时候，他们心中通常也有些困扰或担忧，所以，你在拒绝之前应该先倾听。把对方的需要与处境讲清楚一些，你也才知道自己该如何帮他，而且，倾听能让对方有被尊重的感觉。当你在婉转地拒绝时，也能同时避免伤害到对方。

暗示拒绝的意味

在生活中，我们都不可避免地会遇到需要拒绝的人或事，面对别人提出的不合理、不合适的要求或者自己不愿意去做的事情时，这就需要我们说“不”。不过，拒绝的语言——“不”确实难以说出口的，这将预示着你对别人的意愿或行为进行一种否定，并在无形之中打击了对方的自信心，甚至会给别人带来较大的伤害。那如何才能既将“不”说出口，又能够达到拒绝的目的呢？其实，我们是可以通过语言来向对方暗示说“不”，通过语言暗示将拒绝的信息传递给对方，让对方自行领会你的拒绝之意。这些拒绝的话能不着痕迹地说出口，这才是最高明的拒绝。在某些时候，一方面我们不得不拒绝，但另外一方面我们却需要尽可能地不给对方带来伤害，也就说，拒绝要尽量会在保全双方面子的前提之下进行。实际上，一个人的心理是可以通过语言进行暗示的，当我们要想拒绝某个人的时候，不妨将这种心理暗示通过语言传递给对方，有效地将拒绝的意味传达出去。

在某大型跨国公司的一次会议上，公司董事长拿出了一个为该公司某一新产品设计的形象标志，征求大家意见。该标题的主题是旭日。董事长说：“这个旭日很像日本的国旗。日本人见了一定会乐于购买我们的产品。”营业部主任和广告部主任都极力赞扬这个设计，但年轻的销售部主

任说：“我不同意这个设计。这个设计和日本国旗很相似，虽然日本人喜欢，然而，我们另一个主要市场是中国广大的消费者，他们也会联想到我们的国旗，就不会产生好感，就会不买我们的产品。这不是与本公司要扩展对华贸易营业计划相抵触吗？这显然是顾此失彼了。”“天啊！你的话高明极了！”董事长高兴得叫了起来。

拒绝是需要讲究技巧的，尤其是语言上的巧妙暗示，只有掌握了这些技巧，才会做到既不得罪人，又能让别人欣然接受。在拒绝的时候，我们的确需要考虑到对方的面子，而幽默地拒绝恰好可以巧妙地体现出这一点，用幽默的方式来拒绝对方，让对方在毫无准备的大笑中失望。

一位名叫宫本的青年去拜访山田先生，想将自己的一块地产卖给他。山田听完宫本的陈述后，并没有作出“买”或者“不买”的直接回答。而是在桌子上拿起一些类似纤维的东西给宫本看，并问：“你知道这是什么东西吗？”

“不知道。”宫本回答。“这是一种新发现的材料，我想用它来做一种汽车的外壳。”山田详细地向宫本叙述了一遍。山田先生共讲了15分钟之多。谈论了这种新型汽车制造材料的来历和好处，又诚恳地讲了他明年的汽车生产计划。山田谈的这些内容宫本一点也听不懂，摸不着头脑，但山田的情绪感染了宫本一郎，他感到十分愉快。在山田送宫本时顺便说了一句：不想买那块地。

拒绝的话一向都不好说，说得不好很容易扫了对方的光，或者让自己陷入尴尬境地之中。所以，我们在拒绝他人时，需要讲究策略，最关键的一点就是用语言暗示传达出自己的拒绝心理。

1. 只可意会，不可言传

语言暗示，也就是不明说，而是用含蓄的语言使人领会。当我们为了达到某种目的，在无对抗的条件下，通过交往中的语言，用含蓄、间接的方式表达出“拒绝”意味，使对方接受自己的意见或观点。

2. 含蓄的语言

在日常的人际交往中的不少场合，拒绝的话都不便于直说，这时可以利用言语暗示来传递一些信息，暗示所采取的方式是可以用含蓄的语言，但只要对方能够明白你所表达的意思，那就实现了我们的目的。实际上，暗示的拒绝比直言快语更能凸显出表达效果，因为它所表现出来的婉转曲折，总会给人以愉快的心情。

3. 暗示的语言

通过语言暗示“拒绝”，这样的拒绝方式极其委婉，回应了对方提出的无理要求。有时候面对下属提出的建议，上司不忍直接拒绝，只好委婉地暗示“这个想法不错，只是目前条件还没有成熟，我觉得你还是应该把工作重心放在现阶段的主要工作上”。

4. 诱导性暗示

身边的同事或朋友可能会向你打听一些绝密的事情，但原则规定要求你保密。这时候，你不妨采用诱导性暗示，诱导对方自我否定。比如，你先可以对他说：“你能保密吗？”对方肯定回答：“能。”然后你再说：“你能，我也能。”巧妙地拒绝了对方。

给对方一顶高帽，以肯定的方式拒绝

有时候，我们用给对方“戴高帽”的方式，也可以达到巧妙拒绝对方的目的。一般情况下，一个人被拒绝之后，心里会产生落差，他会觉得自己的言语或行为遭受了否定，甚至会有一种被遗弃的感觉。在这时，他急需要用一种愉悦的情绪进行弥补，填补内心的落差，假如你在拒绝对方之时，再加上几句对其赞美的话语，那将是非常有效的。在这个世界上，每个人都渴望受到他人的赞同与认定，即便自己的某些要求被否决了，但自己的另外一些方面却受到了别人的赞美，那何尝不是对遭受拒绝之后的一种补偿呢?

早上，熬了一个通宵的王女士还没起床，就被一阵敲门声吵醒了。

她极其不耐烦地起来，胡乱穿了一件睡衣就开了门，只见门外站着一个十七八岁年的女孩子，她正犹豫着要不要继续敲门呢。王女士上下打量了对方一番，发现这个女孩子穿着随意的T恤牛仔裤，手提一个袋子，袋子上有“某化妆品”的字样，一看这架势，应该就是上门促销的。

王女士有些不耐烦：“大清早的，怎么就上门推销东西了？”那女孩子态度很谦和：“不好意思，姐姐，打扰你了，我是某某公司……”“姐姐？”王女士看着邋遢的自己，好像还把自己看年轻了，那女孩子谦虚的态度，让王女士不好拒绝，但是她平时是最讨厌这种上门推销的业务员了。她一边听那女孩子说产品，一边开始考虑到底如何拒绝呢？

不一会儿，那女孩子就介绍完了产品，然后试探性问：“姐姐，你平时用化妆品吗？”果然，马上就转到正题了，王女士摇摇头说：“我白天晚上这样忙，哪有时间去护肤呢，不过，说实在的，我可是很羡慕像你这样年纪的女孩子，皮肤好，身材好，那可是我做梦都想回去的年纪啊，可惜已经回不去了。”女孩子害羞地红了脸，说道：“其实，姐姐看起来也很年轻啊。”王女士笑了笑，说道：“像你这样的女孩子就是好，我的女儿也就你这般年纪，现在正在上大学，青春真是美好，如果我女儿在家就好了，估计她会对你的化妆品感兴趣，可是怎么办呢，现在我的女儿不在家，像我这样的老太婆，已经用不上了，下次我女儿回来了，一定欢迎你上门推销，行吗？”没想到这样一说，那女孩子一点也不泄气，反而很有礼貌地说：“不好意思，姐姐，打扰你了，再见！”说完，转身走了。

在案例中，王女士想拒绝上门推销化妆品的女孩子，但看着对方谦和的态度，又不忍心拒绝，怎么样拒绝才不至于让对方那么不难以接受呢？她打量了对方（那个女孩子）以后，发现对方跟自己女儿差不多，于是，她先是赞赏了对方值得羡慕的年纪，这样的“戴高帽”立即给对方带来好心情，然后再适时拒绝，这样的方式也令对方很容易就接受了。

1. 让对方产生优越的感觉

“戴高帽”，其实就是赞美，或者说夸赞，将别人的地位或身份在无形之中抬高，让他有一种优越的感觉。而正是“戴高帽”所导致的让对方

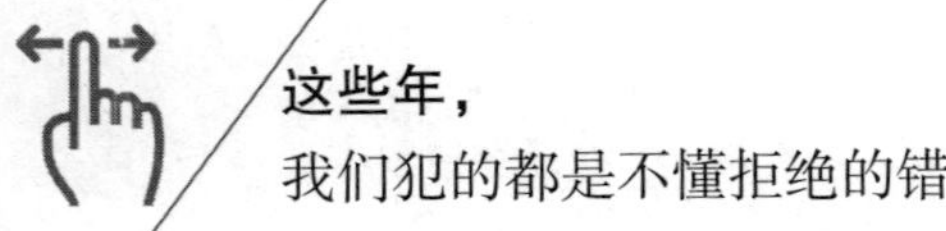

产生优越感觉，会有效地弥补其遭受拒绝之后的落差心理。

2. 人其实是容易满足的

人们往往是这样，当他重新拾回了一个苹果，即便是他已经丢失了一个橘子，但他内心却还是非常愉悦的，他们总是看重自己眼前的东西，对于那些丢失的或者得不到的，他们总是容易忘记的。因此，当我们不得不对他人所提出的要求进行拒绝的时候，即使这样的拒绝对于他人来说是难以接受的，但若是适时说几句好话，那定会给对方意想不到的惊喜。

3. 先抬高对方，再拒绝

在生活中，虽然我们都知道拒绝是应该的行为，但同时我们都又害怕拒绝别人，也害怕被人拒绝，无论是处于哪一方，都将会受到消极情绪的折磨。在这样的情况下，为什么不能变换一种方式拒绝呢？就好像本来一个平常无奇的三明治，突然之间却多了许多美味的蔬菜，那该是多么大的惊喜。所以，在拒绝对方的时候，我们要善于用抬高对方的方式来拒绝别人。

拒绝小人有诀窍

在生活中，有时候明知道我们所拒绝的对象是个善于死缠烂打的人，但却无可奈何，我们只能以拖延时间来拒绝，而不宜采用激烈的直接拒绝法。虽然，我们内心对这样的人深恶痛绝，恨不得与之划清界限，远远避开。但是，对于那些习惯死缠烂打的人来说，一味地躲避并非明智之举，与其发生激烈的争执，那就更是下下之策。本来，他们的心胸就比较狭窄，他们的心眼更是人们难以猜透的，如果你直接拒绝，或者以不屑的态度拒绝其要求，那估计就在那一刻，他已经将你划分为敌人，并将你列为自己报复的对象。假如他们是小人，那就更可怕了，众所周知，小人的手段是变化多端的，他们不仅懂得隐藏自己，而且善于使手段、耍心眼，因

而他们向上发展的机会还是存在的，而且有可能会成为高级领导身边的红人，纵观历史，诸如魏忠贤一类的小人，都曾有过名利双收的时刻。试想，如果你曾拒绝过的小人，有朝一日爬到了你的头上，那你将会成为第一个被他打击的对象。所以，对于那些死缠烂打的小人，我们不能直接拒绝，更不能与之产生矛盾，而是需要以拖延时间的方式进行拒绝。

唐朝的时候，有一个叫卢杞的人，跟郭子仪同朝。卢杞还不得志时，郭子仪已经出将入相，很是风光了。他对所有的公卿大臣都很随便，独独对卢杞礼数周到。若遇卢杞来访，他会让家人全退到后面，自己整整齐齐穿了朝服，迎接卢杞。接待中，他也表现得谦恭有礼。家里人十分不解，一个芝麻大的小官，郭子仪为何要给予如此礼遇？为什么不拒绝接见呢？

听了家人的疑虑，郭子仪说："这人心术不正但很聪明，又会巴结上司，迟早有得意之日。我现在只是慢慢敷衍他，以时间拖延他，倘若我现在得罪了他，他定会怀恨在心伺机报复的。宁可得罪君子，也不可得罪小人啊！"

果然，卢杞后来官至宰相，朝廷中凡是曾触犯了或拒绝过他的官员，都被他想方设法地报复了。唯独郭子仪因不曾得罪他，最终得以自保。

在案例中，郭子仪对待小人卢杞的态度，很值得我们借鉴，虽然，他不曾与这样的小人相勾结，但他也不愿意得罪这样的小人，他深知这样心术不正却又很聪明的人，一旦得势了，那自己将会成为被他报复的对象。既然他要与自己来往，那自己也不好拒绝，就以时间作为拖延，逐渐与之周旋，以缓和小人的心境。果然，卢杞后来在朝中为官，那些过去拒绝过他的官员，都被他想方设法地报复了。但唯独郭子仪，因为他只是用时间拖延拒绝了卢杞，所以得以自保。

1. 以时间拖延，不得罪小人

有句话叫做"宁可得罪君子，不可得罪小人"，因为小人的言行举止是不受道德规范约束的，他们做任何事情都是不讲游戏规则的。即便是君子也不愿意与他们斗，更别说我们了。习惯于死缠烂打的小人从来不讲信用，不重承诺，从来不按游戏规则出牌，他们往往为了实现目标而不惜一切手段。所以，我们在与小人相处的时候，不能麻痹大意，哪怕是对方所提出的要求，我们也不要直接拒绝，而是表现出自己应有的“尊重”，尽量以时间拖延，让小人慢慢接受被拒绝的过程，这样对他而言，会相对来说轻松很多，而且，他也不会对拒绝自己的人一方产生任何怨恨。

2. 小心翼翼拒绝

当我们遇到那些死缠烂打的小人，应该谨慎小心，与之“打打太极”，以时间为借口，诸如“下次，下次我一定会好好考虑的”、“最近时间有点忙，下次吧”，这样慢慢拖延，实际上也是在尽量不破坏与小人之间的关系。

3. 拒绝小人时应谨慎

拒绝死缠烂打的小人，最智慧的方式也就是用时间拖延。如果你马上拒绝，必然会得罪他，他们本身就是无孔不入、驱之不去、阴魂不散、破坏正常人际交往的受人鄙视的群体，如果你得罪了这样的人，应该会料到会给自己带来什么样的后果。一般而言，他们都是独来独往，是不合群的，因为他们的所作所为会使得他们在人际交往中处处碰壁。没有人去认同他们，更没有人愿意与他们交朋友，甚至可以说他们成了“过街的老鼠，人人喊打”。他们自然明白自己的处境，于是他们对谁都是充满着敌意。

第九章

羞怯不是优点：用主动沟通表达拒绝的态度

害羞是一种焦虑的情绪，带着行为上的抑制性。害羞的人往往恐惧社会对他们做出负面判断，所以会尽可能避免社交活动。因为害羞，所以不敢拒绝；因为害羞，所以总是强忍着委屈答应对方的请求。对此，害羞并不是你的优点，要大胆运用主动沟通来表达自己拒绝的态度。

羞怯，内心表达的软肋

羞怯心理，这是一种正常的情绪反应，一旦这种心理出现时，人体的肾上腺素分泌会增加，血液循环加快，这种反应往往导致人们大脑中枢神经活动的暂时紊乱，最后导致记忆发生障碍思维混乱，因此人们在羞怯时会经常在人际交往中出现语无伦次、举止失措的现象。他们会过分在意自己给别人留下的印象，总是害怕别人看不起自己，不管做任何事情，总会有一种自卑感，总是质疑自己的能力，过分夸大自己的缺点和不足，使自己长时间处于消沉的思想状态之中。同时，因为羞怯心理的阻碍，使得他们自己无法表达自己内心的真情实感。

克里斯多夫·迈洛拉汉是一位心理治疗专家，他曾经有一个病人是一位30岁的单身女子，非常害怕与人约会。后来在迈洛拉汉的建议下，她写下了自己与约会有关的一系列事情，比如什么时间安排出门，在约会时说些什么，关于未来又谈些什么，在将事情整个思考一番之后，她发现自己最担忧的是一个她并不喜欢的男人会爱上自己，她担心一旦出现这样的场面，自己不知道该怎样去拒绝。于是，迈洛拉汉给她出了个主意，告诉她如果不想再见到约会的那个人，自己该怎么样说，一旦她有了这样的准备，约会也就变得轻松随意多了。

对此，迈洛拉汉总结说："记日记是一种简易而有效的方法，我们对自身的认识也许比我们自以为知道的更多，当我们用文字将我们的害怕和焦虑整理一番时，自己也会为之惊讶。"

羞怯心理产生的原因，是由于神经活动过分敏感和后来形成的消极性自我防御机制。通常情况下，过于内向和抑郁气质的人，尤其是在大庭广众之下不善于自我表露，自卑感较强和过分敏感的人也会因为太在意别人对自己的评价而显得畏首畏尾，表现得很不好意思，浑身不自然。

羞怯者说："我从小就怕见到陌生人，在陌生人面前不知所措，从来不主动回答老师的提问，怕在众人面前说话，我今年已经30岁了，在异性面前还是感到很紧张，很不自然，因此影响了我交女朋友，也影响了我与周围人的交往。请问，我这是属于一种什么心理障呢碍呢？"其实，这就是一种羞怯心理。

伯·卡登思提出这样一个词："社交侦察，如果你要参加一个晚会，最好事先弄清楚都有哪些人会参加，他们将说些什么，他们的兴趣是什么。假如你要参加一个商业聚会，就应尽可能多了解对方的背景材料，这样当你与人交谈时，就有了更大的主动权。"比如，你可以先找一些与自己兴趣相同的人打交道，让他们帮助你树立信心。

一位心理治疗专家曾帮助过一名害怕与陌生人打交道的妇女战胜羞怯，他先是了解到这名妇女喜欢插花，于是，在心理治疗专家的建议下，这位妇女报名参加一个插花学习班，在那里，她可以兴致勃勃地与那些新认识的人一起讨论她们感兴趣的插花问题。渐渐地，她的这种谈话使得她交上了不少朋友，并将自己的社交圈子拓展到了班级之外，最后，她终于可以与人轻松相处了，即便在公众场合也很少有羞怯感了。

许多羞怯的人想摆脱羞怯，结果却是越想摆脱，反而表现得越明显，慢慢就形成一种恶性循环。所以，我们首先应该接纳自己的羞怯心理，带着羞怯心理去做事，认识到羞怯只是生活的一部分，许多人都有可能有这种体验，这样做反而会让自己放松下来，逐渐克服羞怯心理。

在社交场合，常常会有这样的现象：有的人轻松自然，谈吐自如；有的人却是手足无措，不知道怎么办才好，言谈举止都显得十分慌张。比如第一次上讲台的新教师或第一次当众演讲的人也会有这样的体验：事先想好的话，一到台上就乱套了。其实，这些就是隐藏在人们心里的羞怯心理，我们所需要做的就是克服自己的羞怯心理，坦然与人交往。

那么，我们怎样才能克制自己的羞怯心理呢？

1. 增强自信心

在平时的生活中，我们应该经常想到自己的优点和长处，千万不要为自己的缺点而紧张，而要相信“天生我材必有用”，假如你只是看到自己的缺点，那就越是显得自卑、羞怯了。假如你抬头挺胸，那自己的智慧和能力就会得到最大限度的发挥，有了自信心，自然就会消除羞怯的心理。

2. 不要怕被别人说

分析那些害怕在公众场合讲话、羞于自己与他人交往的原因，我们很容易发现，他们最怕得到来自别人的否定评价。这样他们越怕越羞怯，越羞怯越害怕，最终形成恶性循环。实际上，在社交活动中，被人评论属于正常现象，没有必要过分计较。相反，有时候否定的评价还会成为激励人们不断前进的动力。比如美国前总统林肯在年轻时就曾被人轰下台，不过他并没有气馁，反而更加努力，最后成为一名著名的演说家。

3. 进行自我暗示

每当自己到了公众场合，倘若感觉很紧张的时候，就对自己说：“没什么可怕的，都是同样的人，不要怕”。通过自我暗示镇静情绪，那么羞怯心理就会减去大半。俗话说得好，“万事开头难”，只要我们第一句话说得自然，那随之而来的就是顺理成章的语言。

4. 大方与人交往

我们可以试着向经常见面但说话不多的人，比如邮递员、售货员等问好，与人交往，尤其是与陌生人交往，要善于收敛紧张情绪，尽可能使用一些平静、放松的语句，进行自我暗示，这样可以有效起到缓和紧张情绪、减轻心理负担的作用。

5. 讲究说话技巧

在平时的说话过程中，当我们脸红的时候，不要试图用某种动作掩饰它，这样反而会使我们更加害羞，进一步加重了自己的羞怯心理。我们应该意识到，羞怯只是精神紧张，并不是不能应付社交活动。

6. 说出自己的忧虑

作为一个羞怯者，心理学家建议可以去找一个“可靠的人”，比如家人、朋友和医生，这些人可以善意地对待自己的羞怯而不去嘲笑自己，向

他们倾诉自己心中的忧虑，这一方面可以让他们为你出谋划策，一方面还可以帮助自己甩掉心理包袱。

7. 设想最糟糕的情形

面对公开讲演我们应该设想一下最糟糕的情形，比如你害怕发表一个什么讲演，我们就会设想一下会出现哪些问题：你对这次演讲最担心的是什么；演讲失败，被大家笑话；假如真的失败了，最糟糕的局面会是怎么样的；要么我跟他们一起笑，要么我以后再也不演讲了。这样一设想，那最糟糕的结果也不过如此，并不是一场不可以接受的灾难，那又有什么值得羞怯的呢？对于羞怯者而言，普遍的担心就是因为紧张而出现的一些身体外部表现被人笑话，比如出汗、声音颤抖、脸红等，不过，这些担忧的确是多余的，因为这些表现很少会被人注意到。

别害羞，大胆介绍自己

人都说“一回生、两回熟”。“两回”不难，难就难在头“一回”。对害羞的人而言，难在哪儿呢？难在面对的是陌生人，不知该从何话说起，不知该说什么话，不知该说的话会不会让人听了感到不悦……也就是说，面对陌生人，最难的就是如何通过自我介绍，给对方留下初次的第一印象。而如果我们懂得从抓住对方的心理，用一番别具特色的语言，定是能打动对方的。

一次非正式聚会中，一位老师将两个初出茅庐的大学毕业生引见给一位作家认识。男生A这样介绍自己：“您好，我叫某某，今年刚毕业，正在找工作。”这位作家一听，当时有点纳闷，可能是头一次听人这么介绍自己，作家只好接话说：“是吗？那加油啊，祝你早日找到满意的工作。”

而女生B的介绍则完全不同，她介绍自己的方式是通过拉近距离形成对比：“你好，听说你是一位作家。”这位作家连忙谦虚地说：“哪里算作家，就是随便写写。”女生B笑吟吟地说：“我也是，不过我更喜欢画画，我是一名美院毕业的学生。”很快，女生B和这位作家有了两个共同的话题——写字和画画。等到聊得比较热烈之后，女生B自然地提到找工作的事，这位作家则表示可以引荐她认识在美术馆和画廊工作的朋友，一切都来得这样水到渠成。

很明显，男生A的自我介绍是不得要领的，首先，他和这位作家完全不熟，在作家对他的性格和特长一无所知的情况下，他传达给作家一个他正在找工作的信息，属于无效信号。无疑，这位学生让这名作家产生这样的心理：此人不懂礼数。而女生B的自我介绍则注重从拉近与陌生人的距离开始，以攻心为主，每句话都说到作家心里去了，自然赢得了作家的好感，因而成功得到作家的指点也自然是水到渠成的事。

单位突然请了一名资深顾问，这名顾问看似成熟，却令该单位小叶很不满。虽然虽然是第一次见面，但这位顾问却突然问我：“我叫××，你有男朋友吗？一定没有吧？你看起来好严肃呀！”还一直问小叶：“喂，你叫什么来着？”小叶心想，就算比别人资深，也要顾及自己在别人眼里的第一印象吧！不仅对小叶，单位其他同事对这位成熟男士的印象也不好。

很明显，这位新来的顾问，因为说话太过招摇，而让同事产生了不好的印象。

和这位资深顾问不同的是，新来的小唐的自我介绍就很好：

小唐第一天上班，他的工作就是负责接电话，但是对方好像听不懂她在说些什么，他因此表现得很紧张，用手捂着话筒对我说：“李姐，我是新来的小唐，早上也没跟你介绍一下，真对不起了。客人好像听不懂我在说什么，我刚来对业务也不太熟，你能帮我向他说明一下吗？”

原本还觉得新来的小姑娘不懂事的老职员李姐一下子怒意全消了，她心想：看她的样子虽然很可笑，不过如此认真的态度倒是让人颇有好感，让别人也乐意帮她，比那些因不懂装懂而误事的人强多了。

总之，害羞的人应该谨记，自我介绍也是一门学问。自我介绍的每一

句话都要说到对方心里去，散发出你的交际品质，让对方觉得你是一个很有个人风格的人，对你产生良好的印象，也就成功实现了攻克“陌生人心理堡垒”的目的。

那么，与陌生人初次见面的过程中，我们应该怎样大方地介绍自己，才能给对方留下个好印象呢？

1. 巧妙地介绍自己的名字

与人初次见面时，想让对方记住自己，最简单的办法就是让对方记住你的名字。比如，你可以对自己的名字做一个简单但容易被别人记住的介绍，比如：“我姓接，接二连三的接，认识我，你会有接二连三的好运！”

2. 自我介绍要摆脱陌生人情结

其实每个人跟陌生人交谈时内心都会有些不安，一定要自己先放下陌生人情结。面对陌生人不需要特意装模作样，不过也要表现出你的诚意。只有这样，才能显示出你的大方和热情，而不至于忸怩作态，才会让对方觉得你是一个有良好的交际品质的人，从而愿意与你进一步交往。

3. 注重现场的气氛与对方的心态

自我介绍自不可太过冗长，有时候只需简短的一两句话，因为吸引别人的也许正是开篇的某个亮点。同时，我们在介绍自己的时候，要避免谈论会让人厌烦的话题，不要一个人一直发表高见，也要学习倾听别人说话。关注现场的气氛，瞄准时机再发言。

4. 保持谦虚低调

我们在自我介绍的时候，除了突出自己的亮点，自我介绍还是谦虚低调些为好，免得给别人留下此人爱吹的不良印象。

出入社交场合，免不了要自我介绍一番。一些人觉得这很容易：“您好，我叫××，唱二人转的，很高兴认识你。”这不就结了？如果一个陌生人这样和你说话，像这样平淡无奇的介绍，下次见面时，你十有八九会忘记对方的名字，甚至压根儿忘掉这个人。忘记别人是谁也可能会尴尬，不被人记住才是最可悲的。

消除羞怯心理，坦然与陌生人沟通

人们都有过这样的体验，在走进一间陌生的房间，或是与一个不熟悉的人碰面时，你在心里对自己说的最多的一句话，就是：我“该如何打破僵局，交到朋友？”而独处的时候，有时又会突然想到：“啊，那天我怎么唐突地说了那样的一句话。”或者是：“哎呀，我当时怎么说了那么多破坏气氛的话。”想起来的时候，真是恨不得咬掉自己的舌头。可是，世上没有卖后悔药的，我们只好悔恨地提醒自己，下次不可以再犯。可是这样一来，又经常弄得自己很紧张，甚至惧怕与陌生人的约会。而事实上，从对方的心理角度来看，我们在与陌生人交往的时候，各自都希望对方能主动打破尴尬。因此，我们要想攻破对方的陌生人心理防线，就要懂得应该与陌生人聊什么。

迈克是一家外企公司的人力资源经理，他招收过一批新员工。但让他感到不解的是：这些员工们在应聘时一个个都能侃侃而谈，对考官的各种提问都能应答如流，可是进入公司后，很多人不善言谈的弱点就“原形毕露”了，即便让他们说些迎来送往式的话，也是面红耳赤，羞涩得不得了。后来，迈克就主动找他们谈话，问他们是不是对新环境有点不适应，他们大多低着头，小声嗫嚅：“不习惯和陌生人说话。”倒是其中有一个人反问迈克：“我也不知道该如何做才能把自己融入集体。”

迈克笑了笑，随后问另一个不善言谈的新员工：“你是不是每次跟人说话都像赶考？”他点头表示“是”。迈克说：“你这是患了语言怯生忧郁综合症了。”

恐怕大多数人在陌生的集体和陌生人面前都会出现这样的情况，在陌生人面前，因为怯生，所以就会出现舌头打滚、语无伦次，越想把话说得尽善尽美，越是说得词不达意。这就像一个初次登台的演唱者准备得越充分，演唱效果越是大打折扣一样。

戴尔·卡耐基在他的《人性的弱点》中提到了人际关系的抑郁症。是什么导致抑郁？是怯生。而怯生的原因反过来归结于我们不懂得怎样说出打破尴尬的话。在生活中，我们在与他人沟通时要有效消除内心的羞怯心理，落落大方地与陌生人进行交流。

那么，我们该怎样与陌生人沟通，从而消除自己内心的羞怯心理呢？

1. 开门见山

假如你经人介绍和一个陌生人或者一个群体认识，你不知道他们，他们也不了解你，你的心跳会不会突然加快，会不会不知道如何是好？

逢此情况，心里不要有顾虑，更不要试图回避大家的提问。俗话说："一回生，两回熟。"第一回你就因怯生而不语，何来第二回的相熟？要想尽快和陌生人相熟，不说话是不行的，但说话也要看怎么说。如果面对的是群体，你就不能急于回答他们的问题，以防捡了芝麻丢了西瓜。那么如何才能把握好与陌生群体对话的语机呢？有几种开门见山的"开场白"，比如"初来乍到，请大家多关照"；"今后我们要一起共事了，我有什么不妥之处，还请各位包涵"；"作为新人，能得到大家的如此热情，真让我感动不已"；"认识大家很高兴"……这样在群体面前说话，会让众人觉得你热情平和，心理距离也就一下子拉近了。

2. 避免沉默

无论是对一个陌生人还是一个陌生的群体而言，沉默不语均被视做对这个群体的拒绝；说话太多不但难以让陌生人接受，而且还会让人感到害怕。第一印象是带有根本性的。如果你没有管好自己的嘴，在陌生人面前出现"失言"或过分表现自己的所谓口才，那么你都会被陌生人从心里拒绝。而如果你懂得与陌生人聊天的语言秘籍的话，你就能轻松抓住陌生人的心，从而轻而易举地越过与别人之间的栅栏！

3. 问话探路

假如我们把对方假设成一般过路人，然后像问路一样，找一些自己心里有数却佯装不知的问题请对方来回答，这样你就掌握了语机上的主动。无论对方的回答对与错，你均需认真地洗耳恭听，即使对方说错了，你也应该“将错就错”地表示谢意。因为，这种问话探路的目的并不是要找到什么答案，而是为了打开你和对方语言交流的闸门。

一旦双方对话的闸门被打开，顺流而下，原先那种陌生感就会自然消失。因为一般情况下，没有人会恶意地拒绝一个虚心请教者。相反，只要对方愿意搭你的话，你所预期的社交方案便已经成功了一半。问话探路法只适用于和一个陌生者搭话，若是和一个团队接触，则不适用。

4. 轻松探微

和一个陌生人初识，有时只需抓住对方工作或生活中的某个细节，就会很顺利地叩开对方的心房，激发彼此交流的欲望。

仔细观察一下你身边的陌生人，看看他们是否有比较特别的地方，比如对方使用的手机款式让你非常青睐，比如对方的耳环是不是很特别……谈论这些细节很可能立刻引起对方的兴趣。聊天的话题最好选择节奏感比较轻松明快的、无需费心思量的，这样就不会让人对你的搭话产生反感。有时候，即使无语，只需向对方抱以会心的一笑，也会拉近相互间的距离。

当对方有意和你沟通时，无论对方的话是对是错，切勿否定对方，因为毕竟你们还不熟，一旦被否，余下的沟通就很难继续了，前面你所做的一切细节探微的努力也会因此成为徒劳。

沉默有时不是那么珍贵

害羞的人大都具有一种隐忍的性格：他们会面对巨大的压力，而自己一个人默默地承受下来；他们往往把自己的想法埋在心里，不说出来；受了委屈，也只好偷偷把眼泪往肚里吞。这是一种心理特点，会影响着人们今后的生活和工作。在日常交际中，有时沉默不再是金，真实地说出自己的想法，实在是害羞的人走出自我的一个途径。当他不再沉默的时候，自然也是可以坦然说“不”的时候。

人们常常在与人交往之中，遇到与自己意见不同的时候，都会因为各种原因而沉默。或是矜持，或是不好意思，或是不自信，或是不敢说。往往你的那一瞬间的沉默会给别人一种错觉，认为你是默认的态度，他或许会以为你是认可他的。因此，如果你在这些问题上有什么好的建议，就要大胆地说出来，别人才了解了你的真实想法，才会了解你的想法及能力。所有在这个时候，我们千万不要保持沉默，要抓住机会表露出自己的想法，才有可能成功地把自己推销出去。如果你一直保持沉默，沉默就会把你埋没，你或许再也没有更好的机会来推销自己了。

小万是刚到公司的新员工，刚刚大学毕业，正是“初生牛犊不怕虎”的年纪。有一次，在公司例行大会上，董事长表示自己手上有一个重要的企划案，希望在座的一位能拿去策划一下。同事们都面面相觑，你看我，我看你，面有难色，都不敢接这个“烫手山芋”。

小万刚开始觉得自己是新人，不敢抢同事的功。可是，在等了几分钟，还是没有人去接企划案的时候，性子急的小万坐不住了，他着急地站起来：“我想试试”。董事长看见有人能站起来接这个任务，也露出微笑，但看见是一个刚来的新员工，又是个女孩，又显得很不放心：“你能行吗？”这可激起了小万的好胜心：“一定行，给我一周的时间，我会把它做好的。”

于是，在下一周的公司例行大会上。董事长拿着一份企划案，赞许地看着小万：“你是最棒的！希望你继续努力，公司需要你这样的人才。”会场上立即响起阵阵掌声。

就是因为小万大胆地站起来，表达了自己的想法，最终用实际行动来证明了自己的能力，而赢得了全公司的认同。

如果小万在会场上一直沉默，那么，她的能力就不会在这个机会中得到展示。正是她大胆说出自己的想法，让老板对她赞赏有加。如今的社会，到处都是人才济济，作为内向者，如果你不主动把握适时的机会，说出自己真实的想法，展现自己的能力，那么你就会永远地埋没自己。俗话说：“酒香也怕巷子深”。说的就是这个道理，如果你已经是一个各方面条件都优秀的人，更应该大胆表现出来。

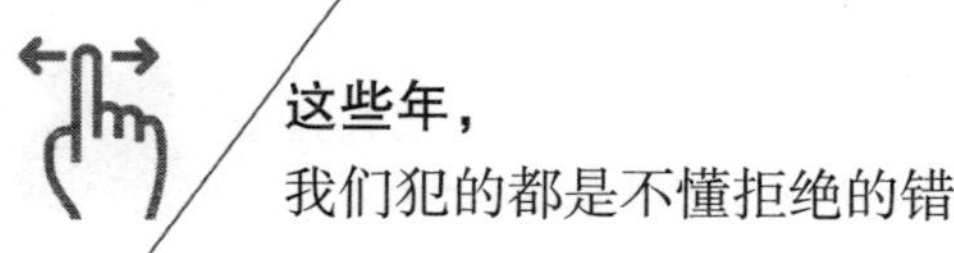

1. 别隐藏自己的内心想法

有的人习惯矜持地生活着，遇到别人问他吃什么，他习惯回答：“随便”。别人问他到哪里去玩，他的回答还是那两个字：“随便”，好像在他的头脑里只有“随便”这两个字。其实这时候，你应该大胆说出自己心里的真实想法，也许在你的推荐下，大家都会尝到一顿美味的佳肴；或者在你做导游的带领下，大家都会玩得比较尽兴。大家会发现，原来你也有多姿多彩的一面。如果你总是说“随便”，你自己以为很随意，其实正是，你的“随便”让对方感觉到有种负担，由于你没有把你真实的想法表现出来，让他觉得可能没有照顾到你的心思。所以，应该学会大胆地说出自己的真实想法，这既会让对方感觉你很有主见，又不会亏待到自己。

2. 不是每一种沉默都有价值

沉默在某些时候，是非常具有价值的，但不是任何时候的沉默都有它的价值。所以，我们不要总是习惯性地把头深深地埋下，要昂首挺胸，敢于说出自己的想法。而你的某些独特魅力，也是通过说话表现出来的。如渊博的学识、有魅力的谈吐、优美的声调，通过说话可以彰显你思想的深度，还可以显现出你除了外表以外的内在吸引力。

3. 大胆表现自己

我们应该抓住生活中的每一个机会来表现自己，而大胆说话无疑是可以帮助我们抓住一个好机会。学会用语言来表达自己的意见和想法，让他人更加清晰地了解你，进而对你产生信赖，这是每个害羞的人推销自己的最佳方式。

越不拒绝，就越不敢拒绝

在日常的人际交往中，我们经常会遇到这些令人烦恼的事：一个品行有问题的熟人缠住你，非要你借钱给他不可，但你也知道，如果借给他

就等于有去无回；一个正在做微商的同事向你推销东西，明知这些产品没什么价值而言，但你就是无法拒绝；有的至亲好友，从不轻易开口求人，万不得已，偶尔求你一次，倘若拒绝他们，轻则失望、伤心，重则与你绝交；有的患难之友，曾经在你困难时给予帮助，如今有求于你，你却又是心有余而力不足，但他不相信，斥责你忘恩负义。这时，你应该怎么办呢？你最应该明白的是，自己并不是全能人才，也没有“呼风唤雨”的本事，那么应该拒绝的还是要拒绝，假如不好意思当场说“不”，轻易许诺了自己不愿、不应、不必履行的职责，事办不成，以后岂不更不好意思见人了？

罗斯恰尔斯是一位犹太人，他在耶路撒冷开了一家名为“芬克斯”的酒吧。酒吧虽然仅有30平方米，不过却在当地非常有名气。在这里，即便是美国国务卿基辛格博士，也曾被拒绝过。这是一个怎样的故事呢？

有一次，基辛格博士在访问中东的议程即将结束的时候，在别人的推荐下，决定到“芬克斯”酒吧拜访。于是，他先给酒吧老板罗斯恰尔斯打电话，且十分委婉地说：“我有十个随从，他们将和我一起前往你的酒吧，为了方便，你能谢绝其他顾客吗？”罗斯恰尔斯几乎没有犹豫地说：“我非常欢迎你们的到来，不过如果要谢绝其他顾客，请恕我这件事没法办到。”

当罗斯恰尔斯拒绝他的时候，基辛格博士坦白说：“我是出访中东的美国国务卿，我希望你可以考虑一下我的要求。”即便对方是美国国务卿，罗斯恰尔斯也很礼貌地说：“先生，您愿意光临本店我感到非常荣幸，不过，因您的缘故将其他顾客拒之门外，这件事我没办法做到。”基辛格博士听了这样的话，气得摔掉手中的电话。

第二天晚上，基辛格博士又给老板打电话，他首先对自己之前的失礼感到抱歉，说明天打算带三个人来，订一桌，而且不必谢绝其他顾客。没想到，罗斯恰尔斯却说：“非常感谢您，不过我还是无法答应你的请求。”基辛格感到很诧异，问道：“为什么？”罗斯恰尔斯说：“对不起，先生，明天是星期六，本店休息。”基辛格央求：“但是，后天我就要回美国了，您能够为我破例一次吗？”但是，罗斯恰尔斯还是非常诚恳地说：“不行，我是犹太人，您应该明白，礼拜六是一个神圣的日子，假如我答应你，那是对神的玷污啊。”

罗斯恰尔斯的酒吧连续多年被美国《新闻周刊》列入世界最佳酒吧前十五名，之所以这么成功，那就是罗斯恰尔斯有敢于拒绝的勇气，拥有自己的原则与底线。在需要拒绝的时候，罗斯恰尔斯敢于拒绝任何人，哪怕是像基辛格这样的高官和权贵。

在人际交往中，没有勇气说“不”，你就会活得很被动。所以，当你不愿意时，就要勇敢地说“不”。但是，说“不”也是需要技巧的。假如技巧不够好，很容易就破坏了彼此之间的和谐关系。

威廉问父亲：“世界上最难发的音是什么字啊？”

父亲说：“我知道这样的一个词，它只有两个字母，不过却是世界上最难说的词！”

威廉问：“只有两个字母？那能是什么呢？”

父亲回答说：“在所有的语言里，我所见过的最难说的词语只有两个字母的NO（不）。”

威廉喊道：“您在开玩笑吗？NO，NO，NO！这真是太容易了！”

父亲说：“今天你可能觉得很容易，不过以后你会明白为什么这个字是最难说出口的了。”

威廉很有信心：“我总能说出这个词，我一定能，NO，这简直太容易了。”

父亲说：“好吧，威廉，我希望你能在该说这个字的时候，会轻易将这个词语说出口。”

第二天，威廉像往常一样去上学了，这些天下雪了，路面和水池都结冰了，同学们正在湖面玩。这时同学向威廉大声发出邀请：“来吧，伙计，我们一起去溜冰吧。”威廉先是有些犹豫，他看到冰冻得并不结实。伙伴说：“放心吧，我们已经在这里玩了一下午了，这冰不会有问题。”另外一个伙伴发出挑衅的声音：“难道你害怕了吗？看来你可真是一个胆

小鬼啊。”

威廉无法忍受来自伙伴们的嘲讽，因为他一直都认为自己是一个勇敢的男子汉。威廉大声说：“我才不是胆小鬼呢！”然后冲到了湖面，他跟小伙伴们在上面玩得很高兴，没过多久，湖面上的孩子越来越多了。可是，危险的事情发生了，冰面裂开了，威廉和另外两个伙伴掉进了冰窟里。

当人们把他们救出来的时候，三个孩子都冻僵了。晚上，威廉坐在温暖的炉火前面，父亲问：“为什么不听我的话，你要去冰面上玩呢？难道我没有警告过你那是非常危险的行为吗？”威廉低声说：“是小伙伴邀请我去玩的，本来我并没有打算去。”

父亲继续问：“难道是他们把你拉上去的吗？”威廉回答说：“那倒没有，不过他们嘲笑我是胆小鬼。”父亲说：“那你为什么不拒绝呢？说‘不’呢？你宁愿不听我的话，硬愿冒着生命的危险也不愿意拒绝吗？你不是说‘不’很容易说出口吗，可是你没有做到，难道不是吗？”

拒绝的话难说，不过要把拒绝的话说得好，更不容易。任何人都有一颗自尊心，当向他人求助时，或多或少都会有不安的心理。如果对于他人的求助，一上来就说“不行”，势必会伤害对方的自尊心，引起他人反感甚至愤恨，从而影响双方今后的交往。所以，当对方向你提出请求时，最好先向对方说一些关心或者同情的话，然后再试图说明自己无能为力的原因，这样做既可以赢得对方的理解，使其知难而退，又不伤害对方的自尊心。

1. 提供其他的解决方法

当自己对别人的请求力不从心或确实很为难的时候，你可以为他介绍几种解决问题的方法，给他提供一些参考和选择。如果你介绍的方式方法仍然对他毫无作用，相信你的朋友也不会责怪你，毕竟你已经尽力帮他出谋划策了。当然，如果因此而成功了，他自然会感激你的。

2. 找个借口拒绝

有些事不好推辞时，借故说自己要去做事，也是一种推托的办法。如果你遇到类似这样的情况，不妨试试借故推辞，只要对方足够聪明，肯定

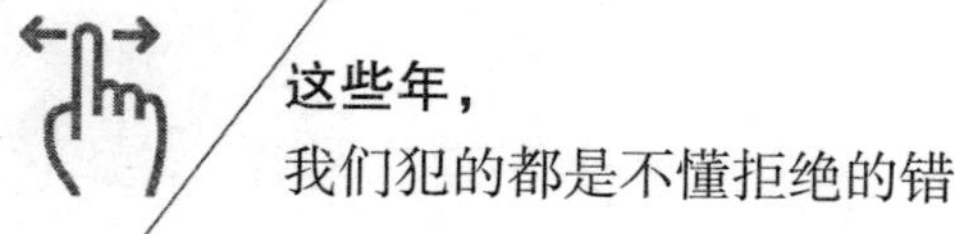

会清楚你的意思。

3. 快速转移话题

对待他人的请求不一定非得要用“是”和“不是”来回答，把问题本身放置 一边就是拒绝的最好方式。如果对方说：“我们明天再到这个地方来游玩吧!”“哦！我想时间很紧，我们该回去了吧!”你的答非所问至少会让对方觉得你对这个提议不很感兴趣，一听就知道你不愿意答应他的要求。

4. 故意回避

对于一些实在很难开口的拒绝，我们除了可以采取借故推辞、转移话题之外，还可以运用故意回避或曲解的方式对他人予以拒绝，此外，这种拒绝方式还适用于爱玩“花招”的人，可以使提要求者有苦难言。

先感谢，再把拒绝的话说出口

拒绝别人的要求，直接说出“不”字来，总会让我们感到很不快。答应的话，自己办不到，不答应吧，又怕别人面子上下不来。当我们束手无策、进退两难的时候，可以先由衷地感谢一下对方的好意，传递出一片真挚的感情，再委婉地拒绝，这样就能起到较好的效果。

赵敏自己办了一家服装厂，经过多年的打拼终于有了一定的规模，不仅在国内市场上打开了一条销路，并且还有许多产品销往国外。服装厂的效益好了，自然就有不少的人愿意到她的公司去工作。除了应聘者的络绎不绝之外，还有不少的人找熟人托关系，希望能够到她的工厂里求得一个职位。

这一天，赵敏的一个老朋友给她打来电话，说想要给她推荐一个刚刚从服装学院设计系毕业的“人才”问她是否愿意接受。正准备再次扩大规模的赵敏当时的确很需要一些专业的设计人员，而且这位朋友和她的关系又不一般，于是就爽快地答应让那个服装学院毕业的学生来面试。但是，

面试的结果让赵敏感到非常的失望，对方根本不像朋友说的那样是一个“人才”，而是一个地地道道的门外汉，就连基本的设计知识都不懂。

赵敏这一下子就犯难了，接受这个人吧，他明显地不适合这份工作，不接受吧，又怕无法给朋友一个很好的交代。毕竟，这位朋友在赵敏创业初期给了她很大的帮助。经过再三的考虑，赵敏决定拒绝留用这位“人才”。但是，在做出这个决定的时候，她又在考虑用哪一种方式来跟朋友说这件事呢。

三天之后，赵敏高兴地给朋友打电话，说“十分感谢您给我推荐的这位人才，我们这里几个领导经过商议，认为他非常有能力。只不过，他所学的专业和我们的要求有着很大的差别，在我们这里上班我们自然表示欢迎，但是这样做的话只能限制他才能的发挥。我想，还不如让他找一家对口的单位，找一个真正适合他的公司和岗位。我可以在我的朋友中问一下，看看有没有人需要这样的人才，您看好吗？”

朋友也是一个明白事理的人，听赵敏这么一说，心理便明白了，就很爽快对她说：“既然是这样，你就不要为难了，就再让他去别的公司试试吧。”赵敏在拒绝朋友推荐的人才时，并没有直接说不能用。而是先对朋友表示了一番衷心的感谢，这样就会让朋友和被推荐者感到十分有面子，对不能聘用的结果也不至于有太大的反感。最后赵敏还说了一句“我在我的朋友中问一下，看看有没有人需要这样的人才”，这样就会让对方不仅不会对没有被聘用而耿耿于怀，而且对她充满了感激。

在生活中，我们可以用先由衷地表示感谢，用委婉的拒绝的方式来拒绝别人，做到既能坚持个人的观点，又不至于太伤别人的面子。具体来说，可以从以下几个方面入手：

1. 用感谢的方式来消除对方的负面情绪

直接的拒绝虽然既能达到自己的目的，又会招致别人的愤恨。在别人对我们提出要求的时候，可以给予提要求方亲切的表情和感谢的语言，这样就能有效消除对方被拒绝之后的负面情绪。比如，当别人的建议在你看来并不可行的时候，你可以这样说：“你的建议实在是太好了，对我有着

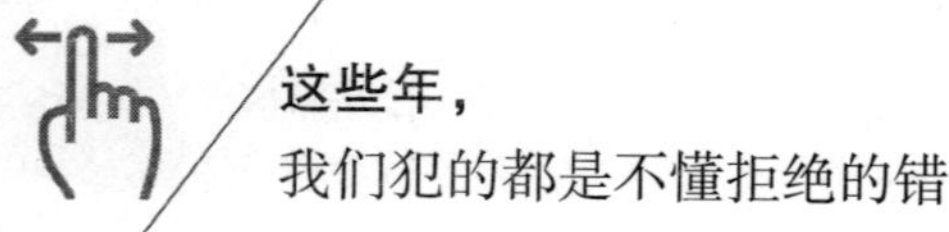

很大的帮助作用，十分感谢你的帮忙，不过以我目前所处的形势，暂时还不能按照你说的去做……”

这样十分具有人情味的拒绝方式，既准确地表达了自己的观点，又维护了对方的面子，还能让对方在以后的时间里尽心尽力地去帮你做事，可谓是一举多得。

2. 当众表示感谢，私下说出拒绝理由

当别人在大庭广众之下对你提出一些过分要求的时候，千万不要去做断然的回绝，那样的话会给提要求者带来很大的压力，他的心理上也会认为你是一个不通人情世故的人，从而就会产生和你断绝交往的念头。

当你感到无法接受别人提出的要求的时候，你可以当众表示欣然接受，说一些感谢的话，让提要求者感到十分有面子，然后再找机会和对方进行真诚的交谈，说出你的苦衷，表示实在不能接受他的要求，这样的话，对方就会很快地把那些不恰当的要求收回，对你也不会产生任何的不满。

3. 把拒绝的话融进感谢的语言中

对别人的要求或者建议，说一些比较感谢的话就能传达出尊重的意向。比如，有一位记者在写报道的时候，同事给他提出了一些建议，但是这些建议与该编辑的写作思路是不相符的，在这个时候你就不妨说：“你给我提的这个建议太好了，如果按照你所说的写下去的话，这一段文字肯定是最出色的，但别人看了，绝对不会认为是一个人写的。”聪明的人听了，自然懂得你所要表达的意思，自然就会选择放弃那些建议。

第十章

小技巧助你成为大赢家：掌握几种说“不”的方式

在日常生活中，每个人都不可避免地会遇到需要拒绝的人或事。面对他人提出的不合理、不合适的要求或者自己不愿意去做的事情，这时候要敢于说“不”，这虽然是对他人意愿或行为的一种否定，但却能很好地实现巧妙拒绝的目的，又能使对方不至于产生不快的情绪。

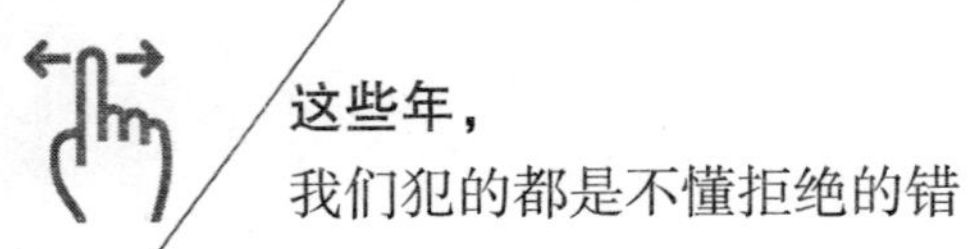

含蓄表达，灵巧拒绝

拒绝一个人往往会使双方都感到尴尬和难堪，如果处理不好还会引起被拒绝者的怨恨及不快情绪，如何让对方听出语言中的拒绝之意而又不过于直白，给双方都留下一点面子呢？不要直接地说“不”也不用解释原因，有时候模糊的态度、委婉的暗示或者适当的沉默就能够让对方明白你的意思而不再继续纠缠，同时又给双方都留下退路。这些拒绝方式尤其是爱面子的人最适合的拒绝技巧。

在美国经济大萧条时期，17岁的莉莎好不容易找到一份在一家高级珠宝店当售货员的工作。在圣诞节的前一天，店里来了一位30岁左右的贫民顾客。他衣着破烂不堪，一脸的悲哀、愤怒。莉莎要去接电话，一不小心，把一个碟子碰翻，六枚精美绝伦的钻石戒指散落在地上，她慌忙捡起其中的五枚，但第六枚怎么也找不见。这时，她看到了那个30岁左右的男子正向门口走去，一刹那，她醒悟到了戒指在哪里。

当男子的手将要触及门柄时，莉莎柔声叫道：“对不起，先生！”那男子转过身来，两人相视无言，足足有一分钟。“什么事？”他问，脸上的肌肉在抽搐。“什么事？”他再次问道。“先生，我是第一回工作，现在找个事做很难，是不是？”莉莎神色黯然地说。男子长久地注视着她，终于，一丝柔和的微笑浮现在他脸上。“是的，的确如此，”他回答说，“但是我能确定，你在这里会干得不错。”停了一下，他向前一步，把手伸给她：“我可以为您祝福吗？”莉莎立刻也伸出手，两只手紧紧地握在一起，她用低低的但十分柔和的声音说：“也祝您好运！”他转过身，慢慢走向门口。莉莎目送着他的身影消失到门外，转身走向柜台，把手里握着的第六枚戒指放回原处。

在这个案例中，这本来是一起盗窃案，人们习惯的处理方式是大喊大

叫，想办法抓住盗窃者。不过莉莉却用一些很有礼貌的暗示语，实现了让盗窃犯归还盗窃物的目的。这样一来，小偷不但没有当众出丑，而且是十分体面地终止了自己的错误。试想一下，假如女孩也是大喊大叫，自然不会出现这样的结局，甚至女孩还有可能受到伤害。

暗示，是人与人之间互相影响的一种特殊方式，出于自己的目的，采用隐晦、委婉的语言，巧妙地向对方发出某种信息，并以此来影响对方的心理。在潜移默化的过程中，让对方不自觉地接受你一定的意见、信息并改变自己的行为。

在某电影院，经常会有戴着高顶帽子的女观众，她们挡住了后面观众的视线。于是有观众向经理反映，请求电影院禁止女观众戴帽子。但是，这些女士却以戴帽子为美，又是电影院的常客，经理也不愿意得罪客人，就想了一个办法。

有一天电影开始放映前，银幕上打出一则通告：“本院为了照顾衰老高龄的女客，允许她们照常戴帽，不必摘下。”结果自然不用说。通告一打出来，电影院中的帽子，全部摘了下来。

每个人都有担心被拒绝的心理弱点，再说当着别人的面拒绝或者亲自表示拒绝也总是令人难以接受的，毕竟都不愿意听到对方给你否定的说法。他人对你的请求就像一个美丽的肥皂泡，如果一下子直接戳破未免有点残忍，因此，即使我们对待这个美丽的请求确实爱莫能助，不妨用相对委婉的方式拒绝他人，而不应该用生硬冷漠的态度直接拒绝对方，否则不仅会让对方很失落，而且还会产生不满情绪，甚至因此耿耿于怀。

所以，在拒绝他人时，说话方式要尽量委婉，语气要尽量和缓，尽量使对方能够体会到拒绝确实是出于无奈，我们也对于爱莫能助同样感到很遗憾。

如何委婉表示出自己的拒绝之意呢？以下几种方法是最常用的：

1. 用肢体语言来暗示自己的拒绝之意

可以通过一定的肢体语言把自己拒绝的意图传递给对方：比如你不耐烦地敷衍一个客人的时候，通常不是直接赶人，而是频繁地看表，暗示

自己时间到了，有事要去忙。同样某些肢体语言比如转动脖子、用手帕擦眼睛、按太阳穴以及按眉毛下部等漫不经心的小动作也可以传递出我疲惫了、身体不适、心不在焉，希望早一点结束某个话题的意思，看到这些对方自然会联想到你的拒绝意味。

2. 模糊拒绝

模糊拒绝的关键就在于不表明自己的态度，但让人感觉到你就是在拒绝对方。

某出版社编辑接到作者的目录和样本之后，看了看，表示“写得不够吸引人，不如您再改改？”因为“不吸引人”一词是不能量化的标准，想修改也无从改起，自然就表示出了自己不想出版的意愿。另一位编辑则对他的投稿者表示“这本书教科书味道太重了，恐怕市场很难接受”，表明此书写的内容过于理论化，无法出版。

这两人都没有明确表示出自己的态度，表面看起来似乎编辑很为难，仔细一想既能明白对方的拒绝之意，同时又不伤面子，是很好的方法。同样“计划书概念性太重，很难实施。”“你的孩子太恋母，怕带不好”等若是能表明自己明确态度的推诿之词，往往也可以清楚地让对方看到你的拒绝之意。

3. 沉默拒绝

很多公司收到应聘者的简历之后，往往不再回复，即使应聘者再三询问都很难问出确切意见或者表示“稍后如果录用，会跟您联系”这种不表态的方法，往往让应聘者了解了自己的处境。

人力资源部往往抱着这样一种想法“此候选人虽然不是特别合适，但可以作为备选，如果排在前面的几个候选人无法入职，再联系此人复试。”这时如果主动联系对方，也许还有希望，不过这种等待通常是有期限的，杂志社常常会有这样的通知“一月内未接到录用通知，请另投他家。”一场招聘也是一样，若能事先征询一下等待期限，就不会浪费时间。所以很多时候这种拒绝也不是绝对的，往往是能给双方都留下余地的一种策略。

如果你不想直接拒绝，不妨用长时间的沉默来表明自己无能为力或不想答应，往往能给双方都留下一定的退路。委婉的拒绝往往能给对方留下一点面子，在不违背自己意愿的同时，还能跟对方保持较良好的关系，这样做也能给自己留下一个机会和余地。

拒绝有技巧，不必勉强自己

人们常常相信“赠人玫瑰，手有余香”，于是即使自己不喜欢，也总是勉强自己来帮助别人，常常拉不下面子来拒绝。其实正如帮助别人是你的权利一样，拒绝他人也是你们的正当权利，不必为此感到抱歉和不好意思，免得有些人得寸进尺甚至因为你的拒绝而产生怨恨。拒绝人是一件伤害感情的事情，如何把这种伤害降到最低，就需要讲究技巧。不想勉强自己，也不想过度伤害对方，就要学会有讲究、有分寸地给自己和对方都留一个台阶，委婉地拒绝同样也会让人感到顺耳顺心。

汪旭在某集团公司做部门经理。有一次，一名客户经他手签了一桩大单，赚了不少钱，为了表示感谢，这名客户特意送了一对价值不菲的礼品给汪旭。

汪旭想拒绝，但又不想让对方为难，于是他高兴地收下了，并感激地说：“谢谢你！希望以后多多合作。”随即，汪旭请这位客户稍坐一会儿，然后他拿着礼品转身去了里间的更衣室。

不一会儿，汪旭从更衣室里走出来，手里拿着一份精心包装过的礼物，他亲切地对这位客户说：“既然咱们是朋友，那么朋友之间就应该礼尚往来，这份小小的礼物，也请你务必收下。”话说到这个份上，客户也没了推辞的理由，只好心甘情愿地收下了。

这名客户回到家后，拆开汪旭送给他的礼物，他原以为一定是不值钱的东西，谁知里面竟然是他送给朋友的那对礼品。这位客户从心底佩服汪

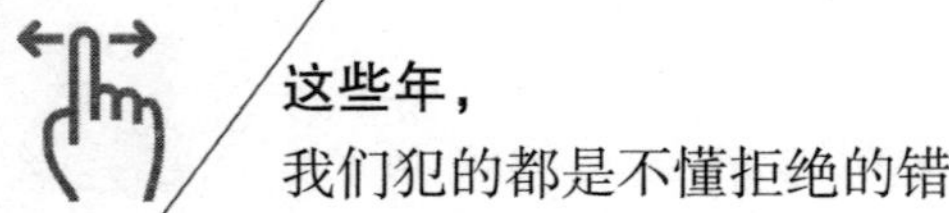

旭的做法，并与汪旭建立了长期的合作关系。

有时候，拒绝别人就是这么简单，只要你给它加上一层精美的包装，不仅不会伤害到别人，反而会赢得别人的尊重。“不”这个字好写，音节也简单，不过在人与人之间，却很不容易说出口。许多人或因为感情因素，或因为个性关系，或为时势所迫，无法把“不”说出来，所以吃了大亏。

在20世纪30年代的美国，辛泰尔是纽约评论界的权威。当年，全国有498家报纸为他开辟了专栏，每天都同步刊发他的时评，而这个栏目有一个统一的名称——《每日纽约》。这样，辛泰尔每个星期就能得到2150美元的报酬。这样算来，他每年就有10万美元的收入，辛泰尔的经济收入可以让自己生活得非常安逸，而且他也即将成为一名富翁了。

在当时的美国辛泰尔的知名度和影响力是非常巨大的。于是，先后有很多家电台竞相聘请他主持节目，以此来提升自己电台的名声。纽约电台有一个很好的方案，为了给辛泰尔节约时间，提出在他工作间的写字台上安装一台播音机，并且许诺给予很高的报酬：每天一分钟，就给他500美元。但是，辛泰尔还是委婉地拒绝了。

后来，一些好莱坞电影公司也向辛泰尔抛出橄榄枝。其中，较为著名的华纳电影公司更是通过各种渠道和途径来找他，希望辛泰尔成为电影里一名演员。不仅如此，华纳公司还准备了一份合同，同时附上一张空白支票：“请你随便写下你所期望的报酬，签字，然后寄给我们。”辛泰尔很快将合同原封不动寄了回去。

为此，学大师卡内基曾问他：“你为什么这样固执，连送上门的钱都不要？”他回答说：“这个，只是因为我不擅长谈话。”辛泰尔开玩笑说：“假如在电台播音或者在摄影现场拍片的话，说不定我会因怯场而当场晕倒的。”

尽可能委婉、平和，说明自己拒绝的原因，让对方有台阶下，也不至于伤了双方和气。假如能迂回一点说也可以，而不要直接拒绝。对方假如不是傻瓜，一定会听懂自己的弦外之音。但是，要学会拒绝，可以先从小

事情学起，时间长了，就可以掌握分寸，不会脸红脖子粗，让人一着就知道你的拒绝不坚定。

当然拒绝别人也有技巧，想要把拒绝的话说得顺耳，就必须遵循以下原则：

1. 拒绝之前先要认真倾听

拒绝别人毕竟是一件伤感情的事情，因此在拒绝之前一定要认真倾听对方的诉求，因为你拒绝的不是一个人，而是他所求的事情。最好不要在对方开口之前就对对方存在成见，否则你的表情会出卖你，即使你真的存在成见，也不要让对方有所觉察。最好的方式就是注意倾听对方的话，让对方把自己的需要和处境都讲得更清楚一些，这是对对方的尊重，不但能使对方减少被伤害的感觉，还能免得让对方以为你在应付他。

2. 平静、庄重地说“不”

当你仔细倾听了对方的要求，并认为自己应当拒绝的时候，尽量以一种平静而庄重的态度表明你的拒绝意愿，对于客气而温和的拒绝，人们一般是不会产生非议的。态度一定要温和，但一定要坚决，最好不要用“我再想想看”“我看到时行不行”之类的语言来拖延，如果你真的需要慎重考虑一下，可以这样说；假如你已经决定要拒绝对方，就不要让对方抱有不切实际的希望，以此来脱身只能让对方更抱怨你。明确坚定地告诉对方“这是不可以的”“我不能答应”，方式尽可能婉转，但不要给人造成侥幸心理。

3. 不要说“抱歉”

拒绝对方是你的正当权益，因此说“抱歉”，会让对方觉得他的要求是正当的，觉得你的拒绝亏欠了她什么，如此会给你留下更多麻烦。另外，如果你觉得没有必要，也不必每次都解释理由，所有的理由在对方眼里都可能变成借口，过多的解释还可能让对方认为你心虚。

4. 提出弥补建议

如果你确实想帮对方分担一下负担，而不能直接答应对方的要求，那么你可以提出一个可替代对方方案的建议。比如同事想要你帮他把一件急事做完，因为他要出去买午餐，如果你不方便直接拒绝，就可以用代替的方法“我很愿意帮你的忙，我可以顺便帮你带一份饭，你觉得呢？想要吃什么？”对方一定会明白你不想在工作上帮他，也许会接受你的建议。

5. 事后关心

不要以为拒绝了某件事就可以松口气，在事后给予对方一些关心或建议，往往能够减轻拒绝带来的伤害。让对方意识到你是关心他的，你的拒绝是有苦衷的，就可以减少拒绝的尴尬和影响。另外，适时的关心也可以避免使对方的情绪陷入孤立无援的境地。

拒绝别人常见的几种方式

既然拒绝不可避免，那么，如何让别人感觉不那么尴尬，让双方的感情不那么受伤，就是拒绝方法中最需要研究的技巧。对于我们而言，无论是对于朋友还是对于同事的拒绝都难免伤害到对方的自尊，由于本身性格的敏感，我们常常考虑对方的感受，这是提高拒绝技巧首先要克服的。拒绝最好以含蓄委婉、巧妙的方式为主，直白的拒绝和严词拒绝对于我们来说，过于强硬，很容易伤害对方的自尊，最好不要使用，否则会留下“后患”。

有一年，南唐税收苛严，百姓不堪重负。许多大臣劝谏烈祖减轻赋税，都毫无作用。当时京师又遭遇大旱，老百姓民不聊生。

有一天，烈祖问群臣：“外地都下了雨，为什么唯独京城不下呢？”大臣申渐高一听，觉得这是一个劝谏的好机会，但又不能直说，于是他便诙谐地说：“因为雨怕收税，所以不敢进入京城。”烈祖天生睿智，知道这话里的意思，大笑一阵后，马上颁发圣旨，减轻税收，让百姓休养生息。

大臣申渐高凭借一番幽默的话，暗示烈祖要减轻赋税，没想到竟然达到如此神奇的效果，事实上也为百姓做了一件好事。直接的表达未必可以

收到预期的效果，不妨换一种间接委婉的方式，于人于己都是有利而无害的。当然，幽默拒绝并非人人都会，善于幽默拒绝的人，既能使自己掌握主动，进退自如，又能给对方留足面子，搭好台阶，促使交际双方都能免受尴尬之苦。

古时国君想让庄子去做官，庄子没有直接拒绝，而是打了一个比方，说：“你看到太庙里被当作供品的牛马了吗？当它尚未被宰杀时，披着华丽的布料，吃着最好的饲料，的确风光，但一到了太庙，被宰杀成为牺牲品，再想自由自在地生活着，可能吗？”庄子虽没有正面回答，但他用一个很贴切的比喻却已经做出了回答，对方自然也就不再坚持了。

著名作家钱镜书先生曾经一连说过七个“不”字：“不必花些不明不白的钱，找些不三不四的人，说些不痛不痒的话。”总之，拒绝他人不一定意味着要冷面冷脸，只要掌握了拒绝的技巧，并遵循其原则恰当运用，你也会成为一个善于说“不”并懂得如何说“不”的聪明人。

生活中有许多不懂得明智拒绝的人，遇到事情就优柔寡断，畏首畏尾，结果常常使自己处于被动地位，听命于人。他们往往心里知道自己不需要什么，不能做什么事情，和为什么不做这样的事情，但就是无法把“不”说出口，那个简单的音节就在喉咙里打转，怎么也说不出来，学会拒绝，并非直接说“不”，而是将拒绝的意味巧妙地藏在幽默的话语里。

1. 谢绝

谢谢你的邀请、谢谢你的欣赏和看重、谢谢你能第一时间想到我，但是这样做真的不合适。别人请求你的帮助是对你能力、智慧的一种认同，认为你能够帮到对方，才可能提出请求，感谢对方的认同，会使对方内心感到舒服。

2. 推诿搪塞法

对于一些明显不合理的要求，触犯规定或者有违做人原则的要求，不妨用一些没有价值的东西去敷衍塞责，比如“我会考虑”“我们再研究一下”“恕我无能为力”用一些没有实质内容的语言，来拒绝对方比直接拒绝能留给对方一些余地。既然对方的要求是明显不合理的，能理直气壮地要求帮助，此人最好不要直接得罪，不直接拒绝的搪塞更能避免自己受到小人伤害。

3. 拖延法

暂时不要给予明确的答复，表示研究研究、考虑考虑，或者说让对方也再仔细想想，过些天再决定。如果你对对方的建议和方法存有异议，感觉对方的做法是不切实际的，不妨用拖延法，让对方也仔细考虑一下，或者提出更适合的建议，也是对朋友的一种负责。

4. 回避法

转移话题可以让对方自己领会你的抗拒，比如“今天咱们先不谈这个，还是说说你关心的另一件事吧……”“你觉得这样好吗？我不同意你的看法……”不着痕迹地将对方的请求转移到他的做法是否恰当，如果对方足够明智，就会明白自己被拒绝了。

5. 讲明难处

“我很想帮助你，但今天恐怕不行我太忙了”“我倒想帮你，但我人微言轻，很难帮到你。”“我今天还有个聚会，真的很为难。”讲明你的原因和难处，更容易得到对方的谅解。

6. 补偿法

“这件事恕我爱莫能助，不过我可以帮你做另一件事，你看需不需要我帮忙呢？”用另一种帮助替代原来的方案，更能体现你帮助对方的诚心和决心，对方也更能理解你。

7. 自我保护拒绝法

请你为我想想，我怎么能做这么没有把握的事呢？你怎么可以把这样的事拜托给我呢，你也想想我的处境。这样的话，往往能够让对方体谅到你的立场和难处，让对方觉得是自己唐突了，太过分了，反而更有利于维护你们之间的感情。

8. 幽默地拒绝

最经典的幽默式拒绝无过于钱钟书先生拒绝某位女士的拜访“假如你吃个鸡蛋觉得味道不错，又何必认识那个下蛋的母鸡呢？”“我只能当逃

兵了”“拒绝绅士的邀请是一种罪过，可今天只能谢罪了。”想想用一个幽默而不失分寸的拒绝方式，表明你的拒绝意愿，使双方都不会失颜面。

9. 有出路的拒绝

如果对方的求助不现实，对事情本身也没有任何帮助，或者你帮不上忙，但你知道谁能帮助对方，不妨提供给对方一个方法，或为对方指一条明路，实际上不仅不会伤害感情，还能帮助对方，这是最有利的拒绝。

借他人之口把“不”说出口

人们习惯于中庸之道，受传统观念的影响，在拒绝对方时很容易产生一些心理障碍，这个问题在性格内向者身上显得尤为突出。有的内向者不敢或不善于说“不”，无形之中使自己戴着假面具生活，既身心疲惫，又失去了自我，但又因为无法摆脱“无力拒绝症”而自责。其实，学会拒绝并不困难，如果你想自己说出“不”字，也可以巧用他人嘴，把“不”说出口。巧用他人嘴，把“不”说出口，实际上就是借助第三方拒绝。当我们既不敢表露出自己想法，又不愿意伤害到对方的时候，完全可以借助别人的嘴来说出“不”字，这样的拒绝方式并不困难。当你自己不好出面处理某些事情，拒绝某些人时，最好的方法就是借力使力，借别人的口、别人的观点来拒绝对方，出于对第三者的尊重，对方也往往会接受你的拒绝，不再强求。

妈妈准备用同一种花色的窗帘布来布置所有的房间，而莉莉喜欢自己房间的窗帘能够更可爱一些，可以适合自己的审美要求。她对妈妈说：“妈妈，我最近听一个时尚节目里介绍说，房间的布置应该个性化，如果不同的房间用不同的窗帘，不但有多样化的美，而且可以充分体现个性。您觉得她说得是不是有点道理？”妈妈听了高兴地说：“有道理，你的窗帘布就由你自己挑选吧。”

在这个案例中，莉莉并没有直接说妈妈的选择不好，但她说出了和妈妈不一样的选择的好处。在沟通过程中，她并没有直接拒绝妈妈，而是说曾经听过的节目中对房间布置的看法，实际上就是莉莉自己的看法。在这里，她就巧借节目的口，实现了自己的目的。

当不好直接拒绝别人的请求时，不妨借第三者之口或者以别人的身份来表示拒绝，这种推卸责任的方法反而很容易被别人理解为爱莫能助，而不便再勉强你。这种方法有两种运用方式：即借别人的口拒绝和借别人的身份拒绝，无论是哪种方式都可以让拒绝变得委婉而留有余地，让双方都不至于太难堪。

借助谁的口谁的身份比较方便呢?

1. 找出“替罪羔羊”

难以说出“不”时，可以找出“替罪羔羊”，把对方的注意力转移到共同的焦点问题上。比如，客户请求说“最近资金稍紧，希望延期付款”，可是，如果拿不到贷款，就会付不出员工的薪资，所以，经理不得不拒绝，“像贵公司这样优良的企业也会资金紧张，看来银行真的没有培养企业的意愿啊”，两人宣泄了一番，经理又说“银行太不像话了，不过付款日期的事情还是拜托了”。

2. 借公司之名

某编辑对某作家表示他的作品不能出版，是这样表示的“我们分社最近审题很严，您的选题确实无法帮上忙了！抱歉啊！”借公司之名表明并非自己所愿，让他人也无法勉强你。集体的利益和规范，往往会让对方无法进一步做出侵犯之举，是最恰当的拒绝理由。比如男朋友想要你介绍去他公司，“我们公司规定禁止公司员工恋爱”往往是最恰当的借口，比“人微言轻”之类更能保留你的自尊。

3. 借长辈、上司之名

很多事自己不方便拒绝的，不妨借长辈或者上司的名义来拒绝。比如“这件任务可是张经理特意分配给你的，你确定要我帮你做吗？他对我们的行事方法都很熟，被看出来，我怕会不太好吧！”或者“我爸妈不会同

意我这么晚回家的，我会挨骂的，你们就忍心吗？”拿出上司、长辈的名头来压一压，对方即使原本想勉强你，也只好迫于压力和权威而作罢。

4. 借朋友同事之口

朋友、同事只能作为证人出现，不好强人所难或施以威压，所以最妥当的方法是拒绝之后，再借朋友的口证明你确有难处或者确实做不来。比如“你问问他，他可以作证，我从来干不来这种事！”或者“今天某某约了我一起出去喝酒，不信你问问他”“某某刚打过电话约我吃午饭，不好意思你来晚一步。”这样借第三者的口来表明自己的拒绝意愿，让对方也找不出什么不当之处，很难再勉强你，或对你不满。

5. 借伴侣之口

一些很难拒绝但又真不想做的事情，不妨借伴侣之口来拒绝对方，尤其是当对方和你的伴侣在不同的社会圈子时，借伴侣之口更能避免矛盾冲突。比如，某同事向女士电话表白，女士很为难，顺手把电话交给男朋友处理，“喂，我是她的男朋友，你要和我公平竞争吗？”对方一听就能明白这位女士的意思。有时同事借钱也是不好处理的事情，这时不妨和伴侣一起出马，一个唱白脸一个唱红脸，为了你们之间不起矛盾，同事也只好打消念头。

人们一般都有“疏不间亲”的观念，而伴侣往往是一个人最亲密的人，为了尊重你们之间的感情，对于伴侣的拒绝，虽然很无奈，但对方往往能理解并表示宽容。再者，因为伴侣和对方不在同一个社交圈，即使态度强硬一些，也不至于引起对方过度反感。

有策略地拒绝会赢得最终的谈判

谈判就是为了满足双方的要求而双方都能参与的一个过程，也就是一个互相协商的过程。但是，在实际谈判的过程中，由于每个人的需求不一样，所以会展现出不同的行为和表现。尽管我们的谈判双方可以配合得非常默契，最终促成顺利的谈判。然而，在很多时候，由于利益冲突导致的问题还是会接二连三地发生在实际谈判过程中。所以，为了营造一个和谐、融洽的谈判气氛，促使谈判能够成功，我们不能直接拒绝或否定对方，而是要采用一些有策略的拒绝方式。

美国有名的电器生产商某公司和另一家默默无闻的公司进行商业谈判，目的就是希望把自己的电器设备卖给那家公司。威廉作为公司的谈判代表，对此次谈判很有把握，因为对方那家公司的三个代表看起来毫不起眼，而威廉和自己的团队则准备得十分充分，而且都擅长谈判。

于是，在谈判一开始，威廉就拿出准备好的一大堆图标、图像和数字，不可辩驳地说明了买自己公司的电器设备是最合适不过的选择。等威廉介绍完自己公司的产品之后，两个小时过去了。而令威廉感到惊讶的是，对方却在整个演讲过程一直安静地坐在沙发上，一句话都没有说，只是安静地听着。

威廉说完之后，有些不屑地对反应较为迟钝的谈判对手说："那你们觉得我们公司的电器设备怎么样呢？"其中一位对手很有礼貌地说道："确实，你们刚才的介绍十分精彩，不过我们却没有听得太清楚。"威廉非常惊讶："你们不清楚？我介绍了那么多，你们竟然说不清楚？那好，那你们不明白的是什么呢？"对方代表说："所有的事情。"本来信心满满的威廉此时感到很不可思议，毕竟自己的介绍是非常详细而又很有说服力的，不过他还是认真问道："你们是从什么时候开始不明白的？"

谈判代表回答说："一开始，我们从一开始就不明白。"威廉感到自己快要发疯了，他问道："你们希望我们能怎么样呢？"对方代表说："希望你能给我们再介绍一次吧！"顿时，威廉就像泄了气的皮球一样，他的信心和气势全都不见了。

谈判代表并没有提出一点反对的意见，他们的沉默就是对所有意见的否决。不过威廉和他的同事们难道真的会持续两个小时来重复介绍自己公司的产品吗？当然不会，谈判代表正是利用这一点既巧妙地拒绝了威廉，

同时也为自己赢得了谈判的主动权。

在这个案例中，谈判对方所使用的拒绝方法是很有策略性的。在谈判中搞清楚在什么时候拒绝、怎么样拒绝，我们就会收到非常好的效果。有的谈判者害怕自己的拒绝会给自己带来不利的影响，所以即便不同意对方的意见，也从来不表现出来。谈判者害怕的实际上不是拒绝本身带来的影响，而是拒绝的方式不当带来的。

当然，谈判者可以进行适当拒绝，但并不意味着可以随时拒绝对方。假如谈判者不是对对方表示不满，或者想和对方进行争论，就不要轻易地使用拒绝。谈判者一定要在合适的时机进行拒绝，比如，当对方的确想要买下你的产品，却因为价钱的问题迟迟做不了决定的时候，你可以对他说；“先生，我决定不卖这件产品了。”通常情况下，对方都会提高价钱来购买你的产品的。

1. 列举一些客观条件予以拒绝

在大多数情况下，假如对方向你提出一个无法回答的问题，而且不管自己如何解释，对方还是胡搅蛮缠，你最好表示自己无法解决。因为客观条件的限制，你没办法回答对方的问题，这样就可以使对方不再纠缠，并且对你表示理解。

通常情况下，客观条件主要包括两个方面：一个是局限于你自身的客观条件，比如技术力量、权限和资金条件等；另一个是社会条件的限制，比如法律、制度和形势等。当然，这二者可以单独使用，也可以综合运用。

2. 先理解再拒绝

当对方提出一个要求，而自己无法同意的时候，我们可以找出其中的合理部分予以肯定，然后含蓄地表示自己无法同意其他的，比如“总的来说，你的看法有一定的道理”。以这样的开场白答复对方，对方会更容易接受我们的拒绝。

在谈判中的拒绝，尽可能不要使用否定性的词语，即便你需要表达出来，也可以使用一些更加有效的策略。特别对谈判的对方，他们是能提供给你某种利益的人，一旦遭到了否定，他们就会产生不快，从而产生一种抗拒心理。

3. 化守为攻

当对方提出某个你不能接受的要求的时候，为了不受到对方的牵制，你也可以化守为攻。你可以提及对方在前面拒绝的你的某个要求，告诉对方你可以同意他的这个要求，但他也必须满足你的那个要求，并说对方的这个要求跟你的那个要求是一致的。这样，即使你同意了对方的要求，也不会有什么损失。

4. 引导对方自我否定

即使对方提出来一些不合理的要求，你也不要针锋相对。有时候，你可以旁敲侧击地暗示对方，让他认识到自己的看法有一定的局限，进而自觉地打消自己的不合理要求。只有让对方自己否决自己的想法，他才会真心地接受你的拒绝，而不会产生不快。

让对方明白自己拒绝的真实理由

当别人寻求帮助的时候，热心肠的我们总会在力所能及的范围内给予尽量的帮助。但是，每个人总会有力所不能及的地方，面对别人的求助我们在很多情况下都会无能为力，那么在这个时候就要耐心地向求助者进行详细的解释，让对方明白我们并不是不愿意帮忙，而实在是因为心有余而力不足才拒绝的。当对方了解了我们拒绝的原因之后，就不会产生误解，同时也会被我们的诚意所感动。

这样，就会留有继续交往的余地，双方的友谊才可能继续维持下去。如果在拒绝别人的时候只是简单地说“不行”“不可以”之类的话，恐怕就会使求助者觉得你是一个冷血动物，如果对方是一个急性子的人，说不定还会当众给你难堪，让你下不了台。

李正大学毕业后留在了城里，经过十几年的打拼终于有了自己的房

子，于是他就把父母接到城里。一个农村娃在城里能够买一套房子，在乡下的邻居们看来就是成功人士的象征。李正很多乡下的朋友进城的时候经常托李正帮忙，在力所能及的范围内，李正总是尽心尽力地去帮助他们。

有一天，他的两个进城打工的老乡来到了他的家里，诉说起了打工的艰难。在谈话中，两位老乡一再说城里的旅馆太贵，想租房子一时半会也找不到合适的，言外之意是想在李正的家里住上一段时间。

李正听完之后马上说：“是啊，城里毕竟和咱们老家不一样，房子一直都比较紧张。就拿我来说吧，拼死拼活十几年才有了这么两间小房子，一家老小挤在一起实在是太紧巴了，我的儿子正在上高三，晚上回来只能睡沙发，连个复习功课的地方都没有。你们大老远地从老家赶来，按理说应该留你们住几天的，但是就这么大点的地方实在是做不到呀。”两位老乡听后，明白了李正的难处，就非常知趣地走了。

对于老乡借宿的要求，李正明确地表示了拒绝，他用比较委婉的方式向他们讲述了自己的困境，表示并不是不愿意帮助他们，而实在是家里空间有限，没有办法让他们住下来，两位老乡听完之后，就理解了他的难处，也就不好意思再提出留宿的要求了。

当然，拒绝也是要讲究艺术的，告诉对方的拒绝的理由时，不能用一种不耐烦或者是找借口的方式去推脱或者敷衍，那样的方式，会使对方觉得你为人不够真诚，缺乏热心；当然也不能用模棱两可的话来回答别人，比如说些“我想想办法”“试试看吧”之类的话，那样的话很可能会让别人产生你已经答应了下来的误会。

在提出拒绝的理由的时候，我们要注意以下几点：

1. 明确及时地讲出你的理由。

拒绝他人的帮助并不是什么见不得人的事情，实在无法答应别人要求的时候，一定要用比较明确的语气来告诉他：“实在对不起，在这件事情上我的确是帮不了您的忙，您还是想一下别的办法吧”，一般来说，当别人了解到你的困难之后，就不会再做乞求之类的无用功。这样做，既能为对方寻找其他的方法提供时间，又不会给自己带来烦恼。

如果拒绝对方的时候含糊其辞，对方的就无法明白你的真实意思，还会对你抱有希望，把你当成救命的稻草，从而在以后的时间里还会继续向你求助，搞得你左右为难。这样做，既耽误了别人的时间，同时也给自己带来麻烦。

2. 委婉地讲出理由明确地表示拒绝

我们能够明确及时地讲出理由，拒绝对方，并不是说要用比较严肃呆板的话来对待别人，如果用一些颇具杀伤力的语言来拒绝对方的话，就会激怒别人。一般情况下，一个人在表示求助的时候，他的心里总是很敏感的，能够从比较委婉的话里听出对方拒绝的意思，那么他就会很识趣地离开，不再去打扰你。在我们委婉地提出个人的理由时，一定要注意，委婉并不是模糊，千万不能给对方留下还有一丝希望的余地。只有这样，才不会给双方带来伤害。

3. 态度一定要真诚

在拒绝别人求助的时候，一定要注意态度的真诚。当你向对方陈述个人理由的时候，失去了真诚的态度，就会让对方觉得你对他是不屑一顾的，所有的理由不过是借口罢了。只有坦诚相告，才会让对方将心比心，设身处地地去理解你的为难。

下篇

学会拒绝，做人生的赢家

你是否希望学会说不?在生活中，许多人被迫同意他人每个请求，宁愿竭尽全力做事，也不愿拒绝帮忙，即便自己没有足够多的时间，他们也不好意思拒绝别人。实际上，学会委婉地拒绝也同样可以赢得周围人对你的尊敬。

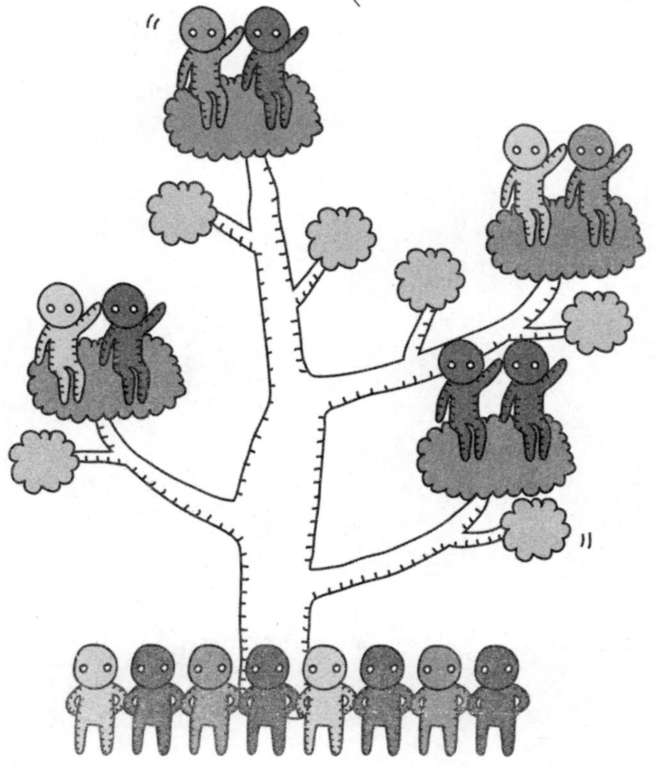

第十一章

结交益友：真正的友谊不会因为拒绝而减少

生活中我们有没有碰到过这样的场景：朋友找你帮忙，本来你很想拒绝，却又碍于情面，怕伤和气，只能答应，最后是不是有点后悔呢？其实，真正的友谊是不会因为拒绝而减少的，我们在生活中，要懂得恰当拒绝朋友，并且尽量不伤害人们之间的感情。

天上不掉免费的馅饼，拒绝朋友的“糖衣炮弹”

生活中，一些朋友喜欢使用“糖衣炮弹”的伎俩，他们在平时对你恭维有加，有什么好处就会分你一杯羹，还会经常给你一点小恩小惠，让你尝到甜头。从表面上看，我们似乎是遇到了一位慷慨大方、乐于助人的朋友。但是，如果你仔细观察对方，你就会发现这些不过是他亲近你的一种手段，一种伎俩。假如你真的在生活或工作中遇到什么极其困难的事情，他一定会躲得远远的，唯恐会殃及于他。而且，他还很有可能当着你的面，表现与你关系要好，但是背着你的面，却经常说你的坏话，在上司面前说你的缺点，在同事面前讨论你的是非。而当你认识到对方的真实面目时，已经为时已晚。所以，我们在与人交往时要谨防此类朋友们的“糖衣炮弹”，因为很可能甜头之后就会是无限的灾难和痛苦。

小万和小唐都是即将毕业的大学生，她们一起进公司，一起参加公司的培训，所以当她们成为正式员工的时候，已经是一对形影不离的好朋友了。

进公司第一个月，两人都在同一起跑线上，所以无论是上班下班，两人都在一起，遇到工作上的困难问题，也会一起商量解决。可是，当第二个月的时候，小万的工作业绩就直线上升，这主要是与她平时的勤奋努力分不开的。而小唐虽然天资聪慧，但是她经常在下班之余外出与男朋友约会，所以即使在上班的时候竭尽全力，也只显得业绩平平。小唐看着越来越受主管重视的小万，心里就不是滋味，但表面上还是对小万十分热情，经常为她带夜宵回来，还送给她一些小礼物。

有一次，公司来了一个大客户，老板就把写企划案的活交给小万和小唐，并且表示谁的企划案受到了欢迎谁就马上晋升为助理。这无疑是把一对好朋友推到了竞争对手的位置，小万全身心地投入到撰写企划案的工作中，

而小唐却因为心里愤愤不平，一直没能安心工作。但是，她却把废寝忘食工作的小万照顾得很好，几乎包揽了家里所有的家务活，还给小万每天准备好吃的。小万相当感动，有时候也与小唐一起讨论企划案的相关事宜。

终于到交企划案的日子了，出乎意料的是小唐居然先交上自己的企划案。等到小万把自己的企划案交给主管时，主管叫住了小万："小万，我看了你的企划案，写得不错，但是我不明白的一点是为什么你的企划案构思与小唐的一模一样。本来我挺看好你的实力的，可不知道你为什么出现这样原则性的错误？"小万立即惊呆了，却又不知道怎么解释，想到与自己每天相处的小唐，她的心开始凉了。

小唐正是通过自己平时给小万很多好处，经常给一些小恩小惠，结果迷惑了小万，而私自窃取了小万辛辛苦苦构思的企划案。其实，在我们工作中，也不乏这样的人存在，他们总是表面上使你尝到一些小甜头，但背地里却做出一些对你不利的事情。

通常来说，此类朋友都把自己隐藏得很深，他们表面上看起来像好人，但是实际心中却是另有所图。那么，怎样谨防那些虚伪朋友的"糖衣炮弹"呢？

1. 克制自己的贪欲

其实，这个世界上最无法满足的就是人们的欲望。特别是那些不用自己付出什么就能得到好处的事情，这绝对是每一个人都无法抗拒的。而对方正是了解人们的这一心理，所以他们会在不涉及太多金钱财物的情况下，给你一些小甜头，而这时候绝大多数的人都不大可能拒绝。当你那种喜欢贪人家小便宜的欲望得到了满足，其实也就是朋友开始计算的时候。所以，为了谨防朋友的"甜头"之后带来的灾难，你就必须要克制自己的贪欲。你一定要明白，这个世界并不存在着所谓"天上掉馅饼的事情"，也不要企望有人会故意给你什么好处。只有自己心中无贪念，就不会上此类朋友的当，也就能够使此类朋友对你无可奈何。

2. 学会拒绝一些好处

除了克制住自己的贪念，还要学会拒绝。有的朋友善于使用"糖衣炮弹”的计策，即便是你已经明确地进行婉拒了，但是对方依然会“锲而不舍”地对你表现出更加的“友好”。这就犹如男人在对自己心仪的女人不断地纠缠一样，所以，你在面对朋友连连不断的“糖衣炮弹”的袭击，就更应该做出直接的拒绝。当然，拒绝也是需要讲究技巧的，既不能伤了双方的和气，又要让人觉得你的理由是恰当的。假如，对方常常在下班之后对你提出一起吃饭的邀请，那么你就可以委婉地说：“实在抱歉，我已经和别人有约了”或者说“今天感觉有点累，要不改天我做东，请你吃饭。”这样就会感觉你是真的有事，或者真的累了，他自然也就不会强求下去。

3. 谨防随之而来的麻烦

有的人显得没有心眼，因为对于别人的好意不好意思拒绝，就愉快地接受了。那么，即便你接受了对方的恩惠，那你也要时刻警惕随之而来的麻烦。如果恰逢是你有即将晋升的机会，或者是你有了一个很好的工作构思而对方没有，面对如此关键时刻的时候，你千万要避免与他进行过于频繁的交往，也不要把自己的情况过多地暴露给对方，与他保持一定的距离。至于那些他给你的好处，你可以选择置之不理，如果你实在是良心过意不去，那也可以以同样的方式反还于他。

其实，我们在面对那些善于使用“糖衣炮弹”伎俩的人，最关键的一点就是要能克制自己的贪欲。只要你不去占人家的小便宜，对于他人给的小恩小惠也予以拒绝，那么他的“糖衣炮弹”对你就一点杀伤力也没有了。

别被人情束缚，拒绝朋友的“杀熟”

何为“杀熟”？我们经常所说的“杀熟”就是绞尽脑汁、不择手段地专赚、专骗熟人的钱物，损熟人而利己。换句话说，也就是利用朋友、熟人之间的相互信任，采用不正当手段赚取熟人、朋友的钱财。“杀熟”这

样的行为大大地冲击了社会伦理规范的底线，动摇并瓦解了人际的信任关系，使社会信任陷入危机。有时候，恰恰是我们身边最亲密的朋友，反倒伤害我们最深。所以，我们在与朋友进行交往中，要善于观察对方的言行举止，小心被爱“杀熟”的朋友伤害。

老王是一位退休干部，整日在家里弄一些花花草草，日子都也很清闲。可是，前不久，却偶然听说老王被骗了20几万元，那几乎是老王家里所有的积蓄，这可把老王着急得上了火，儿子女儿也都回来了，安慰老王：“钱没了可以再赚，只要你健健康康就好。”

在儿子女儿们的追问之下才知道事情的来龙去脉，原来年前老王老家的兄弟给老王介绍了一个朋友，说那位朋友在一个投资公司上班，如果能够借一笔钱给他投资，他一定会连本带利地归还，并且许诺给老王高于银行的利息。善良单纯的老王凭着对自家兄弟的信任，而因为对方又是亲戚的朋友，就答应了下来，当即借出了5万元。此后，那人又频频增加借贷金额，短短两个月就从老王那里借走了20万元，这时候老王才发现事情不对劲了，赶忙报了警。

可是，由于借款人为老王出具了正规的借条，并且他所提供的身份证明也是真实的，所以在法律上并不构成诈骗。后来，老王的儿女们辗转了好几个地方分别报案，直到后来这位借款人另外的债主把他告上了法庭，那个因赌博把巨款挥霍一空的人才被绳之以法。但又有什么用呢？他参与赌博把所有财产都搭进去了，老王的钱是要不回来了。老王听到钱都要不回来的时候，伤心得晕了过去。

据统计，所有的犯罪案例中有60%是“杀熟”，也就是熟人所为。在现实生活中，绝大多数人都会对自己身边的熟人、朋友过分地相信。其实，“杀熟”之所以能够轻而易举地得手，除了对方的无耻之外，受害人过于相信熟人也是一个非常重要的因素。

有的人在反复上当之后依然执迷不悟，更可悲的是，有的人自己被人宰了，还对其感激不尽，可以说完全是一种“自己被卖了还帮着别人数钱”的愚蠢行为。面对与我们有着亲密关系的朋友，我们更应该清楚地了

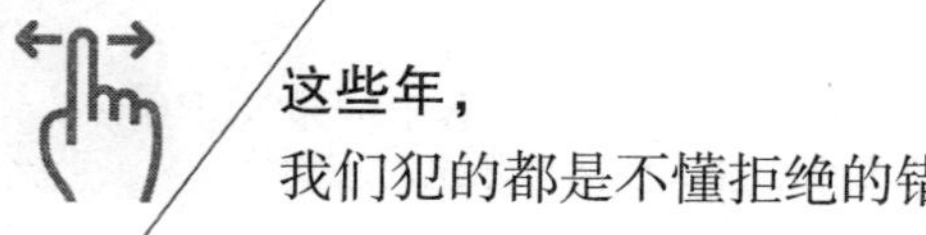

解对方的为人处世，以免由于自己不小心而上当受骗。

喜欢交朋友的张女士女士最近频频诉苦：“以前的一个朋友突然找到我，向我推销保险，我不想买，但碍于情面又不好拒绝，实在有点烦。”像张女士这样遇到熟人推销保险的情况确实很多，因为很多保险业务员都是从熟人开始做起的。

“杀熟”之所以能够得逞，基本上利用的就是熟人、朋友之间的一种信任关系。所以，在很多情况下，我们并不能因为对朋友的信任，就相信他所说的一切，并愿意为其提供帮助。其实，正因为对朋友有所信任，所以你更应该清楚地判断事情的性质，要小心提防那些喜欢“杀熟”的朋友。

1. 该说的话就要说

如果你对某位朋友有所怀疑，千万不要因为担心破坏彼此的关系而闭口不言。一旦对方的言行举止中有你所怀疑的部分，不管你们之间的关系有多密切，都要直言不讳地说出自己的担心。如果你的朋友真有欺骗你的嫌疑，你这样说出来，就会对他产生一定的震慑作用，让他明白你不是好骗的，让他尽早打消这个念头。

2. 反复提醒对方

有时候，对方是想通过向你借大笔钱财而想办法逃避，这时候，你就不要怕啰唆，对他进行反复提醒。当然，如果朋友真的有难处，并且给你说了具体的还钱日期，那就不用自己去反复提醒对方还钱。对于那种不怎么信守承诺，并且一次一次拖延还钱日期的人，你就要时时提醒对方，不要因为自己难以开口而最终当了“冤大头”。

3. 非必要的时候，不要撕破脸皮

有的朋友往往设法欺骗你，当你有所警觉不会上当的时候，对方还是不放弃，油腔滑调地反复说服你“你真不够意思，这点小忙都不帮”、或者“你真是忘恩负义，亏我拿你当朋友”。那么，这样的人根本就不值得你继续交往下去，不如撕破脸皮反而更有利于使自己摆脱困境。

4. 推说家里凡事要商量，等商量好再回话

你可以让推销保险的朋友把话说完，因为这是他们的工作，尊重他

们，给他们一个推销保险的机会。然后你说："我是觉得很不错，不过我还是要回去问一下我老公，保险都是他在管，我必须得经过他的同意。"假如朋友过了几天，不死心地追问，你可以直接婉拒他说："我老公觉得这个保险很好，但我们目前不需要。"

5. 直接说暂时不考虑，有其他投资打算

中国人毕竟讲究"情"面，所以当亲朋好友说："拜托，就差你这单业务了，如果没有做到就无法达成业绩。"很多人都会因此招架不住，这时你可以直截了当说："暂时不考虑，有投资打算，自己也正想向朋友借点钱做投资呢。"

朋友关系要适度，拒绝当"拐杖"

在日常生活中，人们总是与我们的朋友处于一种极为亲密的关系，一起吃饭、一起逛街、一起聊天，彼此朝夕相处、形影不离，甚至到了某一天没有见到对方，就会觉得不对劲。而且这样的人在做任何事情，做任何决定时都需要征求朋友的意见，希望对方能给我们作主。其实，这都是过分依赖朋友的表现，无形之中使自己成为朋友的"拐杖"。生活和工作上给我们带来的压力，需要我们在朋友心情烦闷、精神萎靡的时候随叫随到，随时听候朋友的差遣。当然，朋友作为一种亲近的人际关系是必需的，不过，并不意味着我们事事处处要听从朋友的。毕竟，朋友就是朋友，在彼此的情感上都是独立的，朋友的身份并不能取代父母或异性朋友，对朋友的过分依赖只会使得对方感到厌烦。

朋友就如同冬日里的暖阳，让我们感到温暖，也让我们感受到友谊的深切。但是，当这样一种友谊变得过分强烈，就会让人深陷其中。于是，两个朋友之间愉快地相处，以至于他们忽视了其他人际关系的确立，他们会将其他人排除在自己的社交圈子之外，然后有越来越多的时间可以使他们待在一起。其实，朋友之间的相处，最关键的就是要拒绝“朋友对自己的过度依赖”。我们需要成为朋友的“军师”，而不是“拐杖”。

小丽和娜娜一起上了同一所大学，读了同一个专业，她们是一对形影不离的好朋友。她们一起吃饭、一起睡觉、一起上课、一起泡图书馆。娜娜从小就生活在父母的呵护下，因此她总是习惯地依赖自己的父母，做任何事情总是先问父母。可是上了大学了，离父母远了，即便是遇到什么事情，远在家里的父母也实在帮不上什么忙，于是她就渐渐地把这种依赖转移到小丽身上了。小丽个性比较独立，做什么事情都自己拿主意，这让娜娜很是佩服。

刚开始，面对娜娜的依赖，小丽还有一种优越感，她觉得娜娜就像个小孩子，照顾好娜娜的生活让她觉得有种说不出的自豪感。可是，时间长了，小丽就有点不耐烦了，因为她交了男朋友，她不希望在自己约会的时间里接到娜娜的电话。但是，每次约会都会被娜娜一个电话打消了全部兴致，所以有时候干脆三个人一起出去玩，这让小丽觉得心里不爽，也让小丽的男朋友觉得有点窝火。

大二那年的情人节，小丽本来跟娜娜说好了，这个节日自己与男朋友一起过，无论发生什么事情都不要给她打电话。娜娜一口答应下来：“你就放心吧，我绝对不会麻烦你的。”于是，小丽就与男朋友一起去吃晚餐，正在俩人开始用餐时，小丽电话响了，电话里传来娜娜的哭声：“小丽，我不小心摔倒了，你快来啊。”小丽面露难色，男朋友见状也有些不快，因为每次约会都会出现这样的情况。小丽想了想，还是赶忙去找娜娜，见到娜娜，只看到娜娜一个人坐在地上，原来只是不小心摔了一跤，膝盖擦破点皮，根本没有什么大碍。

娜娜对小丽的过分依赖，的确间接地影响了小丽与男朋友之间的关系。比如，有的小事情完全可以自己去处理，自己拿主意，而不是凡事都要依赖朋友。如果你过分地依赖朋友，只会使双方的关系越来越糟糕。

1. 保持独立，拥有自己的空间

我们在与朋友相处的时候，一定要保持自己的独立性，要学会自己

去处理事情，不能什么事情都依赖朋友。这就需要我们把朋友看做“军师”，而不是“拐杖”；并且有意识地拓展自己的社交圈；结交一些新朋友，你就会慢慢减少自己对朋友的依赖，使朋友也有一个属于自己的自由的空间。

2. 拒绝成为朋友的“拐杖”

我们在与朋友交往的时候，不要与朋友保持过于亲密的关系，我们只需要成为朋友的“军师”而非“拐杖”。“军师”只是在朋友身边出谋划策，提供帮助的人；而“拐杖”却是朋友能够站立的主要依据，没有“拐杖”，朋友就站不起来。这就是两者之间的区别，你可以审视朋友对自己的建议是什么样的态度，就会发现朋友对自己是否有依赖性。

3. 拒绝为朋友“事事操心”

如果朋友在遇到一些麻烦或者生活中的一些问题，而向自己请教一些真诚、坦率的建议，那么朋友就把你当成了“军师”；如果无论是大事小事，都需要你来为朋友拿主意，而朋友完全置身事外，那么朋友对你则有极大的依赖性。

4. 与朋友保持亲疏有间的关系

一旦你发现朋友对自己有一种很强的依赖性，那就需要与其保持亲疏有间的关系。适时告诉朋友：很多事情需要自己去做，而不是处处依赖别人。对朋友的一些无理要求或依赖性的请求，应当予以拒绝。对朋友的一些事情，我们自己只负责提供建议或意见，而不是每件事都替他做主。

5. 拓展交际圈，结交新朋友

当你在朋友之间的关系中寻求某种安全感，那并没有什么错误，但是为了避免你对朋友的过分依赖，你一定要有意识地拓展你的交际圈。当然，拓展自己的交际圈不止是经常这样，你可以偶尔认识一些新朋友。也许，刚开始你会觉得那些新朋友就像是一些入侵者，甚至还会觉得他可能会破坏你与朋友之间的关系。其实，这都是你的一种错觉，并不是新朋友给你带来了一种威胁，而是变化的环境造成了这种不舒服的感觉。

很多人会觉得，每个人的感情总量是有限的，如果你对其他人表现出善意和友好，就会在一定程度上削弱了我们与其他朋友之间的友谊。其实，事实证明恰恰不是这样，新的朋友意味着新的人际关系、新的机会，这是为友谊注入生机，也给我们带来了全新的视角。

朋友借车，如何巧拒绝

每到假期或周末，很多人都愿意在美好的节日出去游玩，比起挤着大巴车出去，人们更愿意选择自驾，因为开着车来一趟自驾，想必一定是最轻松惬意的事情。不过，这对于一些还没买车而又有用车需求的朋友可能会郁闷了："假如要是能够借来一辆车开，就太好了。"于是，这样的人就开始向身边的朋友借车，假如恰好你正好是有车一族，那恭喜你，估计朋友会向你借车了。借车有问题吗？有相关数据显示，超过九成的车主都有过被借车的经历，大部分人是由于顾及情面，勉强将车借出。假如车辆完好地归还给你，那么没有问题，但如果为了避免什么事情，那最好是避免将车借给朋友。

小张听说小文有驾驶证，并将车借给小文，结果小文因酒后驾驶撞上摩托车，造成摩托车主受伤以及另外两辆车严重损坏，而小文竟然弃车而逃。最终，法院审理认为小张听信了小文的一面之词，存在一定的过错，在此事中应承担一定的责任。最终，小张承担该事件超出交强险赔偿30%的赔款，共计5万元。

相同的案例，小张的朋友阿强将自己的车借给没有驾照的朋友使用，结果因朋友操作不当车辆翻了，导致朋友死亡，法院一审判决阿强对朋友的损害应承担60%的赔偿责任，赔付近40万元。

根据《中华人民共和国侵权责任法》第四十九条规定："因租赁、借用等情形机动车所有人与使用人不是同一人时，发生交通事故后属于该机动车一方责任的，由保险公司在机动车强制保险责任限额范围内予以赔

偿。不足部分，由机动车使用人承担赔偿责任；机动车所有人对损害的发生有过错的，应承担相应的赔偿责任。比如，出借车出故障，车主要担责；借给饮酒人，车主要担责；借给无驾照者，车主要担责；搭乘‘顺风车’，出事后车主要担责。”所以，为了避免风险，以及一些不必要的麻烦，车主对朋友借车这件事应当保持非常谨慎的态度。

陆先生是一位广告公司的老板，他在三年前购买了一辆白色雪佛兰轿车自用。前几天，他考虑到自己的车应该年审了，就顺便去车管所办理相关的手续。当时，工作人员告诉陆先生有违章记录，让他先学习几个小时，再缴清违章罚款400元。陆先生感到很奇怪：“我最近这段时间一直在外地谈生意，开车开得十分小心，从来不敢闯红灯超速，怎么可能出现违章呢？”

但是，当陆先生拿到违章单子的时候，他明白了，两张罚款单都是把车借给朋友时造成的，有超速、有逆行。看着违章的时间，他突然明白了，那几天自己根本没用车，而是将车借给一位朋友出去自驾游了。

“都过去很长时间了，我也不好意思向朋友要这罚款，只好吃个哑巴亏。”最后，陆先生只能自己缴了400元罚款，在他看来，钱倒是没什么，只是自己还需要在交警部门学习半天，扣6分，因为借车让这件事变得很麻烦。

车主们都免不了遭遇朋友借车的情况，不借吧，朋友会说你小气；借了吧，又真担心出什么事情。这是大部分车主的心声。不过，面对朋友借车，车主们完全可以委婉表达自己的意见，巧妙拒绝对方。

1. “爱车恕不外借”

机智的车主可以将“车和老婆，恕不外借”的名言贴在车子上，时刻提醒着身边的朋友：我是不会出借爱车的。这样一来，朋友会觉得你肯定不会把车借出来，自然也就不会向你开这个口。这样的拒绝可以起到警示作用，将朋友的“借车”念头扼杀在摇篮里。

2. “我的车子正在保养”

如果有朋友借车，你可以直接回答：“我的车子最近出了点问题，刹车总是不好，正在修理。”或者“我的车子正在保养呢，我这几天都是打车上班的”。一般情况下，朋友不会继续借车，假如朋友依旧想借车，你可以这样说：“车子出现这样的问题已经很久了，今天我正好约了去检修，改天吧，等我把车修好了再借给你行吗。”如此一来，对方会考虑到车子有安全隐患，大部分人就会放弃借车的念头。

3. “我的车险到期了”

在拒绝朋友借车时，你可以说：“保险已经到期，还没来得及去办理呢。”这时车子处于基本没有保险状态，朋友会觉得风险较大，一般不会继续借。或者，你可以说：“我的车只买了交强险，平时只有我一个人开，我对自己的技术还是比较自信的。”这样，朋友就会觉得没希望借车了。

4. “我送你一程吧”

如果是关系十分亲密的朋友，实在没办法拒绝而自己又有时间，你可以建议亲自送对方一程。假如对方有很重要的事情，你可以自己开车，将朋友送到目的地，这样既能体现你很讲义气，又能保证安全，朋友也会对你感激不尽的。

5. “我为你租一辆车吧”

你可以跟朋友说：“现在租车也很方便，你要是嫌麻烦，我可以去给你租一辆车，到时候你直接去取车就可以了。”这样的话无疑就是比较直接的拒绝，朋友听了知道你拒绝的意思已经很明确，自然就不会再提借车的事情。

6. “我的车别人开走了”

假如车子不在身边，朋友来借车，那你可以说：“真不巧，车子被我爸爸开走了，下次你早点跟我说吧！”巧妙地拒绝，还道了一声“下次你早点跟我说”，既不会让自己显得小气，也不会伤了别人的面子。

7. “我老婆不同意”

假如朋友来借车，你可以借用第三方之口将拒绝的话说出口，把事情推给老婆，顺便向朋友诉苦：“我也是没办法啊，谁让我娶了一个这样的老婆呢？”这样的话，相信朋友听了之后会放弃向你借车了，毕竟，谁也

不愿意充当破坏你家庭和谐的“罪人”。

8. “我这车子违章特别多”

出借车辆除了最害怕出事故，其次就是担心违章了。很多车主就经历过，车子还回来，发现有违章记录，假如回头找借车的朋友处理，还显得自己斤斤计较，最后往往只能吃哑巴亏。所以，当朋友借车时，不妨自己先说：“我的车子违章太多了。”说出自己的经历和惨痛的教训，自然会引起借车人的同情心。

拒绝触碰朋友的隐私

有的人认为，既然朋友之间能无话不谈，那么自己对朋友也没有什么好保留的。于是，他们就在聊天的时候，想增加朋友之间的亲密度，把自己的所有隐秘的事情都说给朋友了。其实，即便是最亲密的朋友，也不要凡事都告诉给对方，给自己留有一片自由的空间，毕竟那才是最安全的。在更多时候，正因为朋友之间保留了一部分，才会使彼此的关系更加的稳固，使彼此的交往更加具有吸引力。

我们每一个人，都有自己的隐私和生活圈子，都有一些不为人知的个人经历，难以启齿的话语，这些都是需要我们自己保留的，只铭记于心里，而不可把这些内容作为朋友之间的谈论话题。如果你毫无保留地告诉朋友，只会让朋友觉得“你是个傻瓜”，或者对方根本就对你的这些隐秘的事情不感兴趣。最为关键的一点，那就是万一你的朋友是个当面一套、背后一套的人呢？经过他的嘴巴把你的那些最为隐秘的事情，弄得满城风雨，到时候丢失颜面的只会是自己。而且你在与朋友交往的时候，并不能确保你们之间就能一直维持和谐的关系，不会出现任何矛盾。一旦你们之间有了矛盾，那就会激起对方的报复之心，他可能会把你的那些秘密抖搂出去，等到那时候你已经追悔莫及。

小李个性比较外向，喜欢张扬自己，和关系不错的朋友聊天，聊得愉快了，就喜欢拿来和其他的朋友分享。

当她刚开始踏入社会的时候，进了一家广告策划公司，居然遇到了比自己大一届的学长，虽然在学校都没有见过面，但是相同的专业让他们们觉得很亲切。她与学长特别聊得来，学长为了帮助她尽快进入员工的角色，经常主动关心她的生活，督促她的工作情况。为了提高小李的工作进度，他还经常在下班之后留下来，耐心地为小李讲解那些工作流程，细心地纠正她在工作中出现的错误。可是，当学长偶尔听说，小李把他们的聊天内容说给了其他朋友听后，他便不再和小李聊天，只是偶尔淡淡地问候一声。

直到现在，小李看见学长虽然还能亲切地叫一声，但是总是感觉他们之间的距离越来越远，再也回不到从前。小李很后悔当初自己的行为，没有很好地尊重学长，损害了彼此之间的关系。

我们在与朋友交往的时候，需要表现出对他人的充分尊重。这样的尊重不仅仅是尊重朋友之间的情谊，更重要的是尊重其隐私，无论对方与你谈论了些什么，都要视为是你们之间的秘密，是不可以随便向第三者说的。因为每个人的心灵都是比较脆弱的，有时候你无意间的一句话，无意间表现出来的一个动作都会伤害到对方，进而影响双方之间的关系。

1. 尊重朋友的隐私

朋友之间最重要的就是互相尊重，不仅要尊重朋友，而且要尊重朋友的隐私。即便是你最好的朋友，也会有意无意地伤害到你，因此，朋友之间需要保留自己的那份自由天地，既需要为自己保留，更需要为朋友留有一个自由的空间。

2. 保持朋友之间的弹性美

在日常人际交往中，人与人之间都存在着一定的心理距离，正是有了这样一种距离，才使得我们的人际交往更为顺利。朋友之间也需要保持一定距离，既要有距离也要保持一定的弹性。只有保持朋友之间的这种弹性美，才能使双方之间的友谊会更加的长久。

3. 正视与朋友的关系

如何来保持朋友之间的弹性美呢？这就需要我们从两个方面做起，一方面需要我们正视与朋友之间的关系，真正的朋友既不是施舍，也不是同情，而是一种绝对的信任和真诚；另一方面，我们需要与朋友之间保持一定的距离，不要凡事都干涉对方，不要主观地认为自己永远是对的，每个人都有自己的想法，我们也没有任何权利强求对方按照自己的意图办事。

4. 对朋友也需有礼

朋友之间何谓“保持距离”？简而言之，就是不要太过亲密，不要总是一天到晚在一起。朋友之间的心灵是贴近的，不过身体需要保持距离。而既然保持距离就会产生“礼”，尊重对方，这礼便是防止因对方碰撞而产生伤害的“海绵”。

5. 不可轻易说朋友的不是

有的人自以为与朋友关系亲密，自己说什么对方都不会计较，于是就会当面说出你对他的不满。或许，这个朋友并不如我们想象中那么大度，他很有可能将这件事情怀恨在心，希望寻找机会报复你。所以，在我们向朋友坦言之前，最好认真思考这样做的后果，看看对方是否能接受。

对朋友下逐客令也要充满人情味

下班之后或者在周末，我们本来很希望能够静下心来去读一本书或者泡一杯茶，享受一份清静和幸福。但是，在这个可以自由支配的时间里，会常常遇到一些不速之客的突然到访。这些不请自来的客人走进家门，一般都会坐下来摆出一副长聊的架势，虽然你的心理对他们的到访是非常不欢迎的，但是又怕下逐客令会伤害到双方的感情，因此就采取敷衍的态度，不愿意说出逐客令来，这样就会给对方制造一个假象，觉得孤独的你是十分喜欢和他们聊天的，于是他们就频频地踏入你的家门，和你闲扯一些无聊的话题，从而搞得你疲惫不堪，苦不堪言。

每个人都不可能永远向别人敞开大门，都想给自己留有一定的空间。但是，当一些人不请自来的时候总会使我们觉得很为难，想下逐客令，又怕对方的脸上挂不住；想去陪对方聊一会儿，自己又不愿意。既然这样，就不妨运用高超的语言技巧，用美妙动听的声音，委婉得体的方式，较巧妙地说出你的“逐客令”来，这样，就会在不挫伤对方自尊心的前提下让他知趣地离开，你也能重返清静和悠然的幸福生活。

要将“逐客令”下的有人情味，不妨从以下几点做起：

1. 热情招待的方式

既然客人来了，尽管你的心里有着一百个不情愿，但是也不能表现出冷若冰霜的表情，你可以稍微夸张一下你的热情，用招待“贵宾”的形式来对待这位不速之客：带着笑脸迎进门内，沏上一壶好茶，用瓜子、点心、水果来进行盛情的招待，热情中带些客气，语言中多一些恭维……你的盛情会让喜欢无拘无束的来客感到不大对劲，坐下来几分钟之后就会感到浑身不自在，从而拱手告辞。

2. 委婉的方式

当客人滔滔不绝、没完没了地和你闲扯的时候，你可以用比较委婉的语言来提醒一下对方，告诉他，你并没有多余的时间和他谈天说地。这种方式和开门见山的逐客令相比，更容易让对方接受，从而知趣地离开，从而不再去打扰你。

例如：“明天晚上我要加班加点去写论文，争取能够在这次评职称的时候评上副教授。今天晚上还有一点时间，咱们两个可以好好聊聊。”这句话就很明确地告诉了他：从明天开始您就不要再来打搅我了。

3. 疏导的形式

频频到访不请自来的人大部分都是来闲聊消磨时间的，他们这些人一般都是一些胸无点墨心无大志的人。在这个时候，你不妨给他找点让他有能力去完成的工作或者有兴趣去完成的事情做做。这样的话，他就没有兴趣来找你闲扯了。这种方式，是从根本上解除闲聊者有事无事上门干扰之

苦的方法。

怎样进行疏导呢？其实道理很简单。如果对方是年轻人，你就应该多鼓励一下他说："现在是知识经济的时代，你要趁着如今大好光阴去多读点书，多学一点东西，技多不压身，有了真才实学才能过上好日子，现在你要做的就是要多读书，多学习，打好自己为人处世的基础。"

4. 主动出击的方式

主动出击的方式有两种，第一种是反主为客的方式：即了解了对方一般情况下会在什么时间来到你的家里，然后你就在他将要到访之前的半个小时内主动去"拜访"他。这样你就掌握了交谈的主动权，想什么时候结束谈话，尽由自己来做决定。等你去的次数多了，他就会让你给黏在自己家里，原先每晚必上你家的习惯也就很快改变了。一段时间后，他很有可能不再来了。

第二种方式就是被动地接待别人的到访时，和他闲扯一些其他话题，找出让他无法再来骚扰的方法。比如，李先生经常受到一个光头朋友的打搅，他就在那人来访的时候，故意扯了一些洗发水护发素之类的话题，然后拿出一瓶生发水对来人说："我外出旅游的时候特地买了这一瓶生发水准备送给你。我听别人说，这种药水可以让脑袋重新长出头发来，你先拿回去试试，过上几个月再来找我，看看这种药水的功效到底怎样。"那个人有些不相信地瞪大了眼睛，但是看到李先生十分诚恳的样子，就把药水拿走了。从此之后，很长时间那个光头的朋友都没有再来打搅他。

第十二章

知心爱人：优质的恋情不会因为拒绝而改变

恋爱中，两个人在一起，无论是女方还是男方都应该学会拒绝。有时候，拒绝并非是不领情，而是避免因态度不满意而产生不必要的麻烦。所谓的好感、暧昧是恋爱中的毒瘤，不能因为对方好就接受对方，更不能因为不好意思拒绝而接受。要相信，真正有价值的恋情不会因为拒绝而改变。

拒绝捆绑的爱，多一些爱自己

劳伦斯曾经在《儿子与情人》中说，“爱情应该给人一种自由感，而不是囚禁感。”真正的爱情应该是彼此都应该有着可以自由呼吸的空间，也有人说，最值得称道的爱情就是两个人既可以是共同体，又是能够相互独立的个体。固然，爱情既需要火花的碰撞，也需要有激情的燃烧，但是，如果你将爱的琴弦绷得太紧，那爱势必会在经过浪漫地释放之后走向决裂的坟墓。正如那句名言所说“最容易失去爱的方式就是将爱抓得太紧，而最易于获得爱的方式是给予爱”。爱情就像是一滴晶莹剔透的水珠，你越是想紧紧地握着它，它就会越快地从指缝中流走、蒸发，最终成为让人遗憾地悲哀。像这样的爱情被我们称之为“被束缚的爱”，也有人称之为“被捆绑的爱”，因为爱的太用心，爱进了骨子里，爱过头了，所以，爱就悄无声息地溜走了。但是，如果你能放下束缚的爱，松开自己的双手，让那一滴水珠蔓延在你花样的手纹里，让爱的美丽尽情绽放。

安娜是一个有着宗教信仰的贵族妇女；沃伦斯基，是一个上流社会的花花公子，这是两条原本不可能有交集的平行线，在各自的人生轨道上谱写着各自没有起伏的生活旋律。有一天，因为一个需要转站的火车站，他们相遇并走在了一起。为了爱情，安娜不惜放弃丈夫、儿子、家庭，放弃自己的身份地位，与社会决裂，孤注一掷，把所有的赌注都押在情人对自己所谓的爱情上。除了爱情，她可以说已经一无所有，但她还是很自豪。因为在她眼睛里世界上只有一样东西，那就是沃伦斯基的爱情，只要有了它，她就觉得自己很幸福，很快乐。

她认为她爱沃伦斯基就应该完全占有他，她丝毫也不允许沃伦斯基有自由活动的空间和权利。但沃伦斯基作为一个男人，尤其是从小就出入彼得堡上流社会的花花公子，他不可能满足于二人苦心营造的爱巢而对外

界不闻不问。因为他还有自己的生活和事业，他觉得“我什么都可以为她牺牲，就是不能牺牲我作为男子汉的独立性”。最终，一场爱情悲剧发生了，在假想情敌索罗金娜小姐的攻击下，安娜卧轨自杀。在临死的一刻，她还叨念着“您，您会后悔的”。

安娜的爱情悲剧令人唏嘘叹息，她所一直苦苦追求的爱情不过是一种被束缚的爱情。她已经在追逐的过程中迷失了自我，她放弃了原有的丈夫、儿子、家庭，放弃了自己原有的身份地位，这样的爱情在一开始就注定了面临死亡的结局。因为不懂得爱自己的安娜怎么可能赢得爱情的青睐，她把所有的赌注都押在了没有前景的爱情身上，所以，最终她也输得很惨。安娜由于对爱情的强烈占有欲，将爱情看成她生活的全部，这就是她不懂得要获得爱情首先要自爱的道理，是她的自私捆绑了原本美好的爱情，让这刚刚萌芽的爱情被自己的私欲亲手扼杀掉了。

小丽美丽端庄，在一家公司工作，由于她优秀的表现被老板看重和追求，可是，就在收到老板主动送过来摆放在自己办公桌上的玫瑰花，附着的字条上写着：“可以做我的女朋友吗？”不久小丽就不假思索地将玫瑰花送还给老板，并说：“我们做朋友可以，但很抱歉我不能做你的女朋友，因为我已经有了非常爱我的男朋友了。”当小丽把这样的事情告诉了男朋友之后，男朋友高兴之余还是有了一丝不悦。之后，他就像变了一个人，病态地纠缠着小丽，要求她准时下班，甚至要求她开会时要现场用手机拍照发回给他，身边是男的还是女的，并开始无端地猜忌小丽的升职也许是和老板有着暧昧的关系。后来，男朋友还不惜辞去了工作，专门在家盯着小丽。为此，小丽非常苦恼，没有一刻的自由，背负着这样巨大的精神压力，无奈之下，小丽三次提出和男朋友分手。可是，男朋友一次次哀求，保证下次再也不这样了，可每次都照样如此，还不惜用自杀的方式来挽回小丽的同情。小丽因此也整天痛苦着，自己也不知道该怎么办。

故事中男朋友对小丽的爱，当然是不容置疑的，他刻骨铭心地爱着小丽，小丽也深爱着男朋友。但是，面对这样病态的爱，偏执的爱，失去自由的爱，被束缚的爱，小丽难以接受只有选择分手。即便是小丽一再要求分开，深爱着小丽的男朋友居然想以自杀来引起小丽的关注。如果男朋友懂得自爱，懂得爱人，就不会陷入如此病态的爱恋中不能自拔了。所以，舍弃被束缚的爱情，给爱以自由呼吸的空间，同时也是为了更好地疼爱自己。

1. 束缚的爱很自私

席慕蓉曾这样说过，“忧伤的来源其实是起于丰盈之后的那种空芜。对生命，对内里的激情，我们从来没有人能够得到真正知足。”正是出于对所谓激情的无止境的追求，才让许多人走入了爱的误区，他们害怕自己那眼前的爱只是一种昙花一现的美，对爱情的无休止的渴望，使自己变得越来越自私，爱情被束缚了，对方也不得不反抗了。

2. 束缚的爱最终会失去对方

其实，束缚的爱才是爱情真正的元凶，它不仅会让我们变得自私，也会让我们在爱情的争斗中迷失自我。有的人甚至不惜放低自己的身段，处处提防对方，害怕失去对方，在这一过程中，他早已不懂得如何来爱自己了。

3. 被束缚的不仅仅是爱情，还有两个人的心灵

束缚的爱情，被束缚的不仅仅是爱情本身，还有爱情中的两个人，你已经丧失了爱自己的能力，也让你所爱的人失去了自由的权利。所以，学会放弃束缚的爱情，这也是爱护自己的方式，更可以为你赢得新的爱情。

拒绝暧昧，防止爱情的背叛

不知道从什么时候起，这世界开始流行起了“暧昧的游戏”。这种暧昧，它不牵扯友情，也与爱情无关，只和赤裸裸的金钱有关，且不需要负任何责任。由于这样的游戏既不牵扯灵魂，又可以享受快乐，还为许多人省去了麻烦，所以，它受到了新时代部分男男女女的欢迎。我们生活在一

个素食时代，所生存的空间里到处充斥着暧昧的因子，仿佛随时都可以展开一段暧昧的游戏。于是，有人调侃说，这些多情的男人，浪漫的女人，不安分的心，在暧昧的掩饰下活色生香地演绎着一场又一场心照不宣的激情游戏。那看似不经意的笑容，富有挑逗的眼神，暗示性的语言，既有情调又可调情，让人感受到一种前所未有的愉悦。但是，暧昧真的有那么好吗？再激情的邂逅不过也是一场游戏而已，怎么可能成为真正的生活。

有人把暧昧当作无聊生活的调剂品，也有人把暧昧当作激情的出口，实际上，暧昧是一种最不可靠的情感，也是一场最危险的游戏。也许，在我们的现实生活中到处都弥漫着暧昧的味道，连虚拟的网络也难逃它的肆掠，这种像雾像雨又像风的味道，似乎成为了一种深入人心的东西。其实，爱情已经让我们晕头转向了，更别说暧昧了。所以，还是不要步入暧昧的漩涡，也别痴迷于别人发起的暧昧，要是一不小心陷进去了，最好也能及时清醒快速离开，因为这种无灵无爱的暧昧的游戏，我们都玩不起啊！

阿米大学毕业就面临着四处找工作的压力，仅凭着自己的姿色，她很轻松地进入了一家公司做前台。尽管职位还比较低，但对于阿米来说找到了工作已经是很不容易的了。在阿米刚到公司上班不久就莫名其妙地被调到了经理办公室做秘书，阿米以为是因为自己工作勤奋努力所以才被领导提拔了，她当初觉得很高兴。

她到了经理办公室工作之后，经理就不时地流露出自己超常的关心。一天下班，经理说，晚上我请你吃饭吧，一来庆祝你升职，二来也为我们以后的合作做一个比较深入的了解。面对经理的盛情邀请，阿米受宠若惊，欣然答应了。从此以后，经理还会时不时地送一些礼物给阿米，像名贵的手表、项链、珠宝，阿米也觉得自己很受恩宠，总是来者不拒，欣然接受。两个人逐渐产生了一种暧昧关系，其实，阿米知道经理有老婆了，还有个五岁的儿子，但是，她却不在乎这一切，也爱上了暧昧所带来的激情。阿米觉得这样的日子过得很舒适畅快，可是，有一次她发现自己怀孕了，经过一段时间的相处，她觉得自己对经理有感情了，也想有个家了。可当她把这个消息告诉经理的时候，经理却轻描淡写地说，做掉吧，你应该做好避孕的，怎么能这么大意呢。阿米虽然很伤心，还是去医院做了手术，可是，手术之后阿米就大出血，医生说也许她以后再也不会怀孕了。

经理似乎对医生的结论很满意，高兴地说，这不正好吗，既免去了怀孕的麻烦，正中其不愿负责任的下怀。这时候，阿米才看透了这位经理的丑恶嘴脸，她也终于明白暧昧并不是谁都可以触碰的，至少自己是玩不起这种游戏。

面对暧昧，女人容易心动，男人容易冲动，谁能保证自己不会深陷其中呢？实际上，暧昧本来就是一个危险的游戏，每一个深陷其中的人都不可避免地要为此付出沉重的代价。暧昧之后，留下的是更多的伤害和空虚，你已经不再被爱情所垂青，甚至也会被爱情所遗弃。所以，在爱情的路上，谁能舍弃暧昧的游戏，真诚地面对爱情，谁就能获得爱的体贴与温暖。

1. 暧昧只是一场游戏

记得杨丞琳曾弱弱地唱道："暧昧让人受尽委曲，找不到相爱的证据，何时该前进，何时该放弃，连拥抱都没有勇气……"看来，暧昧不过是一场游戏，不知情的人只得在痛苦与思念中备受折磨，最后不得不在放任自流中失去了自我。有的人虽然进入了"围城"，但还是想激情放纵一回，于是背着另一半玩起了暧昧。既想在对方面前展现出自己良好的爱人形象，还要藏藏掖掖地干着暧昧的勾当，这样的生活不但太累，还要不时地担心那天露出了马脚，这样做不仅使自己受伤害，还会凉了爱人的心。这又是何苦呢？世间游戏千万种，何苦偏偏抓着暧昧不放手呢？

2. 暧昧，玩的就是心跳

也许有人会说，我们可以只暧昧不玩火，一定会掌握好火候。但是，在实际生活中这样可能吗？暧昧就是因为贪婪欲望之门被打开了，如果你真的能够及时收手就不会踏进暧昧的漩涡了。毕竟，暧昧玩的就是心跳，玩的就是刺激，玩的就是新奇，正在暧昧之中的人有几个能及时"悬崖勒马"呢？绝大多数人都是"不见棺材不落泪"，以至于最后落得个赔了夫人又折兵的下场。所以，请远离暧昧游戏，投向爱情的怀抱，因为只有爱情才会给你带来温暖，暧昧所带来的只有伤害。

3. 离暧昧越近，离爱情越远

当你离暧昧越近，爱情就离你越远，因为爱情不是作秀，更不是一种游戏，爱情是需要男女双方都能真诚地付出，彼此包容，进而共同体验爱的真谛。有多少人因为玩暧昧而深陷其中，难以自拔；又有多少人因为玩暧昧丢失了真正的爱情，而追悔莫及。因此，暧昧的游戏，我们都玩不起。如果你还想拥有美丽的爱情，那么就请你拒绝暧昧的游戏，勇敢坚定地投入爱情的怀抱吧！

如何拒绝异性的求爱

每个人都向往着拥有甜蜜的爱情，甚至对之流连忘返。但是，真正的爱情不是随随便便就可以产生的，在我们的爱情之路上，谁都免不了会拒绝一些追求者。当我们面对那份无缘的爱时，应该如何拒绝呢？拒绝别人本来就不是一件容易的事情，特别是当我们拒绝的是对方的爱情时，就是一件难上加难的事了。不管是态度、措辞还是方式，我们都应该认真斟酌、三思而后说，这样才能既巧妙地拒绝了对方的爱意，又不至于使双方关系破裂。不过，假如对方是对自己非常讨厌的人，或是心怀叵测的人，有时直截了当地予以明确肯定地回绝，往往可以减少许多不必要的麻烦。

长相美丽的娟娟爱上了英俊潇洒的小伙子阿强，面对娟娟的倾慕之情，阿强却感觉对方并不是自己喜欢的类型，于是，他直接了当地说：“你这样聪明，又这么漂亮，像你这样人见人爱、花见花开的女孩走到哪里都会有人喜欢。不过我需要向你坦白的是，我已经有了喜欢的人。其实，我也就是一个普普通通的男孩子。我听说，有许多男孩子都正在追求你呢。我相信你一定能够从他们中找到你的如意郎君的。”

俗话说：“落花有意，流水无情。”当你没办法答应对方的爱时，

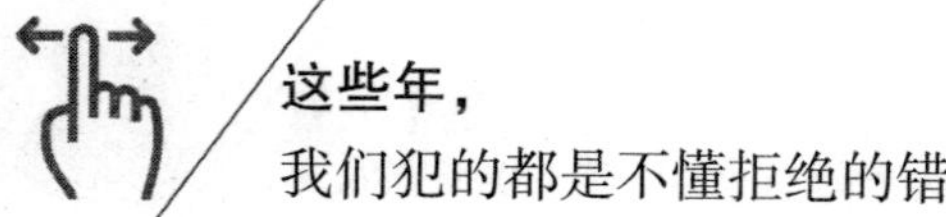

重要的是你应该态度友善诚恳，吐出肺腑之言，让对方从“细微处见真情”。在这个案例中，阿强知道由于自己的魅力深深地吸引着对方，于是反其道而行之，先正面赞美对方的优点，真情实意，善意作答，再说出自己的不足之处，明明白白地回绝对方。

漂亮可爱的娜娜在与小伙子第一次见面之后，就已经产生了拒绝的念头。不过，出乎她的意料之外，第二天这个小伙子竟然找到了娜娜所在的公司，希望能见第二次面。

这时，娜娜只好客气地说：“我现在正忙于公司的事务，确实没有时间，真对不起，你请回吧！”可是，娜娜下班后发现那个小伙子还待在公司的门口，于是就买了一块泡泡糖给他，之后简单地寒暄几句客套话就离开了。娜娜的这个行为，让小伙子开始明白过来了。

原来娜娜是借物喻人，借着泡泡糖容易破碎的特点，来否定这种一厢情愿的爱情。

也有很多人提到，拒绝别人的时候要讲究用词，尤其应该注意维护对方的自尊。张小姐谈起自己找对象时的拒绝经历时，称她会选择跟对方说：“对不起，我们不合适，希望你以后找到更好的女子”。同时，她再三强调，千万不要对别人说“你没房，又没车，长得又难看”之类带有贬损意味的话语。她认为虽然不能接受人家的追求，但是也不应该伤害别人的自尊，因为一个人追求真爱并没有错。

拒绝一个异性的追求，是需要勇气和智慧的，如果过于直接强硬，不讲究说话艺术，往往会令人难堪，甚至恼羞成怒，因爱生恨，是最得不偿失的一件事情。拒绝爱是伤人的，怎样才能合理得当地拒绝一个异性的追求，而不会使对方心生怨恨呢？

拒绝他人要视对方的行为方式、性格特征等不同情况而区别对待：

1. 表示感谢

无论是对方直白地向你表白爱慕之意，还是含蓄的邀你共进晚餐，或者一起去看电影等，无论你决定接受还是拒绝，一定不要忘了要对他表示感谢。因为真诚的感谢，可以放松对方紧绷的心灵，让对方的自尊心不过

于受挫，这样就算被拒绝了，也很少会有死缠烂打或者心生怨恨的。你可以尝试用下列话语来表示善意的拒绝之意。“谢谢你邀请我，但是……”或者“很感激你这么欣赏我，但我……”

2. 用推托表示拒绝

当一个人用比较委婉的方式表示追求之意，比如邀你晚上一起看电影、吃饭、喝咖啡、听歌剧等，这不过是一种初步的试探手段，如果你接受了，在对方心里就意味着可以进一步的追求。这时候直接拒绝未免显得有点着急，对方也会因此过于难堪。最好的方式是设法推托“这段时间太忙了”或者“这部电影是新影片，我也很想看，但是明天的工作更重要，我要提前做些准备工作。”

3. 通过暗示行为或真诚话语来打消对方追求的念头

比如态度冷漠、丢掉追求者送的花或者借口礼物太贵重而退还、包括退还精心写就的情书等，相信所有的绅士都会理解这种暗示，并不会心存怨恨，也许会为你给他留颜面而心存感激。

4. 不做普通朋友

用“普通朋友”或者“小弟弟”这样的借口来拒绝一个人不但会给你带来无尽的烦恼。而且或许还会因心存侥幸而继续纠缠。如果你和他只算得上“认识”，能变成“普通朋友”关系已经进了一步，怎么能奢望与对方有更进一步的发展呢？如果对方和你已经是“朋友”，那么告诉对方“我没有其他的想法”就足够了。否则，在对方的眼里，你可能想把他发展成你的“后备”，有时对方也想伺机行动。

5. 不同人用不同理由拒绝

很多人不会认同某一种拒绝方式，想要对方不再纠缠，就要用对方能够认可的方式来解决。比如，对于那种成功人士，我们可以把他捧得很高，然后表示自己害怕高处不胜寒所以不合适；对于那种喜欢自作多情死缠烂打的男人，最好不要给对方一点机会，即使是对方帮你倒杯水的小机会也要拒绝；对于处处关照你而不善表达的“好男人”，最好的拒绝方式就是告诉他能“帮我参考一下我的新男友吧。”

6. 不要把拒绝对方的话到处说

拒绝了别人之后千万不要再四处宣扬或炫耀，尤其在你们共同的社会圈子里。很多女人出于虚荣总是忍不住向周围人炫耀“这种男人傻不傻，我早就跟他说过这不可能的，他却还是硬缠着我。”“某某昨天跟我告白了，你不知道有多好笑……”这种炫耀之言往往会让对方在难过的同时丢了面子。同样，另外的异性也可能会因害怕伤自尊而不敢追求你。在大庭广众之下拒绝一个人，和炫耀这种拒绝经历一样让人丢面子，因而私下悄悄拒绝往往会有更好的效果。

拒绝凑合过日子，宁缺毋滥

不知道从什么时候开始，婚恋交友这类原本羞涩而隐秘的事情，如今却变得越来越公开和高调了，然而，外表的骚动并没有让多少人找到合适的交往对象。对于剩女而言，她们通常会分为两个阵营：一是因觉得自己年龄大了，不如放低点择偶条件；还有一个阵营就是知道自己是“剩”下来的，但还是不会放低自己心中的择偶条件。前些年，在剩女们嘴里流行着这样一句话叫做“宁缺毋滥。”意思是，宁愿顶着剩女的名号，也不愿意随随便便就找个男人嫁了，这样的婚恋观一直被剩女们坚持着。即便是剩女，也需要姿态高一点，而不是随便找个男人，凑合过日子。

一些剩女内心有种恐慌，一旦自己过了25岁，就好像真的被剩下了一样，她就觉得自己的择偶范围一下子变得狭窄了，有人给介绍的就是已经接近三十岁左右的异性，如果自己年龄再大一点，是不是有人就得给自己介绍离婚男了呢？好像自己真的到了没人要的地步，在这样的极度恐慌中，她们竟像到菜市场买菜一般，不挑选，就随便找了男人凑合过日子。这样的女人就是将自己的标准放低了，从而局限了自己，而这样随意寻找的对象组成一个家庭，是很难得到幸福的。

小慧有一段长达五年的感情经历，这其中经过了许多曲曲折折，最后两人还是走到了分手的地步。可是，等小慧结束这段感情的时候，她已经28岁了，以身边同龄女性的生活现状比较，她已经是大龄剩女了。

父母催得很，朋友经常询问自己的感情状况，这让小慧自己也承受了很大的压力，好像成为剩女是自己犯了多大的错误一样。同时，她觉得自己现在已经28岁了，又经历了那么长的一段感情，自然觉得有些自卑。有朋友给她介绍年龄相近的，小慧都是婉言谢绝，她担心别人不接受自己。这样又拖了一年，小慧已经快接近三十岁了，这时她才真的着急了起来。

自己不可能就这样单身一辈子，人总是要结婚的，不如早点找个人结了吧。然而，对她而言，想结婚也是不容易的，因为她发现到了自己这样的年龄，竟有不少人给自己介绍的都是离婚男人，有的还带着孩子，那表示自己真的贬值了吗？小慧慌了，她觉得自己如果再拖下去，那肯定会越来越糟了。于是，在一次相亲之后，小慧就匆匆忙忙地与对方举办了婚礼，顺利地将自己嫁了出去。

谁知，结婚不到一年，两人的感情就出现了问题。由于婚前的感情基础很薄弱，两人经常会发生争执，一吵架就会说到离婚。小慧疲惫了，结果结婚刚九个月就办了离婚手续，现在的小慧又成了单身，她吸取了此次闪婚的教训，决定不再随便将自己的幸福交出去，而是需要慎重对待，也不会再勉强自己。

目前，中国适婚未婚的单身人群已有1. 6亿人，被婚恋困扰人群已达2. 8亿人。调查显示，相对经济窘迫的剩男，剩女则多为高智商、高学历、高收入的“白骨精”，在经历过刚被叫做“剩女”时的急躁和担忧之后，现在有许多大龄剩女却有着一种前所未有的坦然和平静。

1. 绝不因“剩”而降低自己的择偶标准

一位30岁的高级白领说：“我未来的丈夫要有梁朝伟的外貌和蔡康永的口才，要能够顾及到用削苹果、剥虾壳这类小事来照顾我，不一定要有肌肉，但要热爱运动，要有学问，最好能对某种东西有深度的研究以便让我产生较为持久的崇拜感。另外，我以为好男人还要适当有点坏。”尽管她还没遇到过这样的男性，但她并没打算放低自己的择偶标准。因为站得比较高，所以她们并没有想勉强自己，从而降低自己的择偶标准。如今的剩女更加注重婚姻质量以及自己在家庭中的地位，她们之所以有能力徘徊在婚姻的围城之外，这与她们已经摆脱了对男性的经济依附并使与此产生的婚姻需求有着极为密切的联系。

2. 宁缺毋滥，不要委屈自己

不管你是因为什么原因剩下来的，都不应该怀疑自己的价值和魅力，不要因为年纪大了就委屈自己随便找个男人嫁了，也不要因为自己过去经历不堪就担心别人看不起自己。即便自己已进入剩女这个行列，也需要坚持宁缺毋滥，不要委屈自己。毕竟结婚是一辈子的事情，选错了那就会耽误一辈子。对待择偶，需要慎重又慎重，站高一点，而不能仅仅为结婚而结婚。

男人拒绝当“靶子”，比较就是贬低他

在女人无数的语言中，男人最怕的就是说自己没能力，而最不喜欢的方式就是女人变相地说自己没能力。而女人总是在犯这样的错误，她们爱说攀比的话，比如邻居家的孩子成绩真好，哪像我家里的那个，尽调皮，一点也不听话”；“连过去最不起眼的同学都买车了，我却还是最原始的交通工具”；“朋友们都买了新房子，我还住在小胡同里，真是憋屈啊”；攀比心理就像一条毒蛇，专门啃噬人的心灵，当女人发现在某方面别人有你所没有，别人能你所不能，通过一番比较之后，就有了攀比的心。

女人天生爱攀比，当孩子时比容貌，恋爱时比老公，结婚后比孩子，但这样做，难道不累吗？女人的攀比心理往往源于内心对别人的嫉妒，当然，攀比也分为主动和被动的。主动的攀比就是自寻烦恼，目的就是为了

显示自己的优越，以获得自己心灵的某种满足感；被动的攀比则是狼狈不堪的，无比的懊恼，整天都在为别人有而自己没有的东西而烦心，并以此获取生活下去的某些精神动力。在攀比过程中，不论是令自己骄傲的，还是令自己悲伤的事物，她们都喜欢一股脑儿朝着身边的男人发泄抱怨。比如，看了别人隆重的婚礼，她自己也想把婚礼办得隆重一些；看见别人的手机、照相机、电脑、摄像机，就决心要比别人买更好的。当然，女人的这种攀比与虚荣心本来并不是多大的错误，只是在更多的时候，影响到身边的男人，尤其是那些攀比的语言，会令男人轻视自己，并因此使其产生自卑心理。

安安在公司里待了一两年了，不过，她仍是原地踏步，眼看与自己同进公司的同事都升职加薪了，但自己还是原地不动，不禁悲从心中来。但如果你仔细观察她日常的言行，发现她总是热衷于攀比，几乎每天回家，她都在抱怨："我可比不了同事们啊，也难怪我依然还是一名普通的员工，小王是总经理的表弟，小张的老婆跟主任沾亲带故，他们可都是有家底的人啊，我哪能跟他们比呢，看来我只能安心地在这个位置上待着了，哪里也去不了……"每当她开始抱怨的时候，老公就赶紧躲进书房，免得惹火上身。

这天，安安又在家里抱怨了："我最好的朋友雯雯也成了总经理助理了，这可怎么办呢，她的命可真好，能得到总经理的青睐。"老公坐在一旁看报纸，没好气地说："不是我说你，你天天都在攀比什么呀，你瞧你，什么都不干，一心只想着升职加薪，那肯定是不现实的，你羡慕她们，嫉妒她们，为什么不能变得跟她们一样努力呢？你现在的状态让我觉得既可怜又可悲！真是，女人的虚荣心、攀比心真是太可怕了。"

当你不断地在男人面前说着攀比的话，他听得多了，也就会反感的。虽然，你只是抱怨自己的生活不如意，但男人总觉得你是在变相地说他没能力让你过好日子呢。而且，男人最讨厌的就是过于物质的女人，再想想你常常在他面前的抱怨，他自然会轻视你，看不起你。

在攀比心理的引导下，女人们逐渐走向一条不归路，总是顺不了攀比的这口气，结果无形之中给男人以很大的压力。因为男人的责任在于，给予所爱的女人以幸福，但如果这个女人总是抱怨自己生活得并不如意，总是羡慕别人的生活，这时男人就会怀疑自己的能力，同时，他们也会轻视这种爱攀比的女人。

1. 知足常乐

女人要有一种知足常乐的心态，有爱自己的男人，有可爱的女儿，这就已经是一个温馨的家，有了这一切，还有什么不能满足的呢？对于男方的事业与工作，要多鼓励，多赞赏，即便是遇到看到更成功的男人，也不要存在攀比的心理，而是要经常用你的语言肯定自己老公做出的成绩，维护家庭的和谐。

2. 自得其乐

《论语》里有“见善如不及，见不善如探汤”、“见贤思齐，见不贤而内自省也”的古语。我们需要攀比，但反对一切超过自身现实的盲目攀比。我们不攀比奢华，不攀比安乐，不攀比享受，不攀比金钱和权力……比较本身也是一种与时俱进的精神，更是一种锐意进取的精神。女人何不心宽体健一些，自得其乐，努力使自己做得更好，做到让别人望其项背呢？

第十三章

同事相处：不要做费力却不讨好的好好先生

合理拒绝是一门艺术，它最核心的原则就是不管用什么样的方法，一定要让对方感受到你的真诚和善意，从而取得对方的理解和共识。一般情况下，先不要急于表达，应当认真地提问和倾听可以帮助自己理解对方为什么要这样做，自己也不会马上产生不良情绪，然后再适时说出自己的推脱之意。

做好分内工作，拒绝同事不合理的请求

在职场生活中，有时候真正身不由己，经常会遇到同事要求自己帮忙做一些其他事情。假如自己从来对同事都比较热情，一般情况下都不好意思拒绝同事，那时间久了，同事所提的要求会越来越不合理，越来越多，自己则可能会陷入越帮越忙的难堪境地。通常情况下，如果我们是对同事的不合理请求来者不拒，即便是牺牲了自己的工作也在所不惜的人，都是内心比较脆弱的老好人，他们在拒绝他人不合理要求方面存在着心理障碍。常常不好意思拒绝他人，因为他们担心伤害别人的面子，只好自己硬着头皮上。同时，他们觉得自己无原则地帮助别人是对的，是可以体现自己价值的行为。但是，他们往往忘记了，自己的时间和精力都是有限的。事实上，我们在职场中，只有尽全力将自己的分内工作做好，才能够真正体现出自我价值。

露露曾经是一家文化传媒公司的文员，平时自己手头的工作就比较繁杂，她还经常应同事要求做其他事。每当同事提出需要帮忙，露露总是来者不拒，一概答应，即便放下自己手头的工作，她也要先把别人的事情做好。尽管她自己累点，但总算赢得了同事的好评。

后来，行政部准备在员工中提拔一位经理，在公司工作多年的露露觉得自己应该很有晋升机会，毕竟过去自己长时间热心为同事服务，在公司真的是“鞠躬尽瘁，死而后已”了，如果自己这次不能如愿提拔，那可真是太不公平了。没想到，最后却是一位平时只愿意做好自己工作但从来都不愿帮别人的同事晋升了。露露怎么也想不通，她跑去问人事部主任，主任当即说：“管理层在讨论晋升人选的时候，也确实考虑过你，不过，大家都说你虽然很喜欢帮同事，但自己分内的工作却没有做得十分出彩，无法让大家看到你在业务技能和管理能力上的表现，同时也担心像你这样不懂得拒绝别人的请求，喜欢做老好人，可能会在管理岗位上疲于应付，很

难坚持自己的原则，所以……”

这件事使露露得到了很大的教训，她终于明白了：职场如战场，必须要拿出自己的真本事，拿出自己的工作业绩才行。只有努力拓展出属于自己的一片职业新天地，立足本职精益求精，富有创新精神，才能得到领导的认可。如果自己仅仅是做一个老好人，那是完全无法真正体现自己价值的。

许多职场中人都有跟露露一样的经历，他们越帮越忙不说，还越帮越烦恼。同事的事情倒是解决了，但却耽误了自己的本职工作。甚至，有时候帮同事做了半天的事情，末了还是不讨好，连句“谢谢”都听不到，好像自己做事情是理所应当，要帮就必须要帮好，否则自己就不够义气。如此这般的老好人，内心的苦闷又该向谁诉说呢？

快下班的时候小王接到了同事小张的电话，对方很着急地请求小王再给他帮个忙，写个新方案给客户，他说客户已经催了他好多次了，而他确实顾不上，因为小张最近忙着谈恋爱的关系，小王常常帮小张写方案。

最近步入爱河的小张是小王在公司里关系比较要好的同事之一，以前他们常常会在下班后相约一起打球、吃饭。当初，小王挺欣赏小张的洒脱和率真，所以在一个月前当小张一脸兴奋地告诉小王自己谈恋爱的时候，小王几乎是毫不犹豫地答应帮他写方案，以此给小张留出更多的时间去谈恋爱。

但是一个月下来，小王发现自己越来越不开心，他发现自己已经开始讨厌总是替他做事。但是，应该如何拒绝呢？小王觉得拒绝的话实在很难说出口，作为好朋友是应当互相帮助，他想到如果自己开口拒绝，会不会失去这个朋友呢？

在案例中，如果小王愿意帮助小张的时候，他可以去帮助他；假如小王内心不愿意再帮助小张的时候，他就可以用这样一个简单的方法来拒绝小张：先了解清楚情况，试着理解对方，再告诉他自己的想法，同样也需要得到对方的理解和帮助。在拒绝同事的时候，能够表达友好和善意是我们拒绝同事时最重要的原则，它可以帮助我们建立更理想和和谐的人际关系，在这样的前提下，我们也可以使用其他的方法，比如找一些小借口，

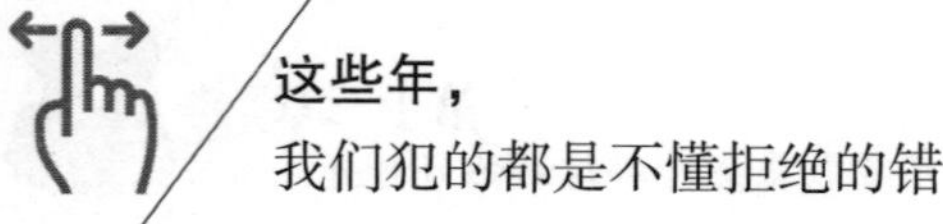

就可以很好地拒绝同事，并做到不影响正常的人际交往。

办公室里的同事，需要相互帮忙的事情比较多，当然，在我们力所能及的情况下，帮助同事是很有必要的，毕竟这样做可以给我们带来很多的好处，比如建立和谐的人际关系以及提高工作效率。不过，在职场工作中，也往往会有同事提出一些不合理的要求，这时我们应该怎么办呢？我们经常不愿意拒绝别人的要求，因为我们担心失去与他们良好的人际关系，所以在面对同事的不合理要求时，我们会常常感到十分为难。

其实，当我们没有学会理智地拒绝别人的时候，尽管有时候表面上是我们答应了对方的要求，但实际上，在我们内心深处却真正积压着许多怨气，这会让我们感到不愉快，并且终究有一天会影响我们与其他人的交往。所以，理智拒绝同事，学会积极的沟通技巧，学会合理地表达自己的真实感受，这对我们来说是非常重要的。

1. 做好心理建设

每个人都应该知道自己拥有拒绝别人的权利，然后找一个可以轻松说话的地方，并把握好说话的时机。之后要考虑清楚拒绝对方要求中的哪个部分，而且要预先准备好可以明确传达出“这个事情我没办法帮你，但假如改成……我就可以帮上忙”的信息。

2. 在“行”与“不行”之间找出路

遇上同事请求帮助的时候，自己觉得只能接受或拒绝，没有转换余地，也是导致人们很难拒绝的原因之一。其实，只要把拒绝别人的请托当成是在跟对方交流，就比较能够打破心理障碍，也没有那么难开口了。

3. 拒绝前先感谢

拒绝别人的说法也有一套固定模式可循：先以感谢的口吻开始，谢谢对方提出邀请；然后以缓冲句“不好意思”、“遗憾”接续，让对方做好了被拒绝的心理准备；接下来说出理由，并加上明确的拒绝语：“因为那天临时有事了，所以没办法出席。”

4. 拒绝后表达歉意

如果婉拒比较无关紧要的邀约（如应酬）时，只要说今天不方便就

好；但如果要拒绝额外的工作，就必须说出自己今晚无法加班的具体理由。最后不忘加上道歉语，以及希望保持关系的结尾："真的很抱歉，如果下次还有机会，我一定乐意参加。"

5. 电话拒绝要格外温和

由于电话沟通看不到说话者的表情和动作，有时就算我们说话客气，对方还是会觉得你的态度强硬，所以讲电话的时候要有缓冲句，尽可能体谅对方的心情。E-mail则是连声音的抑扬顿挫都没有，容易给人以公事公办的感觉，所以要尽量增加些感性的词汇。

6. 正面朝向对方，放松眉头

通常，我们说话的姿势、表情、音调也会给人以不同的感觉并给对方留下第一印象，拒绝别人时要尽量正面朝向对方，侧身容易给人留下警戒心强的感觉。蹙眉也会给人较负面的印象。我们应该尽量有意识地舒缓眉头，以接近微笑的温和表情讲话最恰当。

下班后的自由空间，拒绝同事邀请

在平常的职场工作中，为了维持良好的人际关系，人们总免不了要学会忍耐，不过有时候我们由于担心拒绝同事邀请，会伤害同事之间的人际关系，而不好意思拒绝同事，从而导致自己身心疲惫。对此，心理专家指出，不会拒绝别人反映的是现代职场中的人际关系，尤其是现代的都市白领，这往往是由于职场人际关系中出现的心理障碍所造成的。由于现代职场人际关系往往比较淡漠，所以人们对这种关系充满着忧虑和担心，很害怕因为拒绝，自己会被当作与同事格格不入的另类。所以，他们面对同事的邀请，哪怕自己心里不喜欢也要硬着头皮参加。我们要知道，这种违背自己意愿的行为方式往往会产生恰恰相反的效果。

25岁的王小姐做文员已经6年，进这家公司也有3年了，半年前来到现

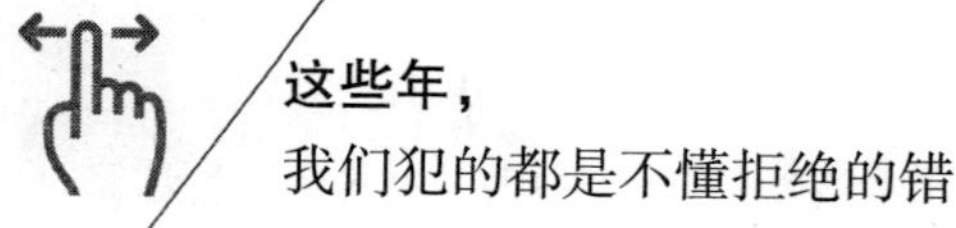

在所在的销售部。这个部门一共有20几名工作人员，男女人数相当，销售员全是男性，行政人员则是清一色的女性。

王小姐平时上白班，每天工作8小时，一周工作5天。由于有早晚班之分，她一般都是中午12点或晚上6点两个时间点下班。王小姐的爱好比较广泛，比如，唱歌、看电影、插花等。而下班后，她通常习惯回家吃饭、看书、上网、陪家人，偶尔也跟同事吃饭、唱歌。

而公司的同事则喜欢下班后聚在一起打麻将，一般他们都有固定的几个牌友。“三个月前的一天，她们三缺一，我看实在找不到人，就跟她们打了一次。”王小姐说，她其实心里比较讨厌打牌，也不怎么会打，“没想到有了这第一次，她们每次打牌都非得喊我。”

渐渐地，一遇到同事下班约她打牌，王小姐心里就有点难受，本来就不太会拒绝人的她也曾说过“不想去”，但在同事的软磨硬泡下，每次到最后都得被迫陪打。同事们“游说”的那些话，王小姐随口就能背出几句，“哎呀，就是几个同事要一会儿，没有多大的输赢，就是消磨时间而已。”“去嘛，你看我们三缺一，心里好受啊？”……

于是，三个月下来，王小姐每个月不得不陪同事打三四次麻将。本来就不太会打牌的她“很受伤”——基本上每次打牌都会输掉100元以上。9月份还没完，就已经打了3次，输了800多元了！前天，同事又与她约好了下一场牌局，对此，王小姐表示很烦恼。

对王小姐而言，下班被迫打麻将给她带来的困扰远不止输点钱那么简单。王小姐说：“本来这个月，我要准备一个公司的活动PPT，就是因为她们总是约我打麻将，害得我不能按时完成任务，被老板狠批了一顿。”尽管是被迫打牌，王小姐也怕自己因此上瘾，所以心理压力一直比较大，她说：“每次打牌的那段时间，每天晚上睡觉都梦见自己打牌，弄得自己的精神状态极差，甚至处于崩溃的边缘。”

当提及同事为何选她打牌而不是别人的时候，王小姐会说：“可能她们一是知道我不大会拒绝人，几句话一说心里就动摇了；二是知道我打牌打得不好，性格又比较大方爽快，觉得在我身上人赢钱比较容易，他们也

比较容易占到便宜。”

对于案例中王小姐的情况，我们应当首先要学会自我调整、自我放松，通过各种方式宣泄自己压抑的精神情绪；其次制定与自己能力相适应、较一致的目标，搞清楚生活与工作的界限；再次要妥善处理人际关系，正确区别周围朋友，分清谁是工作上的朋友、谁是生活中的朋友；最后要尊重自己的兴趣爱好，增强自我控制能力，能够坦然地对自己不喜欢的事情说“不”，把握好说话尺度，有选择性地合理地拒绝。

在逢年过节的时候，免不了会遇到同事邀请自己去他们家做客的情况，也有邀请过去一起喝酒吃饭的情况。其实这本来是件不错的事情，但是，有时候因为一些自己客观的原因，你不愿意去或者实在去不了，那我们应当怎样拒绝同事呢？

1. 不能随便找个借口

如果我们是真的不想去，不过当同事邀请你的时候，不论对方是否真心邀请你，你绝对不要随便找一个借口拒绝对方。如果你随便找一个敷衍的理由，比如没时间，那同事肯定会问你为什么没时间，倘若我们的借口找的比较好还行，若是吞吞吐吐，那对方会怎样看你呢？

2. 明确说明原因

假如我们与同事关系比较好，因为自己真的有事情，我们拒绝了，对方是会理解的。不过，并非所有的人都能理解你，当我们决定向同事坦言自己实在无法去的时候，试着考虑一下双方之间的关系。如果我们觉得对方无法理解，就没有必要坦白说明，应当找一个合适的理由。

3. 尽量不以身体不适为借口

在拒绝同事邀请的时候，身体不适确实也是一个很不错的借口。不过遇到同事邀请你的时候，使用这样的借口还是要适时而行，倘若使用的次数多了，对方肯定会产生一些别的想法。比如“他是不是看不起我呢”。

4. “我已经有约了”

如果我们真的不想去，那可以说“我已经有约了”，或者说“我打算去拜访伯父，正准备出门呢”，用此类的话来婉拒同事。当然，如果我们与同事之间关系很好的话，在使用这种方法拒绝时一定要注意，自己好像真的要出门去这样才能让同事相信。

5. 拒绝后有所补偿

职场是一门很大的学问，同事有时会邀请你去他们家里做客，如果你因为一些原因拒绝了，那同事有可能会感到一定的失望、沮丧。假如你真的是因为个人问题拒绝了对方，那在拒绝后应该找个机会给予对方补偿，比如请他吃饭，或者适当为他准备一些小礼物。

6. 如果同事已经来接你了，那尽量不要拒绝

有一些拒绝，实在是个人或者别的原因导致的。不过，当同事已经亲自登门来接你的时候，尽量不要拒绝对方。因为毕竟，对方已经将姿态放到最低程度了，那就不要再拒绝了，除你真的有很重要的事情要处理外。

做好本职工作，拒绝触碰同事的隐私

每个国家都有一定范围内的疆域和领土，这是其他国家不得侵犯的领地，也是本国赖以生存的领地。同国家的疆域和领土一样，对我们每一个人来说，也应当有属于自己的一块领地。每个人的领地都埋藏了一些秘密，他们也只有在自己的领地上才能放松，因而我们在与同事相处的时候，就应该保持一定的距离，不得随便进入他人的领地。

每个人在人际交往中，都有着一种强烈的自我保护意识，保护着自己那块领地。而对于存在着利益关系的同事之间，这样一种保护意识会更加的强烈。因为，在同事之间通常不存在能真心交谈的朋友，只是存在着志同道合的革命同志。谁也不能向自己的竞争对手亮出自己的底牌，或是全面地展示自己，他们总会坚守着自己那片领地。而人与人之间的交往却是建立在互相尊重的前提之上，这就需要我们在与同事相处时，也应该学会尊重对方，不要随便就进入他人的领地。

小李原本是一个性格十分开朗的女生，她刚进新公司没有多久，就赢得了同事们的好评。一天，她与同事下班回家，偶然看见上司的车里坐着与自己一起进公司的新秘书丽丽。她不禁有点好奇，还凑上前去打了个招呼："嗨，去哪里玩啊？"丽丽有点支支吾吾，含糊其辞地说道："我要回家呢，正好与老板顺路，他载我一程。"小李笑了笑，就与同事回家了。

第二天，小李就急不可耐地在办公室大声公布了她的"新发现"，当她和同事正在那里大声讨论着的时候，丽丽拿着文件夹进来，正好听到了，她脸色变得很难看，把文件扔给小李就离开了。小李显得有点不知所措，两天以后，上司把她叫到办公室，提醒她以后在上班时间少说与工作无关的事情。小李闷闷不乐地回到工作的地方，更让她伤心的事，没有一个人过来安慰她。

在同一家公司上班，每个人都应该尊重他人的隐私，稍有不慎，就会因为祸从口出而付出很大的代价。这就需要我们在办公室里，要随时注意自己的一言一行，一举一动，千万不要随意揭露他人的隐私或伤疤。

一般而言，我们在与同事相处的时候，都需要与对方保持一定的距离。这样的距离不仅仅是指人与人之间的心理距离，还包括工作目的与职权的界定距离。所以，我们在工作中，不要随意进入别人的私人领地，也不应该对别人的隐私进行大肆的宣扬和传播。

1. 不要进入同事的秘密领地

每个人都有自己的秘密和隐私，在一个文明的办公室，我们都应当尊重别人的秘密领地。如果你喜欢窥探别人的秘密，那会被认为是一种个人素质低下缺乏修养的行为。当然，我们不可否认，每个人都有一定的好奇心。有的人还喜欢传播一些别人的私人话题。但是，如果你发现自己对别人的隐私开始感兴趣，那么你就应当进行好好的反思了。

2. 守住同事的秘密

其实，很多情况都是在无意之间发生的，比如你偶然间发现了同事的某些奇怪行为，在聊天时你会无意间告诉了别人，这样一传十，十传百，弄得整个办公室人尽皆知。其实，你这样的无意识行为既容易造成对同事

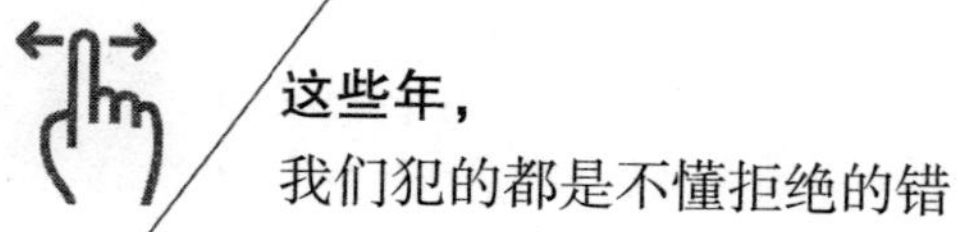

的伤害，又会使其他同事对你有了防备之心。所以，与同事和睦相处，就需要与之保持一定的距离，时时处处尊重对方的隐私，不要随便进入对方的领地。

3. 不要介入同事的工作目的与职权

每个同事都有自己的工作目的与相应职权，很多人对自己工作领地有着强烈的保护意识。这样一种自我保护意识一般体现为，他只会坚持自己的想法，不会轻易接受别人的建议，也不希望你随便询问他的工作进度。其实，对于每个人而言，他们都对自己的工作领域有种强烈的控制感，他介意其他人对他工作专业有任何的意见，他们做事我行我素，独来独往，如果你随口问一句“工作进展得怎么样了？”他就可能会觉得你是在干预他的工作。

因此，如果不是因为工作方面的需要，你千万不要随意介入对方的工作目的与职权范围内。不要自以为是地给对方一些建议，也不要随便问任何关于对方工作的情况，因为你的无意之言只会让他对你产生敌意的态度。如果你确实是工作需要，与其和谐共事，首先任务就是与该同事做尽可能完整详细的沟通。

总而言之，对于我们每一个人来说，都不想让自己的领地被他人侵犯。一旦他对你有这样一种想法，那就会对你采取不合作的态度。与其让自己在职场中多一个敌人，还不如保持距离，真诚相待，使自己在职场中多一个可以信赖的人。

功劳自己占，拒绝别有用心的抢功同事

在我们的身边，总是会有一些想“坐收渔翁之利”的人。当你用了两天时间写出的一份企划案，或者由于自己勤奋工作为公司赢得了很大的荣誉时，对方却想设法把这份功劳占为己有。这样的人就是我们在职场上

经常遇到的想“争功”的人，他们有可能会是我们亲近的同事，基于某种嫉妒心，他也有可能成为我们的竞争对手，基于某种虚荣心，他们也想争功。其实，不管那些与我们“争功”的人是出于一种什么心理，我们都需要去认真应对，不能随他而去，这样无疑是我们失去了立场，以后他可能还会继续占有你的功劳。

当我们在遭遇争功的同事时，自然会产生一种愤愤不平的情绪，简直就是忍无可忍。其实，在这种情况下，任何负面的情绪都不能解决任何问题，而是应该采用积极的正面应对的方式。怎么来解决这样的情况呢？怎样追回属于自己的功劳？那才是值得我们思考的问题。下面我们简单地介绍几种方法，或许会对你有所帮助。

1. 先赞赏争功者，再重申功劳是自己的

当面对争功者，你不妨先巧妙地赞赏一下对方的行为，你还可以再一次对抢你功劳的同事的能力和想法进行赞赏，使他有一种处于一种忘乎所以的境地。然后，你再不失时机是指出：“想起我们当初一起决定做这个企划案计划的时候，你的见解就是独一无二的，我很佩服你，总是对事情有你自己独到的见解。”

那么，对方在面对你的夸奖时，也会客气地说：“其实也有你的一份功劳。”其实，我们在与对方进行语言交流的时候，要着眼于事情积极的一面，也许你的这位同事也是为了把工作做得更好，而并不是故意想把你的功劳占为己有。如果你觉得这个方法比较适合运用的话，就需要及时地采取行动。应该在上司还不知道具体情况时就把属于自己的功劳争取过来，如果等到对方已经把你的想法散布出去，并开始具体实施的时候，那么就会增加操作的难度了。

2. 用书面报告报告上司，同时给你同事发短信

面对争功的同事，你完全可以为自己争取回属于自己的那份功劳。为了向上级领导澄清事情的真相，你可以在写一份书面报告递给上司的同时，也给予你争功的同事发一封短信。当然，你在写给上司的书面报告中，绝不能有任何的负面情绪，你只需要把事情的真相原原本本地叙述出

来，切忌为了报复对方而编造出一些损害对方形象的事情来。而你在给同事的短信中，也不要让对方产生任何不快的情绪。你发短信的目的也就是为了委婉地提醒一下对方，那个想法是自己当初随便提出的，没有想到你却能够如此灵活地运用，居然得到了上司的认可。你可以在短信的交流中，说清楚一些有关你们之间谈论该计划的日期、标题，这样可以更为有效地让对方回忆起当时的真实情况。

假如到最后对方还是没有想起来，或者故意对你支支吾吾模棱两可，那么你可以建议对方进行一次面对面的交流。这样可以再有一次机会委婉地强调一下自己的意思，明确指出“那个主意是自己想出来的，功劳自然不会完全属于你”。假如对方真的把你的功劳忘记了，想把功劳归属于自己，而你的上司又不了解真相，那么这个方法一定能为你争取自己的功劳起一定作用。

3. 以退为进，退出争夺之战

倘若你继续与对方争执下去，不仅会付出大量的精力和时间，而且还会使自己疲惫不堪，甚至还会引起你们的上司的反感。他会觉得你们是在作无谓之争，希望你们能把自己的时间投入到更加实际的工作中去。在这样的情况下，你选择退出争夺之战显然是明智的举动，也是最佳办法。你就不妨让对方暂时得了这份功劳，等到有机会，再拿出自己的真才实学与对方一较高下，到时候，上司就会看清楚谁的能力更优秀，而谁又只会争夺他人的功劳。要明白在任何时候，时间会为我们证明一切的。

收敛锋芒，拒绝自以为是

在办公室里，每个人都想表现得聪明一点，似乎只有这样才能凸显自己的价值。事实上，许多人都想错了，如果我们自己表现得太过聪明了，太过优秀了，处处给人一种了不起的印象，最后往往会成为同事争相

排挤的对象，而那些看起来傻头傻脑，说话做事都笨笨的人，却成为了同事们喜欢的对象，这是为什么呢？办公室本就是充满是非的地方，要想在这里获得一片属于自己的天地，我们就必须努力融入这个圈子，懂得藏锋，隐藏起自己的优势，适当地暴露自己的一些缺点，以此来消除同事的心理戒备，这样，才能逐渐赢得同事的认可。在工作中，同事会不自觉地把你当成一个竞争对手，倘若你处处表现得很优秀，锋芒毕露，他自然会感觉到你对他们的威胁感，无形之中，你就渐渐成为了他们讨厌的人了。所以，与同事相处，不宜表现得过于优秀，即使你有天大的本领，也要懂得内敛，相反，为了打消同事心中的顾虑，不妨适当表现得谦虚一些，说话千万不要自以为是，盛气凌人，结果常常是聪明反被聪明误。

学校组织召开新学期教研会议时，头发花白的李老师就发牢骚了：“为什么老是安排我们老教师带普通班，年轻的老师带尖子班？你们是看不起我们吗？如果看不起就直接叫我们下岗算了，还留我们干嘛！”坐在旁边的年轻老师沉默了，小王老师作为主任主持这次会议的，他也低下头，默默地听着。李老师继续倚老卖老地说：“你们这些年轻人、毛头小子，别看不起我们这些老家伙！别以为你们文凭高，什么重点大学研究生的！我们在讲台上吐的口水都比你们多！二十年前，我们就站在讲台上教书了！说说看，二十年前你干什么呐！”“二十年前我只读小学。”小王老师只能如实回答。

等李老师牢骚发完了，小王老师才说：“这是上头领导这么安排的我也只能这么做，不过以后在工作中若有什么疑问，我们肯定会请教和尊重老前辈们意见的。”就这样散会了，后来，小王老师在那些老教师面前，就像个什么都不懂的小学生一样，故意暴露自己的一些不足，处处向老教师请教。而且无论做什么都积极维护老教师的意见。对于他们言语犀利的牢骚，小王老师从不反驳和嘲笑。久而久之，老教师们也就不再有什么意见了。

再后来，小王老师被调到更好的学校了。教研组的老教师们居然都

舍不得他走，李老师还颇有歉意说以前的牢骚很对不起他。新上任的主任恰巧也是个年轻的老师，见此就询问如何处理好与资深老同事的关系。小王老师就说：“不要表现得太优秀，凡事装得笨一点，那你就一定会受欢迎的。”

在上面这个故事中，我们不难看出小王老师为人处世的智慧，也许，在众多资历深的老同事面前，小王老师不过是个小字辈。他明白，自己的工作要想做好，就必须要抓住这些老同事的心。于是，他扮演了一个不起眼的角色，在老同事面前适当表现了“愚笨”的缺点，以此打消了老同事心中的顾虑，以诚恳的态度赢得了老同事的尊重，从而与他们建立了和谐的人际关系。

1. 收敛锋芒

当今社会，竞争日益激烈，每个人的智力也得到了空前的释放和开发。在工作中，在办公室，人们争先恐后地表现自己，梦想着出人头地、出类拔萃，做出一番大事业。其实，如果你显山露水，争着炫耀自己，使出浑身解数来却成为同事妒羡的对象，当你的虚荣心不断膨胀的时候，你离失败也就越来越近了，这就是锋芒毕露的下场。所以，无论你是职场新人，还是已经在职场混迹了多年的老同事，都不要太过于展现自己的锋芒，而应该懂得藏其锋芒，表现得愚笨一点，或者，适时表现出自己的不足，只有这样，你才能真正地融入办公室这个大家庭，也才能吸引同事的心。

2. 大智若愚

在日常工作中，即使你真的才智出众，也要给人一副“愚笨”的印象，不要过于炫耀自己，取大舍小。由于厚积薄发才可以宁静而致远，山间小溪虽然看似貌不惊人，最后却能融入大海。在同事面前不要显露自己的过去，不要一味地向同事夸耀自己，抬高自己，在他们面前扮演一个小角色，不抱怨，专心做好自己，争取在不显山不露水的工作过程中获得成功。

拒绝“宫斗”，远离虚伪同事

在我们身边大都存在着很多虚伪的同事，他们往往表面对你表示出友好的态度，但是背后却说我们的坏话，甚至还使计策陷害我们。当我们与这样的人相处的时候，一定要多加小心，以免被他蒙骗了。当然，在我们的工作中，什么样的人都可能遇到，但只要暂时伤害不到自己的利益，那么与其相处还是可以的，因为毕竟每个人除了缺点还有优点。当然，如果有可能，还是尽量避免与那些虚伪的同事打交道。

小丁是一家公司的普通职员，这些天她心情很不好，因为自己遇上的主管是一位喜欢对下属指手画脚的人，他希望所有的事情都要按照自己的意志进行。这让小丁感觉到自己就像一个牵线木偶，一举一动都直接被人操纵。

当时，小丁与主管的秘书关系还算不错，有一次吃饭两人聊得很好。小丁就以为遇到了知音，把自己所有的苦恼一股脑儿说给对方。她还心存幻想，希望主管的秘书能将自己的苦恼反映给主管。

结果第二天，也不知道主管的秘书说了些什么，当主管见到小丁的时候，脸色更难看，嗓门也更大了。小丁想着自己当时还把那秘书当作知心朋友，原来她是一个如此虚伪的人，她既愤怒又后悔。

虚伪的同事一般都带着假面具与你交往，他们不会在你面前轻易暴露真实的自己。所以，在更多时候是需要我们做好自己本职的工作，而只需要小心提防对方就可以了。如果对方是一个虚伪的人，你需要做好的就是自己，与他保持一种若即若离的关系，你也没有必要揭开他虚伪的面具。因为你们毕竟只是一种利益上的同事关系，而且为了工作还得继续合作下去，就没有必要去追究对方虚伪与否，只要暂时没有伤害到自己的个人利益，自己完全可以保持一种顺其自然的心态。

1. 不要和他们说真心话

面对那种虚伪的同事，千万不要说出你们的真心话，或者随意向对方吐露一些你的秘密、隐私。因为那些虚伪的人往往都戴着假面具，他们可能会在赢得了你的好感之后，获取你的秘密、隐私，并将那些作为他在其他同事面前的谈资。因此，对待那些虚伪的同事，只需要随便敷衍几句即可，而不应该把对方当作真心朋友那样无话不谈。

2. 不要在他面前抱怨其他的同事

当你们和虚伪同事在聊天时，千万不可因为自己内心情绪不好就在他面前抱怨其他的同事。如果他知道了你对某位同事有不满的情绪，他就会有私下的小动作。他们有可能会把你所抱怨的那些再添油加醋地告诉对方，使你们之间的关系更加地疏远；他们也有可能在公司同事面前，假意站在你这边，“帮着”你说那位同事的不是，并且还会把你对那位同事的抱怨说出来，到时候，不仅仅是那位同事，也会使你自己陷入了尴尬的窘境。

3. 保持自己的风格，不要过于迁就他人

有时候，虚伪的同事会对你进行甜言蜜语的攻势，并且请求你帮助什么，这时候，你一定要保持自己的做事风格，不能害怕得罪他就迁就他。当然，一般不要直接拒绝他，因为得罪一个虚伪的同事也不是一件好事，但是一味地迁就也更不是上策，这会使对方感觉找到了你的软肋。最佳的办法，就是进行巧妙地拒绝，既不伤害彼此的和气，也能使对方明白你真的是有难处，进而理解你。

4. 谨言慎行，做好自己的本职工作

那些虚伪的人都善于观察身边的人，洞察他人的心思，所以，你在日常交往中千万不要小看了他们的能力。而自己更要谨言慎行，做好自己的本职工作，千万不要试图揭穿他们，因为这样只会让他们抓住你的把柄，或者揪住你的小辫子。俗话说：“身正不怕影子斜。”只要你的言行举止没有一丝的漏洞，他就拿你没办法。

5. 与他们沟通要有防备之心

俗话说：“防人之心不可无。”而特别是面对那些虚伪的人，一定要

认真地提防。无论说话做事都要果断，自己的事情自己做主，至于对方给你的建议或者答案只能作为参考，要按照自己的想法作出决定。有时候，假如你轻易地相信了他人所说的话，就有可能中了他的圈套，使自己陷入一个困难的境地。

总而言之，你在与那些虚伪的人打交道时一定要小心，以防自己上当受骗。其实，从某种角度上说，和虚伪的人一起共事并不是一件多么坏的事。因为你可以从他们身上学到很多，比如善于观察，善于总结，善于洞察人心，与那些虚伪的人相处可以让我们变得更加老练，更加成熟。有的同事值得你真诚地对他，有的只是一般同事或是只能算个表面朋友，所以虚伪只是做给那些需要对其虚伪的人的，真心朋友面前则不需要。

第十四章

领导下属：你不懂“拒绝”，他就得寸进尺

在日常生活中，每个人都会不可避免地遇到一些需要拒绝的人或事。面对他人提出的不合理、不合适的要求或者自己不愿意去做的事情时，我们要善于说“不”，这虽然是对他人意愿或行为的一种否定，但却很好地达到了艺术拒绝的目的，又不会使对方产生不快的情绪。巧妙的拒绝是一门语言的艺术，更能直接体现出一个人的智慧。

拒绝下属时，给予肯定及安慰

在日常工作中，最让领导头疼的是面对下属提出的一些无法及时满足的要求，诸如加薪、升职、福利，等等。当尽心尽职的下属提出这样的要求，作为领导者该怎么办呢？要么欣然答应，双方皆大欢喜。但你可能还在为公司正面临利润滑坡、预算紧缩而头疼，如果就这样答应了对方的请求，你又拿什么去兑现呢？在这种情况下，大多数上司都会拒绝其要求。当然，没有哪位下属喜欢被拒绝，被拒绝意味着自己的意愿或行为无法实现，这对于每个人来说都是难以接受的。所以作为领导者，在拒绝下属的时候，不要急切、直接地表达出自己的立场和观点，而是应该掌握必要的沟通技巧，做到既不伤害对方自尊心，又能婉转地拒绝他人，尽量降低由拒绝产生的不良影响。

通常情况下，一个人在被他人拒绝的时候，他的心里会由于太高的期望与预期的失望形成心理上的落差，在那时候，他心中的失望情绪是难以言表的。领导者如果是一个高明的拒绝者，就应该处理好拒绝后的善后工作，也就是针对其心理落差给予一定的理解与安慰，降低拒绝带来的负面效应，减轻其心里的失望情绪，使被拒绝者在遭受拒绝后依然能保持愉快的心情。当然，像这样的善后工作肯定非领导者莫属，毕竟，一旦拒绝引起了下属的不良情绪，在后面的工作中，或许你将多了一个头疼的下属。所以，为了减低拒绝带来的负面效应，领导者在拒绝下属的时候，应及时给予其理解与安慰。

章经理经过慎重考虑，最近决定给刚刚聘请的广告策划员小王1. 5万元的年薪，不过，小王的要求是1. 8万元。在章经理看来，应当拒绝小王的高薪要求，虽然，“1. 5万元”这个薪金数不高，章经理认为小王会接受下来的，唯一担心的是怕这个问题处理不好，会影响他的积极性、创造性。老

成持重的章经理想出了一个妙法，他对小王说：“鉴于咱们公司目前的实际情况，只能付给你1万元的年薪。”稍一停顿，章经理接着说：“不过1万5千元也可以考虑，你认为怎么样？”小王一听“1万元”，就有点儿不乐意，“期望值”也随之降低了，当听到“1万5千元”时，心里就有点儿转变了。他爽快地说：“我听经理您的。”章经理说：“1万5千元相对于公司的其他人员来说，已经很高了。实话对你说，我这个做经理的对此也犹豫不决啊，不过，只要我们齐心协力，顽强拼搏，就是砸锅卖铁，我也要把这1万5千元钱发到你的手上。”小王心里感动得热乎乎的，竟然忘记了之前自己期望的薪酬是1. 8万元。

本来，小王之前所提出的薪酬是1. 8万元，而章经理考虑到公司的现状，只能对这样的要求进行拒绝，在拒绝的时候，他因为担心自己太过直接而影响到下属的积极性、创造性。于是，为了达到巧妙拒绝的目的，章经理故意减低了自己所报出的薪酬，先使小王感到失望，紧接着面露难色表示说“1万5千元也可以考虑，你认为怎样？”这时，小王心里就有点高兴了，欣然接受了章经理提出的要求。在适时的情况下，章经理还及时对小王给予了理解与安慰，让小王心里感受到温暖。

一个人在遭受拒绝的时候，他所希望得到的是一定的理解与肯定，这样会让他觉得自己即使被拒绝了也没有什么。比如，领导者拒绝了下属的升职要求，应及时给予其肯定与安慰：“小李，这次的名额就这么有限，我也已经给你想了办法，但你也知道，最近人事部门变动大，其实，我很欣赏你的工作能力，过一个月有个员工培训计划，我会向上面推荐你的，你好好干吧，公司是不会亏待你的”，如此一说，下属的心里肯定暖融融的，之前被拒绝的失望情绪也消失得无影无踪。

那么，在实际工作中，作为领导者，我们该如何拒绝下属的请求呢？

1. 委婉地拒绝

当我们开始说“不”的时候，态度必须是委婉而又坚定的。委婉地拒绝比直接说“不”更容易让人接受。比如，当下属提出的要求明显不符合公司部门规定的时候，你可以委婉地告诉对方你的权限，明确自己真的是爱莫能助，如果耽误了工作，会给公司与自己带来麻烦。

2. 拒绝之前先倾听

下属向你提出要求时，他们心中通常也会有些困扰或担忧，所以，你在拒绝之前应该先倾听。让对方把需要与处境讲得清楚一些，你也才能知道自己该如何帮他，而且，倾听能让对方产生被尊重的感觉。当你在婉转地拒绝时，也能够避免伤害到对方。

3. 表现出自己的关怀

有时候，你可以在表达拒绝时提出一些可替代性的建议，最好在隔一段时间主动去关心对方的情况，比如，你可以问“上次你的那件事情办好了吗”，这样会使对方觉得虽然你这次没有给予帮助，但你随时都在关心他的状况，他也会因此感激你的。

4. 有耐心

在拒绝过程中，除了要有一些沟通技巧，还需要有发自内心的耐性。如果你表现得很淡漠或者敷衍了事，对方会觉得你是个不够诚恳的人，这样也会影响你的人际关系。

拒绝领导时，诉说自己的难处

一般情况下，人们对于自己所提出的要求，总是念念不忘，假如提出的要求长时间没有得到回应，人们就会认为自己没能受到重视。突然，他们心中的那种反感、不满情绪就会由此加深。相反，作为被要求者，即使不能答应对方的要求，也可以做做样子，适时说出自己的难处，那提出要求的人不仅不会抱怨，反而还会心存感激，甚至，他们或许会主动放弃那些让你为难的要求。

在实际工作中，免不了会遇到需要拒绝上司的时候，有可能是工作任务，也有可能是一些无理的要求，这时，高明的拒绝方式应该是说出自

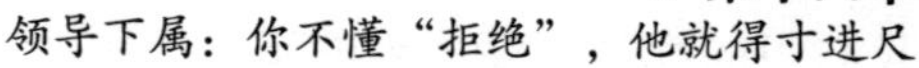

己的难处，让上司与你感同身受，让他明白自己实在是无能为力，而不是故意拒绝的。如此的拒绝方式，不仅能够很好地遵从自己的意愿，而且，也会使对方感到心存愧疚，让他觉得自己是在强人所难，于是，自然而然地，他就会主动放弃自己原来所提出的要求。

老王是某汽车销售公司的业务员，深得公司领导的赏识。因此，领导对老王提出了硬性的要求：“老王啊，你的业绩一直不错，我希望你每个月能保持二十辆左右的销售量，你能做到吗？”面对上司提出的要求，老王哪敢说“不”呢，只好点点头。

但是，最近车市行情不好，老王估计自己这个月只能卖出十辆车，于是，老王先歉意地对领导说：“由于银根紧缩，市场萧条，最近汽车销售量急剧下降了，前天我对一个顾客说了半天，没想到对方连一个字都没说，现在跑起业务来，也难啊。”领导关心地问道：“我知道最近销售量不高，那你估计这个月能卖出多少辆呢？”老王面有难色地说：“我估计这个月顶多卖出五辆车。”领导听了虽然有点失望，但还是点点头，表示很赞同他的看法。没想到一个月过去之后，老王居然卖出了十二辆汽车，公司领导大大地夸奖了他一番，老王也相应得到了公司的奖励。

老王在拒绝上司所提出的“每月卖出二十辆左右的汽车”的要求时，他并没有直接拒绝，而是说到了最近汽车市场的低迷情况，以此获得了领导的理解。当然，他说的情况领导都很了解，这时，领导心中的期望值已经降低了。等领导再问“估计能卖出多少辆”的时候，老王只是保守地报了一个数字“大约五辆”，这时，领导并没有表现出多大的失望，而是表示赞同其看法。因为在领导看来，老王已经尽力了，能卖出这么多，那也是尽其所能了。

在某些时候，需要拒绝上司提出的要求，对我们而言确实有不可言说的难处。这时，就不妨坦率地告诉上司自己的艰难处境，毕竟上司的心也是肉长的，他听了下属的难处，自然会明白其中的真意，等他理解了、体谅了，他就会主动放弃自己的要求，与此同时，他心中也不会产生不快的情绪。

早上，李经理来到年轻的王主任的办公桌前，笑着问道：“小王，在忙啊？”王主任心中一动，心想肯定是经理要找自己去帮忙做事了，这个李经理总是利用工作时间吩咐下属去帮他做一些私人事情，以前自己总是不知道该如何拒绝，这可怎么办呢?

想了想，王主任回答说：“是啊，李经理您看，这一摞文件，全是今天需要整理出来的，本来今天是我老婆生日，但为了工作，估计晚饭都不能回家吃了，刚才老婆还打电话抱怨我呢。”说完，停了会儿，王主任主动问：“经理，有什么事情吗？”李经理有些不好意思地说：“本来我打算请你帮我做件事情的，可看到你这样忙，我也不好意思了，你先忙吧，也别搞得太晚了，还是尽早回家跟老婆吃饭吧。”王主任笑了笑，没说话。

王主任早就猜到了李经理需要自己帮忙，于是，还没等李经理正式提出要求，王主任就表示自己今天真的很忙，连老婆过生日也不能陪了，难道自己还有多余的时间来帮你做事吗？这样一说，李经理也感觉到小王确实很有难处，连他自己也觉得不好意思了，当然那种被拒绝的不快之感早就被淹没在内疚之中了。

那么，在现实工作中，面对上司的要求，下属究竟如何拒绝呢?

1. 尽可能说出自己的难处

任何一个无情的上司在听到下属的难处的时候，他们一般都会不由自主地产生同情心，他们会想“原来他已经很忙了，我怎么还好麻烦他呢”、“他确实有难处，对我提出的要求难以办到，这也不能怪他”。在这样的心理作用下，即使你拒绝了上司的要求，但他还是会以理解、体谅的心理对你，自然而然，也就不会再强求于你。

2. 适时让上司“感同身受”

如果你拒绝的那些话，恰好能够说到上司的心里，那就更能让上司产生“感同身受”的共鸣。比如，你对上司说“您也知道，我最近都在忙那个企划案，几乎每天晚上都加班工作到两三点，我想我暂时是没有多余的时间来做其他的事情了”。如此一说，上司看到下属这样拼命，还会说什么呢，只会送上赞美之词，而全然忘记了自己所提出的要求。

3. 说“不”理所当然

在日常工作中，我们经常所遇到的就是上司所提出的要求时，有可能正好是在你忙得焦头烂额的时候，麻烦你倒杯茶；也有可能是在你下班回家的时候，邀请你一起喝酒；还有可能是将一件棘手的工作交到你手里。虽然，作为下属，无论是从哪方面来说，都需要服从上司的旨意，但是，在有些时候，也需要对上司说“不”。

4. 诉说自己的难处

当然，在拒绝上司的时候，切勿泄露自己的主观心理，诸如自己根本不愿意去干这样的事情，或者，我只是随便找个借口拒绝。而是需要尽量地诉说出自己的难处：“真的有事，走不开”、“对于这件事，我真的无能为力，我已经做了很大的努力了，但还是没有办法完成”、“我这个周末的行程已经排得很满，你也知道的，那个工作计划我必须要在下周一赶出来，否则又得耽误大家的工作了”。如此种种的理由，定会令上司觉得你是真的有难处，在心理上，他就会理解你，那么，他自然不会再强求于你，甚至，还会赞赏你的这种行为呢。

恭维策略，对下属同样适用

心理学家认为：“人类本质中最殷切的需求就是：渴望被肯定。”在日常生活中，被人恭维是一件令人高兴的事情，恰如其分的赞美，能使人感受到人与人间的理解和温馨，能够打动他人，并能有效地增进赞美者与被赞美者之间的心灵交流。事实上，恭维的心理策略也能够适用于拒绝他人之时，以恭维带来的心理满足弥补其被拒绝的失落心理。一般情况下，一个人在遭受拒绝之后，心里会产生不快之感，这时，如果你能说几句恭维的话，可能会适时填补其心理落差，让对方在不知不觉间忘记了自己曾被拒绝的事实。在实际工作中，上司对于下属或其他人提出的要求时，应多采用恭维的策略，巧妙地拒绝他人，以达到最佳的拒绝效果。

有人说：“世界上最华丽的语言就是对他人的赞美。”大量事实也证明，适度的赞美不但可以拉近人与人之间的距离，更能够打开一个人的心房。事实上，在人们遭受拒绝的时候，他们最希望听到的则是对自己的赞美之语。有时候，对方心中产生不快之感，并非是完全因为我们拒绝对方，而更多的是由于我们拒绝的语言和方式损害了他做人的尊严，从而引起其心中的不快和对立情绪。因此，作为领导者，在拒绝他人的时候，一方面要委婉艺术地表达自己的拒绝之意，另一方面则需要说几句赞美的话，尽量减低拒绝带来的负面效应。比如，在办公室里，你在拒绝他人请求时，只是说“我很忙”，很可能会被人误解为“那个人不爱帮助别人”，所以，在拒绝别人的时候，需要先说一些好话，即恭维话或赞美的话，以此来安慰对方被拒绝的心理失落感，这样，也会尽快地使得对方忘记被拒绝的不快之感。

成功大师戴尔·卡耐基曾经做过二流推销员，那确实是一段难忘的经历。当初，卡耐基对发动机、车油和部件设计之类的机械知识毫无兴趣，知之甚少。这样一来，他完全无法掌控自己所推销产品的实质内容。

有一次，店里来了一个顾客，卡耐基立即走上去向他推销货车，不过，他说的话却连货车的边都沾不上。顾客觉得卡耐基真是一个疯子，这时，老板气愤地走过来，大声吼道：“戴尔，你是在卖货车还是在演说呢？告诉你，明天再卖不出去东西，我会让你滚蛋。”面对老板的逐客令，这下，卡耐基着急了，如果丢失了这份工作，意味着自己将无法生存了。

于是，卡耐基立即说：“老板，你是最仁慈的老板了，有了你，我才吃上了面包。你放心，为了你让我可以吃上面包，我也会好好干的，而且，瞧你今天穿得多精神啊，相信你今天的生意会一帆风顺的。”被恭维了几句，老板的气也消了，也再没说过解雇卡耐基的事情了。

老板之前已经对卡耐基下了逐客令，明确表示“明天再卖不出去东西，我会让你滚蛋”，这下，卡耐基真的着急了，而脱口而出的恭维话恰好救了

他，他立即说：“老板，你是最仁慈的老板了，因为有了你，我才吃上了面包。你放心，为了你让我可以吃上面包，我也会好好干的，而且，瞧你今天穿得多精神啊，相信你今天的生意一定会一帆风顺的。”如此几句恭维话一说，其实就从侧面地“拒绝”了老板的逐客令，而老板在听了那么几句恭维话之后，早已经忘记了之前自己对卡耐基所提出的要求。

在办公室里，人际关系本来就复杂，难以捉摸。有时候，我们会发现那两个谈笑风生的人其实早已积怨颇深，如此的人际关系让人猜不透、摸不清。但是，其中最简单的道理却是每个人都希望自己能得到他人的肯定与欣赏，在工作中也都希望获得别人的理解和支持。所以，作为领导者，要学会理解他人，把握好处理事情的分寸，特别是在不能答应对方请求的时候，应好话好说，表达自己的肯定之意。

中午，下属小李走进了经理的办公室，一进门，小李就愁眉苦脸地请求说：“经理，有件事我想麻烦您给我解释一下？”经理虽看了看手上还没完成的工作，但还是笑着说：“什么事情啊？小李。”小李拿出了自己上星期写的企划案，问道：“经理，这是我之前写的企划案，可是，您老是说案子不够新颖，我想问一下，到底在哪些地方应该改进呢？”经理拿过企划案看了看，接着小李的话题回答说：“其实，说到新颖呢，我这个老家伙肯定比不上你们年轻人，你们年轻人，脑筋转得快，能想到的方法也多，我是比不上你们啦，说句你们比较流行的话，我已经out了，看来这个忙我是帮不上了，你自己多想想，相信你肯定能想出很好的主意，我期待看你的新案子。”小李听到了经理的赞赏，心里很高兴，当即表示：“好的，我也相信自己一定能想出更好的主意来，谢谢您，经理。”经理挥了挥手，小李兴高采烈地拿着企划案走出了办公室。

本来，下属请求领导帮忙，却被领导拒绝，这本来是一件十分令人难受的事情。但是，由于经理在拒绝之前对下属说了几句赞美的话，肯定了下属的工作能力，这样一来，即使下属的请求最后被拒绝了，但他心里还是热乎乎的，这就是一种在拒绝他人之时常用的恭维策略。

在实际拒绝他人的时候，应当如何恰当使用“恭维策略”呢？

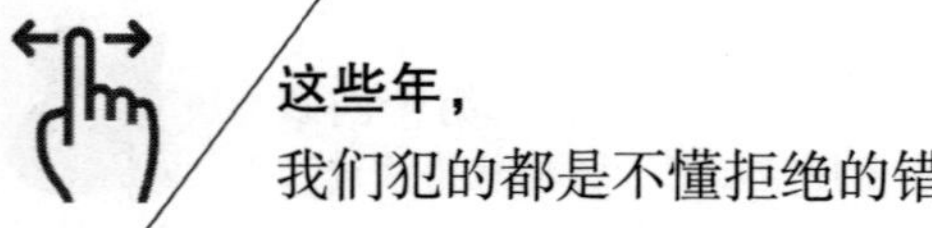

1. 肯定其办事的能力

人们之所以要请求别人帮忙，肯定是怀疑自己难以胜任，或者说没有能力去做这件事。这时，如果你想拒绝对方的要求，就应该先肯定其办事的能力。比如说，“其实，这件事你自己去办完全是可以的，我绝对相信你的能力，换做是我，可就没那么大把握了”、“你有这个本事，就不要犹豫了，我相信你能行”。

2. 赞美其优点

当一个人提出的某些请求被拒绝的时候，不妨先转移话题赞美其优点，填补其失望之后的失落心理。比如“实在不好意思，这事我实在是帮不了你，不过，我挺看好你的，你做事一向认真，这可是值得我钦佩的地方”，既然由于拒绝伤了对方的自尊心，相应地，就应该说几句好话，赞美几句，以此减少拒绝带来的不良影响。

拒绝领导要以和为贵

拒绝是一种艺术，既能巧妙如意地达到拒绝的目的，又不至于让领导心里产生不良的情绪，这才是高明之举。当领导对你有所求而你却办不到时，你只能不得不说“不”，当然，拒绝并不是以伤害他人为目的，而是以和为贵，应当尽可能地在不影响上下级关系的前提之下进行的，说得更直接一点，是在有效地维护领导面子基础上进行的。虽然拒绝是很难堪的，但在不得已的时候还是得用到拒绝，事实上，只要你能够恰当地运用拒绝的艺术，它最终带来的并不是尴尬而是和谐。在日常工作中，对于领导提出的不合理请求，许多人都不懂得该怎样去拒绝，往往会因为情面等方面的问题而违心地说“是”。其实，这样对双方都不好，事情办不好可能会给对方造成一定的损失，而自己也会给领导留下不良的印象。当然，没有人喜欢被拒绝，所以，在工作中拒绝不要急切、直接地表达出自己的

立场与观点。我们应该掌握必要的沟通技巧，做到既不伤领导面子，又能婉转地拒绝他人，尽量减少由于拒绝产生的负面效应。

快要下班的时候，经理叫住刚要出门的小东，吩咐道：“小东，先别走，客户刚打了电话，说晚一点会过来看样品，这个客户很重要，你先等在办公室接待一下。”小东有些不耐烦地对经理说：“怎么又是我啊，每次遇到这种事情都来找我，经理啊，下班了，我也想多有一点自己的私人时间，你看我都三十岁了，连个女朋友都留不住，她跟我分手的原因就是因为我太忙了，我就请你高抬贵手，放过我这一次吧。”经理脸色有些阴沉，但还是轻轻说道：“毕竟，关于样品的介绍，还是你比较熟悉一点，你做的这份工作就是这样，而不应该把自己女朋友走了的事情跟工作扯上关系。”

见总经理还是要求自己去做，小东索性也冷着一张脸，说：“总经理，反正我今天有事情，我真的做不了，你要怎么惩罚我都行，我走了。”说完，头也不回地走了，只剩下总经理在那里张口结舌地呆站着。

案例中，小东的拒绝没有策略，即使他是真的有事情，也不应该用这样的口气与领导说话。这样的拒绝方式，不但不会得到领导体谅，反而会责怪你不服从命令。对每一位领导来说，需要管理的是整个公司，并不只是某一个人，维持自己的权威性对管理者来说十分重要。

张经理总是喜欢给小李布置很多的工作任务，这天张经理又在增加小李工作量的时候，小李鼓足了勇气说：“我手里有三个大的项目，十个小的项目，我担心时间实在安排不过来。”张经理一听，脸色马上变了，说道：“可是，这个项目只有你去做我才放心啊。”小李只好无奈地表示：“那好吧，我赶一赶。”说完这句话，小李就有点后悔了。

看到张经理的脸色，一个大胆的念头在小李脑海中诞生了：“不过，要按时保质保量完成，我需要几个帮手。”小李轻描淡写地说，张经理有些惊讶，但马上笑着说：“那我考虑一下。”原来，小李是这样想的，如果张经理答应给自己派个助手，那就相当于变相给自己晋升，而且自己的工作也就分担出去了；如果不答应，那他也不好再给自己布置工作任务了。

果然，张经理不但没有再增加新的工作量，而且还经常跑过来关心小李的工作情况。

在这个案例中，小李的拒绝方式是成功的，向领导表述自己的难处，受到了领导的理解，当然，小李在拒绝过程中，也很好地照顾到了领导的面子，从而促进了上下级之间的和谐关系。比如张经理在遭受小李的拒绝之后，他并没有对小李产生反感的情绪，反而经常询问其相关的工作情况。

1. 不要立即拒绝

在拒绝领导时，我们应做到“以和为贵”，当领导对你提出要求的时候，不要急着拒绝。当即拒绝，会让领导觉得你是一个冷漠无情的人，甚至可能觉得你对他有某种成见；如果你正在气头上，领导提出了一些要求，你也不能气愤地拒绝“我不做”。

2. 不要轻易拒绝

对于领导所提出的要求，不要轻易地拒绝，有时候领导之所以对你有那么多的要求，那也许是对你的一种重视；不要傲慢地拒绝，在拒绝领导的时候，切勿盛气凌人，即便你不愿意去做，也需要保持平心静气的态度。

3. 注意自己的言辞

这就需要你在拒绝他人时要特别注意自己的言辞，选择一个合适的场合，用和善的语调与其交谈，这让领导感受到你的尊重，感觉到你是在为维护他的权威和形象，他就会觉得你是一位善解人意的员工，同时会对你产生一种好感。千万不要用一些不友善的语气跟领导说话，这样只会引起争吵，而通常争吵的结果大都是自己被迫降职、走人或者从此就再没有好日子过。

如何回绝领导轮番敬酒

在实际工作中，对于下属而言，交往是必不可少的，而交际又离不开应酬。在现在这个社会，应酬自然少不了酒宴，喝酒已经成为了下属不可回避的问题，尤其是面对领导敬酒的时候。一般来说，当领导向自己热情

敬酒的时候，作为被敬酒的一方，应当保持这样的礼仪：不躲不藏，不要把酒杯翻过来，或将他人所敬的酒悄悄泼在地上，敬酒的时候，应该上身挺直，双腿站稳，用双手举起酒杯，待对方饮酒时，再跟着喝，敬酒的态度要热情而大方。但是，“喝酒伤身”这是每个人都知晓的道理，如果身体欠佳，而又面对领导热情的轮番敬酒的时候，这时，该怎样回绝呢？高明的回绝方法是既拒了酒又不得罪敬酒劝酒的领导，而且还能够获得领导的同情与认可，这才是拒酒的最高境界。

酒桌是一个常见的交际场所，而且，这个场所十分考验人。作为下属，若是你不能喝酒，那么，最好学会拒酒。既然自己的酒量不能让同桌的人愉快，那就凭着那三寸不烂之舌让领导们开心。这样一来，你既不会伤了自己的身体，又不会使劝酒者扫兴。

酒桌上，几个领导都喝高了，在那里玩着轮番敬酒的游戏，小张已经感觉到自己也不行了，再喝下去胃肯定出血。但是，领导们似乎并没到停手的时候，这时，销售部的张经理又开始敬酒了，小张挡住酒杯：“我可真不行了，再喝，我的胃就要出血了。”不料，张经理却说：“喝！感情铁，喝出血！宁伤身体，不伤感情！宁把肠胃喝个洞，也不让感情裂个缝！”

一听领导说出如此不理智的话，小张笑了，他清楚今天可真要把这酒给拒了，他回答说：“我们要理性消费，理性喝酒。‘留一半清醒，留一半醉，至少在梦里有你追随’，我是身体和感情都不愿伤害的人。没有身体，就不能体现感情；没有感情，岂不是行尸走肉！为了不伤感情，我喝；为了不伤身体，我喝一点儿。”喝得半醉半醒的领导们听到这话，马上竖起了大拇指，大笑着说：“不愧是小张，我的好兄弟，说得好，干了这杯酒，咱们马上撤退回家。”

通常情况下，领导在敬酒时都会说一些敬酒的话，这时，不妨巧地妙顺着领导的敬酒辞表达自己拒酒的话，以此达到拒酒的目的。有些人拒酒很有一套，遇到熟人硬劝，他就嬉皮笑脸，让劝酒的人别客气；碰到陌生人敬酒，他就说自己酒量不行。这样一来，基本上能蒙混过一次算一次。

1. 拒领导之酒是一种学问

在酒桌上，如何敬酒劝酒是一门学问，而与之相反的拒酒也是一门学问。虽然，在喝酒之前总是提醒自己“喝酒伤身，上个月才刚做了手术，还是少喝点”，但一进入了酒场，领导轮番的敬酒劝酒很快就让自己招架不住了，根本不知道该怎样拒酒。

2. 赢得领导的体谅

从社交的角度来说，领导敬酒应该算是好事情，作为下属应该先干为敬，但现实情况却是，如果自己真的身体虚弱，喝酒多了肯定会伤身。因此，面对酒桌上热情似火的领导，下属应该想好拒绝的说辞，比如“我一会儿要开车，不能喝酒”、“我上个月才刚做了手术，你不想我第二次进医院吧”、“我的胃一直不好，喝了酒就会出血”、“我对酒精过敏”、“我前阵子生病了，正在吃药，医生不让喝酒”，等等，这些都是比较常见的理由，而这一切都是为了拒酒，希望领导能体谅自己的难处。

3. 硬拒和软拒

当然，说到拒酒，又可分为硬拒和软拒：硬拒就是直接、不留余地的拒绝，比如“我不喝酒”；软拒就是不伤和气地拒酒，比如“不好意思，我一会儿还得开车回家，还真得不能喝”。实际上，对待领导的轮番敬酒，我们还真得学会“软拒”，而不是硬拒。

如何应对领导的性骚扰

在工作中，尤其是年轻貌美的女下属，很容易受到领导的骚扰，这时作为下属应该怎样巧妙应对呢？作为女下属，面对领导的性骚扰确实需要谨慎小心一点，既不能让他丢了面子下不了台阶，又不能让自己吃亏，毕竟大家都是在一个单位里工作，而且他又是自己的领导。当然，如果女下属本身处理得比较得当，通常领导是不敢造次的。对于每一位女下属来

说，尊严是最宝贵的财富。现代社会，越来越多的白领女性坦言自己曾经受到领导的“性骚扰”，虽然，这样的场景令人难堪，但作为女性来说，礼貌地拒绝才是明智之举。当然，对于一些性格比较好强的女人，将这件事闹得沸沸扬扬，弄得人尽皆知，甚至辞职走人。对于前者，这样的方式是很不妥当的，虽然你向更多的人张扬了领导的“恶习”，但与此同时你也使自己的名誉受到了损害。至于“辞职”这样的方式，除非领导的骚扰真的到了很严重的地步，这个方式是值得采纳的。当然还有一种更聪明的女性，那就是礼貌而有分寸地拒绝，让领导从此再也“不敢”轻易地骚扰自己。

在《杜拉拉升职记》有这样的情节：

台湾老板阿发对公司年轻貌美的女职员垂涎三尺，他通常会让女职员单独留下，先拍拍肩膀做关心状，接着送给她一张五星级酒店的常住卡，然后道出自己干过黑社会小弟的历史，并露出自己胸前的刀疤让女职员看摸。这是杜拉拉在进入职场之后，就常见的一些情况。曾被骚扰的女同事琳达劝杜拉拉：“遇到这种事你要么忍、要么等，等更年轻漂亮的女职员进公司。”

有一次，杜拉拉的经理出去接个电话，杜拉拉坐正下来看一份传真。忽然，她感觉到老板阿发拿脚在摩挲自己的脚背。当时正是夏天，杜拉拉没有穿袜子光脚穿着凉鞋的时候，她浑身一激灵，就好像有一只又湿又冷的肥老鼠爬过自己的脚背。于是，杜拉拉将自己的脚抽回来，假笑道：“胡总，不好意思我乱伸脚碰到您了。”

面对领导的骚扰，是应该听从同事的劝告，为保住饭碗，而选择沉默吗？选择“忍”和“等”吗？其实，对于女下属来说，逃避以及沉默都不是解决上司骚扰的办法，职场女性杜拉拉表示“这种事情不能忍，更不能等”。当然，也不会采用打耳光或丢饭碗这样的过激行为来反抗上司的骚扰，她采用了更巧妙的方式来化解这种尴尬。

1. 平时保持对领导的尊敬和礼貌

在日常的工作中，女下属应当保持对领导的尊敬和礼貌，毕竟他是领导，即便是一个普通的同事，你也应当保持正常的礼貌。当然，这种尊敬和礼貌需要把握火候和适度，不要让领导误会你在向他“暗送秋波”，或者有什么其他的意思。

2. 礼貌拒绝领导工作以外的邀请

在工作以外的时间里，对于领导的一些特意的邀请，要学会礼貌地拒绝，尽量避免与领导单独出去吃饭，包括和领导一起出去陪客人，尤其在酒桌应酬时，有的不怀好意的领导会借着有客户在，你不要意思拒酒，就会频频让你举杯，一旦你真的喝醉了，那后面的事情就不好把握了。因此，作为女下属，应当尽量避免这样的事情和场合，面对领导的骚扰，不要硬性地回绝，而是应该尽可能礼貌地拒绝，维护其领导的面子。

3. 面对骚扰要态度明确

面对骚扰，我们应该首先态度明确，既能心平气和地、巧妙地表达出自己的拒绝骚扰的态度，不伤和气，又能让领导知难而退，使骚扰到此为止，化解职场上的尴尬局面。实际上，对于女下属来说，当遭遇不怀好意的上司骚扰时，明确态度很重要，否则，上司会误以为你并不拒绝骚扰，他的行为就会更加大胆。你还可以与上司的太太成为朋友，当上司意图对自己图谋不轨的时候，借故说：“您太太……”这样一来，即便上司吃了熊心豹子胆，也不敢再轻举妄动了。

第十五章

父母家人：亲情难拒，家人的好意巧妙婉拒

对于家庭关系的沟通，从来都是老生常谈的话题。在亲密无间的家人关系中，很多时候对方出于爱你，或者是其他原因，从而给予你很多或是为你安排很多他认为对你好的事情，然后希望你按照他的意愿去做的时候，我们也应该委婉地拒绝对方：我想要的是苹果而不是香蕉。

夫妻之间，拒绝猜疑

在夫妻关系中，有的人会有猜疑心理，他们总觉得什么事情都与自己有关，并猜疑他人的言行，以证实自己的想法。在婚姻关系中，他们总会虚构一些因果关系来解释对方为什么会有这样的举止言谈，比如看到对方与公司异性同事走得近点，他就觉得他们之间好像有点故事。其实，人们的猜疑心理是源于消极暗示，这样的暗示容易使人忧心多虑，严重者还会疑神疑鬼。有的人者整天疑心重重、无中生有，总认为对方是绝对不可以信任的。

如果说是有猜疑心理的人在扼杀自己的婚姻，那这话一点也不夸张。即使是对方身上出现了一点点绿豆芝麻那样大点的事情，他也逮住不放，甚至不断地争吵，直到吵累了，他还是执着地追问："这件事情到底是怎么样的？"结果搞得对方烦不胜烦，最终只能无奈地回应一句："你以为是怎么样就是怎么样。"如果两个人就此解释不清楚，那估计会真的有可能导致婚姻破裂。在事后，如果他发现原来扼杀婚姻的元凶是自己，那他会是怎样的心情？

小丽美丽端庄，在一家公司工作，由于优秀的表现被老板器重和追求，一天，她收到老板主动送过来摆放在自己办公桌上的玫瑰花，字条上写着："可以做我的女朋友吗？"后来，小丽不假思索地将玫瑰花送还给老板，并明确地说："我们做朋友可以，但很抱歉我不能做你的女朋友，因为我已经有了非常爱我的老公了。"当小丽把这样的事情告诉了老公之后，老公高兴之余生出了一丝不悦。之后，他就像变了一个人，病态地苦苦纠缠着小丽，要求她准时下班，甚至要求小丽开会时要现场手机拍照发回给他，身边是男的还是女的，并开始怀疑小丽的升职也是和老板有着暧昧关系的缘故。

后来，老公甚至辞去了工作，专门在家盯着小丽。对此，小丽非常苦恼，没有一刻的自由，背负着巨大的精神压力，无奈之下三次提出和老公离婚。可是，老公一次次哀求，保证下次再也不了，可每次都一样，还不惜以自杀来挽回小丽的同情。小丽因此整天痛苦着，自己也不知道该怎么办了。

老公对小丽的爱，当然是不容置疑的，他刻骨铭心地爱着小丽，小丽也深爱着老公。但是，面对这样猜疑心重的爱，小丽只有选择离开。即便是小丽一再要求分开，深爱着小丽的老公居然还以自杀来引起小丽的注意。如果老公懂得自爱，懂得爱人，就不会因为陷入病态的猜疑中不能自拔了。

有猜疑心理的人特别在意他人对自己的态度，有可能是对方简单的一句话，而他都会琢磨半天，并努力去发掘其中的“潜台词”。这样时间长了，他们便不能轻松地与他人交往，背上了沉重的心理包袱，也直接影响到自己的人际关系。而且，还有可能由怀疑别人发展到怀疑自己，最终使自己变得自卑、消极、懦弱。在婚姻之中，猜疑心理不是自己该有的，它会威胁到自己的心理健康。因此，当你发现自己有了疑心病的征兆之后，就要努力去克制这一不健康心理的滋生，把它消灭在萌芽状态，有效提升自己的心商。

1. 培养自信心

我们应该经常看到自己的优点与长处，逐渐培养起自信心，相信自己会处理好与他人的关系，会给对方留下良好的印象。比如，相信自己的言行在另一半面前是无可挑剔的，相信自己在另一半面前是完美的，从而打破自己的虚构的因果联系。

2. 以理智战胜疑心病

当我们发现自己开始猜疑另一半时，应该及时找到自己产生疑心病的原因，在没有形成思维之前，瓦解自己的怀疑心理。比如，你怀疑老公与女同事之间有暧昧情愫，那不妨邀请女同事到自己家里来做客，与其进行聊天沟通，并仔细观察。那么，这样一来，那些胡乱的猜疑就会被逐渐化解。其实，现实生活中的许多怀疑都是可笑的，对此，进行冷静地思考是很有必要的。

3. 学会自我安慰

有时候，我们只是收到了另一半不好的一句问话，或者语气不好的回话，或许对方正处于不良情绪中，不要放在心里，你计较越多，疑心病就越重，给自己带来的烦恼也就越多。不妨心态放宽，学会体谅对方，及时关心对方在工作中的困扰，而不要胡乱猜疑对方的心理，这样就会使自己从疑心病的烦恼中解脱了出来，同时，也有效地提高了自己的心商。

4. 主动沟通，消除怀疑心理

事实上，怀疑是误会的升级版，当彼此之间的误会没有得到及时的化解，就会发展为猜疑；当猜疑不能及时消除时，就会导致疑心病的加重。因此，我们应当主动、及时地与另一半开诚布公地沟通，弄清事情的真相，及时消除误会，破除疑心病。倘若是误会，通过沟通是可以消除的；如果是意见有了分歧，适当的沟通对双方也有好处；如果猜疑是真实的，双方经过平心静气的讨论，也可以非常有效地解决问题。

清除“唠叨”这个毒瘤

美国有这样一个惊人的数据：每年有2000个杀妻犯供认杀妻是因为妻子太爱唠叨了。唠叨这个词语似乎是男人用来形容女人的“专利”。在现实生活中，许多女人不会觉得自己说话很唠叨，她只是认为自己在负责地提醒男人去做什么事情，以及这件事怎样去完成，比如做家务、煮饭、修理马桶，整理卧室，等等，在女人看来，唠叨其实是自己关心男人的一种表现。但是，当女人总是一句又一句重复地唠叨，男人耳朵里好像会听到苍蝇的嗡嗡声。那些唠叨的女人会让男人失去耐心，唠叨就好像是飞舞的苍蝇一样，最终将男人的耐心消磨得干干净净，并且会在他们的心里产

生极大的厌恶感。在对世界各国的男人调查中发现，他们最讨厌的事情就是女人的唠叨。在香港，一位丈夫认为妻子太唠叨，用锤子砸了妻子的脑袋，结果造成其大脑损伤，但最终法官给这个丈夫判的刑期却很短，因为他认为事情的源头在于妻子太唠叨。

小舞就是一个爱唠叨的女人，老公形容她的嘴总是喋喋不休，除了睡觉的时候，她的嘴巴几乎都在说话。老公经常开玩笑地说："在你身上，可以说最大限度地发挥了嘴巴的作用。"当然，那时候还是新婚的阶段，如果现在小舞开始唠叨，那老公肯定会摔门而出。

俩人刚认识的时候，小舞就开始发挥出自己女性的特性了。对着男朋友的衣服，她总是说："衣服要洗干净，收了之后要叠整齐，看你的衣服，就好像从垃圾桶里捡来的一样。"这时男朋友总是用手轻轻刮刮小舞的鼻子，笑着说："以后我的衣服就交给你了。"对男朋友的生活习惯，她总是唠叨："你都成年了，怎么还玩通宵游戏啊？这样不仅对身体不好，而且还会影响你第二天的工作。"这时男朋友就会马上答应说："知道啦，知道啦，我的小唠叨婆。"那时候的唠叨中总夹杂着甜蜜的味道，但结婚后情况就变了。

婚后，两人的生活变得平淡了。但小舞的唠叨不仅没有减少，反而变本加厉。从早上起床，她的嘴巴就开始发话了："今天天气预报说好像有雷阵雨，你记得带上雨伞，在抽屉里的，可别忘了，还有啊，今天不要穿你那双皮鞋了，那鞋子勾水，把裤子弄脏了不太好洗……"还没等她说完，老公早已经不耐烦地拿着公文包出门了。

中午，小舞拨通老公的电话，继续唠叨："中午吃的什么呀？你胃不好，不要吃太油腻的，平时带着小王一起去参加饭局，让他给你挡挡酒，免得又喝得胃出血……"电话那边，正忙着看文件的老公直接挂断了她的电话。

晚上，老公半夜才回家，小舞还坐在沙发上等他，看见他回来了，唠叨说："怎么这样晚才回来，我很担心你的，每天都是早出晚归，你一天到底在忙什么啊？……"老公终于忍不住了："你一天除了唠叨还是唠叨，能不能让我安静一会儿，我每天在外面工作已经够累的了，回家还听你唠叨，你真是要我的命啊。”说完，气冲冲地摔门而出，留下一脸吃惊的小舞。

对所有男人而言，他们最受不了的就是女人经常不断的唠叨。几乎每天都在夫妻之间上演着这样的闹剧：妻子总是喋喋不休“你瞧你今天都做了些什么？”“你这周做了什么呢？什么没做？”“从我们结婚到现在，你又做了什么呢？我对你真的太失望了”……时间长了，男人就开始学会了撒谎，开始学会了不回家，宁愿在外面与朋友买醉，也不愿听妻子的抱怨。

当然，我们从来不怀疑女人唠叨的出发点是为了关心对方，也因为如此，唠叨总是会发生在关系比较亲密的人之间，比如妻子和丈夫、母亲和孩子、婆婆和媳妇，等等。家庭里的妻子作为一个唠叨者，她们总是家务缠身，在生活中感觉到自己力量弱小，无法直接改变自己的处境，所以，她们就向身边的男人开始唠叨。当女人发现男人还有一些事情没能完成的时候，她的唠叨也就开始了。

1. 找到更精彩的事情

女人唠叨的行为却是令人厌恶的，那些常常在家里唠叨的女人通常都是一些对自己的处境不满又无力自拔的人，她们明白在生活中还有其他更精彩的东西，但她们不愿意承认自己在家里所扮演的弱小角色，她们往往感到很迷茫，甚至连自己要做什么都不知道。

2. 克制自己的母性情结

女人觉得自己是家里唯一有理智的成年人，她们觉得男人就好像一个小孩子一样。女人爱唠叨的根源在于，当她们看到自己的另一半这个样子，就开始将他当成淘气的男孩，而不是能干的男人。然而对男人而言，你越是当他是孩子，他也就越是表现得像个孩子。

3. 行动比言语更有影响力

如果你经常唠叨，男人还是不愿意听你的，那就不妨将语言化作行动。假如你想让男人养成回家之后就换鞋子的习惯，那最好就在他走到家

门口的时候，无论你有多忙，都亲自将拖鞋递上去，这样一次两次之后，男人自然就会养成这样的良好习惯。

对孩子不必有求必应

父母对孩子的爱是无私的，但是不能溺爱孩子。“爱子如杀子”是几千年古人传下来的经验，不是一句没有根据的话，父母给予孩子正确的爱，孩子才会拥有自己的天地和观点。父母不应当将自己的人生观、价值观、审美观强加给孩子。对孩子不合理的要求也都给予满足，父母应该做的是对孩子既严格，又要给他们宽松的一片天地，正确引导孩子的思想、教育他们坚强地面对生活。父母对孩子的溺爱，大体有这样几种：特殊待遇，给孩子吃独食、过独生日，让孩子充满优越感，变得自私、没同情心，不会关心别人；另外，由于父母的过分注意，孩子经常无所适从，不但他的主动性会受到影响，而且将会更加以自我为中心；有的父母总是凡是包办代替，家里大小事都包办代替，即便孩子可以做的事情，父母都全权代替；只要孩子有点不舒服，父母就会立即感到大惊小怪。

玛雅晚上睡觉的时候，脱完衣服之后，妈妈告诉孩子：“玛雅，今后晚上脱完衣服要把它们整理好，然后放在自己床旁边的凳子上。”说完妈妈就开始帮玛雅整理脱下来的衣服，玛雅看着妈妈的动作，急忙说：“妈妈，自己的事情自己做，这些都是我的衣服，我自己来整理它们。”说着就从妈妈手上抢过自己的衣服。

接着玛雅就开始自己动手整理起衣服来，边整理边自言自语地说：“小衣服，整整平，先把左袖折过来，再把右袖折过来，最后轻轻折起来。”玛雅整理好衣服之后高兴地指着衣服说：“妈妈，你看，我的衣服整理好了，我棒不棒呢？”妈妈竖起大拇指夸道：“棒！棒！宝贝真棒！”玛雅又说：“妈妈，自己的事情自己做，我还是你的小帮手呢！”

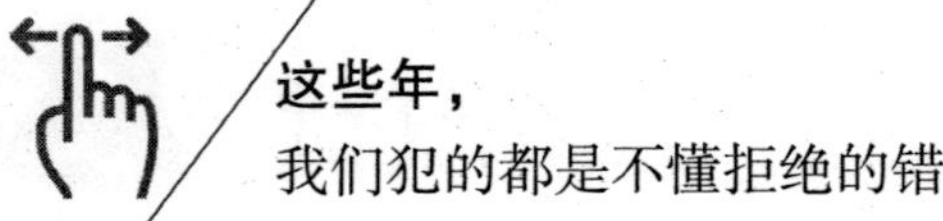

说完又开始整理她自己的小裙子，再然后是袜子，等把所有的衣服都整理好了之后，她就把它们叠在一起，然后一起放到了床边的凳子上，等着第二天起床穿。

对孩子有求必应会让父母经常保持神经质的心态，而这样的“神经质的心态”会遗传给孩子。父母经常性的担忧会感染孩子，让孩子也变得胆小怕事。如果父母对孩子的关心面面俱到，无微不至，就有可能惯坏了孩子，导致他们对家庭，特别是会对母亲过分依赖，并慢慢形成懦弱、胆怯和忧郁的性格，不但会使孩子的独立生活能力差，而且也难以很好地与周围人相处。

小苏是一位全职妈妈，她3岁的儿子上幼儿园第一天，尽管小苏已经做好了儿子要哭的准备，不过真的看到儿子大声哇哇哭，她还是有点心痛。因为儿子比班里其他同学的年龄都要小，所以，每次儿子哭，老师总是没辙地把孩子送回家。这时小苏总会严厉地对儿子说：“你怎么不上学呢?同学们都在幼儿园呢，现在还没有到放学时间呢，妈妈希望你能自己回到幼儿园去。”说完，小苏把儿子抱到门外，然后趁儿子不注意，把门关上。

儿子在门外哇哇大哭，上气不接下气，但是小苏就是坚决不开门。最后，儿子实在哭得累了，他哀求妈妈说：“妈妈，你送我去幼儿园吧。”尽管小苏非常心疼孩子，但是她也很清楚如果自己真的顺着儿子，那下次儿子就会学着撒娇，并通过撒娇来达到自己的目的。所以，小苏狠心地对儿子说：“乖，宝贝，幼儿园就在小区里，你自己回去，下午妈妈一定来接你。”儿子很无奈地走了，他是面对着家门，一步一步倒退着离开的。一边走一边哭着对妈妈说：“妈妈，再见！”看着儿子走远，小苏也忍不住哭了。

不过，令小苏感到欣慰的是，从这天开始，儿子上幼儿园再也没有哭过。三岁的儿子通过妈妈的举动获知了一个信息：有时候一个人的愿望是会受到拒绝的，很多事情并不都是能随心所欲的。

父母是孩子的第一任老师，一旦父母对孩子采取过于溺爱、凡事迁就

的教育方式，将孩子放到比父母还高的位置，包办并代替孩子的一切。那时间长了，孩子就会变得很自私，这样的孩子往往比较软弱，说话做事不会考虑别人的感受。甚至，有的孩子在所提出的要求得不到父母的响应时就会采取较极端的方法，在孩子看来，自己的要求就是命令，而父母以前从来没有拒绝过自己，孩子潜意识里根本就不存在“自己得不到的东西”这样的想法。

1. 对孩子不要搞特殊对待

在家里，每位成员都是平等的。如果什么时候都给孩子特殊待遇，有什么好东西都给孩子留着，会让孩子感觉到自己是高人一等的。这样一来孩子就会感觉到自己特殊的地位，习惯于高高在上，长大后往往会变得自私，缺乏同情心，不关心他人。

2. 不要以孩子为中心

许多家庭里都习惯于以孩子为中心，家里的事务安排几乎都是围绕孩子。即使是客人来，所谈论的都是关于孩子的话题。这样过于关注孩子，以孩子为中心，孩子便容易骄傲。孩子会觉得自己才是家里的中心，因而会更加为所欲为。

3. 别总是满足孩子的要求，更不用有求必应

父母对孩子的要求需要应该认真考虑，不能孩子要什么就给什么。有的父母总是害怕孩子会哭闹，所以就会对孩子百依百顺。对孩子的要求总是有求必应，一定会养成孩子不珍惜物品、喜欢物质、浪费金钱等不良习惯。

4. 对孩子不能全权包办

许多父母担心孩子做不好事情，于是几乎所有的事情都要代替孩子去做，结果导致孩子到了三四岁都需要喂饭、穿衣，五六岁了还不会做简单的家务。在这样溺爱下的孩子不但不会变得勤劳，而且也缺少同情心和上进心。

5. 对孩子不宜过分保护

实际上孩子并不是天生就胆小，往往是由于父母对孩子过分的保护，

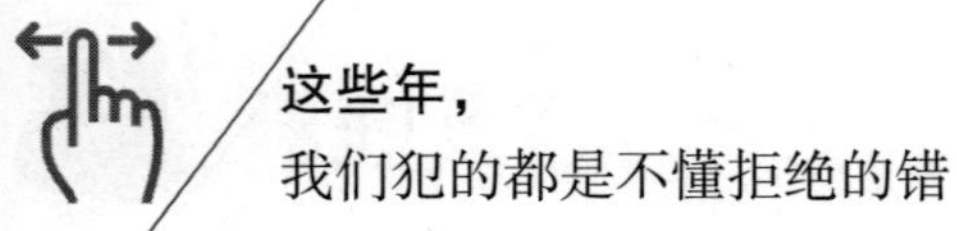

结果使得孩子胆子越来越小。如果父母在确保孩子安全的情况下，少一些担忧，多一些鼓励，即使看到孩子摔倒之后也不要大惊小怪，而是没事似地对孩子说："宝贝，没事，赶快起来，妈妈知道你是最勇敢了。"这样孩子就会自己爬起来，也不至于变得懦弱胆怯了。

6. 别总是袒护自己的孩子

许多时候，孩子在外面和别的小朋友发生了争执，这时有的父母总是偏向于保护自己的孩子，而不管自己孩子是否做得对。而在许多家庭里，一旦孩子受到父母的惩罚，爷爷奶奶总会出来替孩子说话，时间长了，孩子就会把家里对自己管教较松散的人当作"保护神"。这样的结果不但会造成孩子性格扭曲，甚至会直接影响到家庭的和睦。

7. 尽量把孩子接到身边来

许多家庭因为工作或其他的原因，往往会把刚出生没多久的孩子交给爷爷奶奶或外公外婆带。这种隔代的抚养，往往会造成过于溺爱，而通常在这种环境下长大的孩子比那些从小由父母带大的孩子更加娇生惯养。所以，在孩子记事以前，应当尽可能地将孩子带到自己身边。

家庭尽量回避的禁忌语言

家庭成员之间的关系既亲密又敏感，假如不特别留意沟通方式，很容易引起误会和争吵。谨记家庭中的一些禁忌语言，切忌不恰当的表达方式，才能使得家庭成员之间更融洽更甜蜜。在家中说话时，一定不要随意使用一些禁忌语言，否则不仅影响夫妻之间的感情，还会影响家庭和谐的氛围，甚至使家庭成员之间都不产生必要的怨气和误会，家宅不宁，工作也不得安宁。

艳丽和陈旭相爱成婚后，陈旭对她非常好，常带着她外出度假，两个人玩得很开心。每次回到家，陈旭的父母就做好了饭菜等他们一起吃

饭。艳丽吃饭时常常兴高采烈，把和陈旭在外面遇到的一些新鲜事讲给他们听。陈旭的父母没有外出的机会，即使偶尔出去，也只是在家附近散散步，听着艳丽讲的趣事，老人感觉很快乐。

然而，没过多长时间，艳丽就发现，公婆的脸上不再满面笑容，有时对艳丽讲的事情表现得很麻木。艳丽以为公婆生病了，就细心地询问原因。原以为艳丽和陈旭只顾自己玩耍，不会过问自己的事情，现在听到艳丽关切的话语，陈旭的父母很高兴，心里也暖洋洋的，就索性把自己参加老年健身运动的想法告诉了艳丽。

艳丽忙和陈旭商量，为公婆购买了健身服装和日常用品，看到艳丽这么热心，陈旭的父母逢人就夸自己的儿媳好。艳丽没想到自己的举手之劳，几句体贴的话语，竟然能得到公婆发自内心的赞扬，心里也很高兴。

婚恋中的女人，不要只顾自己的开心，也应该让老人快乐，关爱长辈，对老人说几句贴心的话语，老人的心里就会感到温暖，不再觉得孤独。事例中的艳丽，关切地询问公婆不高兴的原因，在明白了公婆的心思后，几句热情的话语，就温暖了公婆的心。在为公婆购买了健身服装之后，公婆对她更是赞不绝口，赞许有加。

任弼时同志与夫人关系很好，彼此之间的好多趣事还成为了大家的笑谈。一次任老心绪不佳，发了一通脾气，他的夫人顶撞了两句，他伸手要打人。“怎么，拳头专政，你是‘蒋介石’。”妻子风趣地说，任老的气很快就消了，化干戈为玉帛。

还有一次，任老的夫人不小心把饭烧糊了，任老耐心的吃着，嘴巴都是黑乎乎的。夫人感到很愧疚，任老为了打消她的顾虑，幽默地说：“这黑饭可以治癌，是一种难得的补药呢。再说，我明天能演黑脸张飞，用不着化妆了。”说得夫人“扑哧”一声笑了。

莎士比亚说：“幽默和风趣是智慧的闪现”。生活假如离开了幽默，就会少了很多的欢乐。在餐桌上，每一道菜肴都需要有“调味品”才会显得更美味，这就如同每一个家庭都需要幽默这样的“调味品”才会更加温馨快乐。对于每一对生活在婚姻家庭中的夫妻来说，幽默是一种不可缺少

的“润滑剂”。实际上，幽默可以被称之为体现两个人之间和睦的工具，那本难念的经也会变成美妙和谐的乐曲。

1. 忌唠叨

相信每个女人都受过婆婆唠哩唠叨的遭遇，从现在开始，不要用唠叨来折磨自己的老公和孩子。无论你重复多少遍，对方都不会更重视你所说的，除非你能证实你的话非常重要。停止脱口而出的无用数落，尝试着用赏识鼓励的话语，幽默的说笑，以及拥抱爱抚的肢体语言，共同的游戏体验方式，去代替那些喋喋不休的、无滋无味的、让人们反感反抗的唠叨吧。

2. 不要抢话

有些女人总是不等对方把话说完，以为自己完全知道对方想说的是什么，就不耐烦地打断对方“不要再说了！”“你有劲没劲！”“我不想听你再啰唆，老生常谈，你还会有什么新鲜话吗！”常常把本来和谐的气氛弄僵，或者引起误会，发生更大的争吵。

3. 不要揭短

生活在一起的家人往往非常清楚对方的毛病和短处，一旦发生不悦，就可能把矛头指向对方。比如儿媳转述别人家如何脏乱时，婆婆来一句“还说人家，你家孩子小的时候，你们屋连站的地方都没有啊！”或者婆婆教育儿媳要尊重自己的儿子时，儿媳反唇相讥“您还说我呢？您哪次骂爸爸，不是满条街都能听见吗，这是您家传统！”或者笑话小姑“这么尖酸刻薄，怪不得三十好几了还找不到婆家！”揭到别人的短处，只能让战斗升级。

像这种相互揭短挖苦的最终结果只能使令双方都恼羞成怒，伤及家人间的情感。

4. 停止旁敲侧击

有些女人说话就喜欢旁敲侧击，指桑骂槐，让听话的人反驳不好反驳，解释也不好解释，忍着又生闷气，最后往往会来个“大爆发”在吵架时一并发泄出来。比如，平时就喜欢在婆婆面前，指着儿子说“男孩子就是不懂事，怪不得人们都疼闺女”或者当着公婆责骂丈夫“你有没有良

心，我辛辛苦苦地操持家务，帮你养儿子，你反而要给我撂脸子！”

这种旁敲侧击、指桑骂槐说话方式，不仅被指责的人不舒服，旁听的人也生气，甚至时间长了，心中敏感的人即使一句平常的话，也可能产生误会。

该低头时就低头，拒绝“矛盾”的激化

俗话说：“没有勺子不碰锅沿的，也没有舌头不碰腮的。”即使是感情再好的夫妻，他们也难免不了有吵架的可能性，甚至有的家庭总是小吵天天有，大吵三六九。也许，在最初的时候，我们都想拥有一个美满的家庭，从家庭这个温馨的港湾得到属于自己的那份幸福。可是，彼此生活在一个屋子里，总会有一些磕磕碰碰，产生一些矛盾与冲突。也许，吵架的当事人都觉得很无奈，谁想吵架呢？吵架本身就是一种令人烦恼的事情，如果不及时熄火，还会演变成大规模的战争，甚至有的夫妻关系因为一次吵架而破裂了。

结婚之初，娜娜与老公就有一个约定，其中一条就是：“不许因为家庭琐事争吵”。而事实上，这协定在新婚之初就被无情撕毁了。

那天早晨，娜娜做好了早餐，老公也起床了，他直奔餐桌。也许是饿了，他拿起筷子就开吃。娜娜一把夺过他的筷子，生气地说：“怎么又忘了？要先喝杯水再吃饭。我说过多少遍了，怎么天天说你也记不住。”老公被她这一抢一嚷，吓了一跳，差点没噎着，也有点生气了：“你怎么那么多事啊，我不想喝，你干吗总逼我啊。”因为娜娜从书上看，据说每天早晨喝一杯白开水有益身体健康，可老公对她那些“伟大”的理论从来都置之不理，但碍于娜娜每天的逼迫，他不得不从。今天娜娜自己说得急了点，老公也是烦透了她的天天这样逼迫。娜娜认为自己好心教他生活常识，他却不领情，一场战争不可避免地发生，但终于因为都要上班而被迫

停火了。

晚上下班回来，娜娜想起早上的事情就生气，她索性要起了小姐脾气，坐在沙发上看电视，也不准备晚餐。晚上7点钟，老公回来了，满脸笑容：“屋里子黑黑的怎么不开灯呢？停电了吗？”他神秘地走到了娜娜面前，从背后拿出一束鲜花：“新婚快乐！我知道你还在生我的气，我也知道你是为了我好，早上是我说话不太客气了。下不为例，你就饶了我吧。”说完，还送上了一个热吻，娜娜在老公的示弱下心不甘情不愿地去厨房忙活晚餐了。

如果娜娜老公回来看到家里这个样子很生气，两人势必又会大吵一番。他聪明地主动退了一步，既化解了两个人之间的怨气，也赢得了温馨幸福的家庭生活。其实，吵架的起因不过是一件小事情，但如果当事人不懂得让步，就很有可能演变成大事件。所以，退一步海阔天空，不仅显示了宽阔的心胸，也赢得了幸福。当然，倘若出现了矛盾就要把握好原则和分寸，不要说过火的话和侮辱性的语言，无论矛盾因谁而起，你都应当学会退让，偶尔让对方得意一回，这些并不会影响你在他心中的形象，反而会让他觉得你很可爱。

其实，吵架也属于一种特殊的沟通方式，它的目的并不是互相伤害与指责，更不是想毁灭幸福的家庭。当你明白了这些道理，就要学会舍弃心中的困扰，彼此各退一步让出和气，还家庭一个宁静温馨的氛围。如果你固执地想在每次吵架中占据上风的位置，那无疑你会成为毁灭幸福家庭生活的罪魁祸首。吵架就像是一场没有输赢的辩论赛，它的目的是能够表达出自己心中的想法，如果你过于看重输赢的位置，那么你就会输掉幸福。在发生冲突矛盾的时候，只有你放弃了矛盾，才能赢得家庭的幸福。

1. 拒绝矛盾

有人这样总结自己十年的婚姻生活：结婚十余年，先后经历了一年甜蜜期、三年矛盾显现期、五年唇枪剑战期、八年抗战期，目前安然度过十年动乱期。她认为在一个家庭里出现一些矛盾是正常的，甚至她认为矛盾似乎也成了家庭生活的一部分。向她请教幸福家庭的秘诀，她只说了一句

“学会拒绝冷战，如果你还爱着他，那么就放弃心中的矛盾，选择退让，这会让你拥有一个幸福的空间”，她一语道破了玄机，在婚姻生活中，善于拒绝矛盾才能获得幸福的眷顾。

2. 影响家庭和谐的是矛盾的蔓延

再幸福的家庭也会产生一些矛盾，再恩爱的夫妻也会吵架以及赌气，在现实生活中不吵架的家庭绝对不多见。夫妻之间存在的矛盾与争执，这都是婚姻生活中很正常的现象，两个人之间没有分歧就没有进步。影响家庭幸福的关键，并不在于矛盾本身，而是四处蔓延的纠纷因子。

3. 懂得忍让，幸福自然来

因为矛盾搁浅越久，出现的新矛盾就越多，伤害就越大，这直接影响了家庭的和睦与幸福。如果彼此之间都怀着理解的心情，该退让就退让，拒绝冲突与矛盾的升级，各自退一步，那我们的家庭就多了和气，少了怨气。倘若是两人之间有了分歧，有了矛盾，每次都是以吵架、冷战结束，那么家庭就不再温馨和谐，只会留下无尽的哀怨。久而久之，双方的心理距离也会越来越远，感情亦越来越淡，长此以往一段婚姻也就走到了尽头了。所以，该低头就低头，选择幸福，退一步你就可以拥有家庭所带来的幸福。

第十六章

最好的你：敢拒绝，让你可以做最好的自己

在日常交际中，我们经常会因为“不敢拒绝”而导致自己走入交际的困窘境地，由于内心的太多顾虑，导致自己陷入极为难堪的境地，即使我们的交际之路越走越窄，但我们还总是“不好意思拒绝”吗？只有敢于拒绝，我们才可以做最好的自己。

拒绝自卑，大胆表现自我

自卑心理，用心理学的语言可以解释为对自己缺乏一种正确的认识，他们在人际交往中缺乏自信，做事缺乏勇气，畏首畏尾，随声附和，没有自己的主见，一遇到有错误的事物就先认为是自己不好，自然而然的结果就是导致自己失去了交往的勇气和信心。实际上，正是因为这样的自卑心理，最后会让自己失去一个又一个展现自我的机会。

自卑，是人们一种在人际交往中显现出的无助和软弱的复杂情感。那些有着自卑心理的人总容易轻视自己，觉得自己没办法赶上别人。在这里，自卑心理主要表现为两层意思：一是一个人认为自己或自己的环境不如别人的自卑观为核心的潜意识欲望、情感所构成的一种复杂心理；二是一个人因为不可以或不愿意进行奋斗而形成文饰作用。自卑心理是由于婴幼儿时期的无能状态和对别人的依赖而引起的，对人们有普遍的意义，可以促使人成为优越的正能量，因而又会带来反复失败的结果。当然，自卑心理，是可以通过调整自己的心态和增强自信心并给予积极地支持而消除的。

自信、执着，会让你拥有一张人生之旅的终身坐票。那些不愿意主动寻找自己的人，最终只能是在漂泊无依中一直流浪到老的人，他们其实就是那种在生活中安于现状、不思进取、害怕失败的自卑者，最终，他们永远滞留在一无所成的起点。信心是获得成功不可缺少的前提，信心会促使我们走向成功。有信心的人，他们遇事不畏缩，不恐惧，即使内心有点隐隐不安，但他们还是能勇敢地超越自我。有信心的人，他们浑身上下充满了活力，能解决所有问题，凡事全力以赴，最终他们成为了最卓越的胜利者。

杰克·韦尔奇出生在一个典型的美国中产阶级家庭，他父亲在铁路公司工作，每天早出晚归，因而，培养孩子的任务就落到了母亲的身上。与

其他母亲不同，她对韦尔奇的关心更注重在提升他的能力和磨练他的意志上。母亲是一位十分严厉的人，她总是让韦尔奇觉得自己什么都能干，教会韦尔奇独立学习。每当韦尔奇的行为有所不妥，母亲总是用积极而有建设性的意见唤醒他，促使韦尔奇能重新振作，母亲虽然话不是很多，但总能令韦尔奇心服口服。

母亲一直保持着这样的理念：坦率的与人沟通、勇敢面对现实、主宰自己的命运。她将这三门功课教给了韦尔奇，使得韦尔奇终生受益。母亲告诉韦尔奇："要掌控自己的命运就必须首先树立自信心。"韦尔奇虽到了成年以后还是略带口吃，但是母亲安慰韦尔奇："这算不了什么缺陷，只不过是思维比开口快了一些。"正是母亲给予的这份自信，让口吃的毛病不再成为阻碍韦尔奇发展的绊脚石，而是成为了韦尔奇骄傲的标志。美国全国广播公司新闻部总裁迈克尔就对韦尔奇十分钦佩，甚至开玩笑说："他真有力量，真有效率，我真恨不得自己也口吃。"

韦尔奇的中学成绩本来应该可以进美国最好的大学，但是，由于种种原因，他最后只进了麻州大学。刚开始，韦尔奇对此感到十分沮丧，但进入大学以后，他的沮丧却变成了幸运。他后来回忆这段经历，这样说道："如果当时我选择了麻省理工大学，那我就会被昔日的伙伴们排挤，永远没有成功的一天，然而，这所较小的州立大学，却让我获得了许多自信，我非常相信一个人所经历的一切，都会成为成功的基石，包括母亲的支持，运动，上学，取得学位。"韦尔奇的大学班主任威廉这样评价他："是他的双眼，他总是很自信，他拒绝失败，即使在足球比赛中也是这样。"

1981年，韦尔奇成为了历史上最年轻的CEO，他是美国通用电气公司的董事长。而自信成为了通用电气的核心价值观之一，韦尔奇也这样说："所有的管理都是围绕自信展开的。"

韦尔奇这样解释他的成功："我们所经历的一切都会成为我们取得成功的基石，当你被选为一支球队的队长时，当你在球场中选队员时，你也就掌握了这支队伍的构成和希望，然后事情就这么发生了，渐渐地，你会习惯这些经验，而且人们也会比较信任你，给予你善意的回应。”其实，在生活中，任何事情本身并不能影响我们，我们只会受对事物的看法的影响，如果我们总是任由自卑心理驱使，将自己看成是一个失败者，那我们就会失去一个又一个表现自我的机会。其实，现实中每个人都没有什么局限性，任何人都一样，在每个人的内心都有一个沉睡的巨人，那就是自信心。

在现实生活中，我们常会见到过这样的自卑者，或许自己也曾经是他们中的一员。不敢大声说话，不苟言笑，总是独自一个人在某个角落里默默注视着他人，实际上他们内心也渴望得到别人的关注，不过由于自卑心理的作祟，让他们抬不起头来。因此，他们的内心世界几乎是一片黑暗，很少能交到朋友，就这样自卑地活着。其实，自卑心理是可以用自己的实际行动来克服的，而克服自卑心理最好的办法就是立即行动，去做自己害怕的事情，直到自己最后取得成功。

那么，怎样才能克服自卑心理呢？

1. 尽可能坐在最前面的位置

心理学家认为，如果经常选择坐在靠前面的位置会令自己更有信心。毕竟将自己暴露在公众面前，需要有足够的勇气和坚定的自信心。当我们习惯于总是坐在前面，时间长了也会形成习惯，那样我们内心的自卑感就会在潜移默化中渐渐消失。

2. 抬头挺胸，快步走

你的步伐是否比较慵懒呢？你走路时是否总是弯着腰、低着头，看起来总是一副心不在焉的样子？如果你真的是这样，那证明你将是一个较自卑的人。不妨在走路时选择抬头挺胸，挺直腰杆，快步行走，这样会使我们更有自信心。

3. 面带微笑

许多人都知道微笑可以带给人自信，它是医治人们信心不足的良药，不过，仍然有许多人不相信这一套，那是因为他们在自卑、恐慌的时候，从不会面带微笑鼓励自己一下。真正的笑容不仅可以消除内心的自卑情绪，而且还可以将自己的善意很好地传达给身边的人。

4. 学会正视别人

俗话说得好，眼睛是心灵的窗口。一个人的眼神可以折射出独有的性格，透露出细微的情感，传递出微妙的信息。假如不敢正视别人，那就会由于自卑、胆怯、恐惧，而躲避别人的眼神。当我们用眼睛正视了对方，那就等于告诉对方："我是诚实的，光明正大的，我非常尊重你非常看重你，喜欢你。"所以，正视别人，反映的是一种积极心态，是人们具有的一种自信的象征。

5. 学会当众讲话

在一些公众场合，自卑的人认为自己的意见可能是没价值的，如果说出来，别人可能会觉得自己很笨拙，那最好是什么也不说，而且也许其他人可能比自己懂得多，内心里其实并不想让别人知道自己不如别人。于是，就在这样的过程中一次次摧毁好不容易建立起来的自信心。其实，从积极的角度来看，假如尽可能在公开场合讲话，那就会增强信心。因此，不管是参加什么样的活动，每次都要争取主动讲话。

拒绝孤僻，融入社交圈子

孤僻心理，也就是我们常说的不合群，不能与人保持正常关系，是一种经常离群独居的心理状态。在日常交际中，主要表现为不愿意与他人接触，待人冷漠，对周围的人常常有厌烦、鄙视或戒备的心理。当然，有着孤僻心理的人一般猜疑心都比较强，容易神经过敏，做事喜欢独来独往，不过也往往免不了被孤独、寂寞和空虚所困扰。

性格孤僻者缺乏朋友之间的欢乐与友情，他们的交往需要得不到满足，内心很苦闷、压抑、沮丧，感受不到人世间的温暖，看不到生活的美好，很容易形成消沉、颓废，不合群的孤僻性格。由于缺乏群体的支持，他们整天过着提心吊胆的日子，忧心忡忡，容易形成恐慌心理。倘若这样的消极情绪

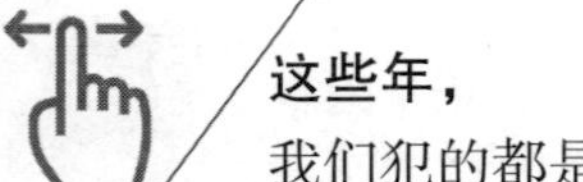

长时间困扰自己，那会损伤身心，严重的还会产生轻生的念头。

小王是一名战士，下士军衔，不过大家都说他性格怪僻，冷漠，很少看到他与战友们嬉笑打闹，做什么事情都是一个人，喜欢溜边，没事总是一个人待在一个角落，成为部队热闹生活的旁观者。因为他不愿意和别人交流，开会也很少讲话，除非点名叫他，否则是看不到他举手的，而且当他说话时总是语速很快很紧张很小心翼翼的样子。战友们都很难了解他的内心想法，而小王平日在连队里也是一副“各扫门前雪，莫管他人瓦上霜”的冷漠态度。

有一天，领导安排四个战友在球场上打球，领导叫上小王去打球，小王的第一反应就是拒绝，他说：“我不去，我又不会打。”这就是杜绝第一交际，领导说：“好，你不打，陪我去转转总可以吧，不行我们再一起回来。”好说歹说他总算愿意去了，到了球场，大家都在喊“小王，下来一起玩”。小王不吭声看着领导，领导先下去，他在场边看领导和战友们打球，球场上五个人肯定分布均匀，领导说：“你来吧，不然人凑不够，你够点意思好吗？”小王说：“我不会，打不好。”这时小王就处于“不想交际”了。领导说：“就一次，下次我叫其他人，你就陪我们打一次，打一会儿就回去了。”小王不作声，战友和领导又喊了几次，终于把他拖下来了。

算是勉为其难地进入球场了，当战友们看到他有好位置的时候，就把球传给他，让他投，他迟疑了，战友们都鼓励他投，说他位置好，赶紧投。他才把球投了出去，由于他离球筐很近，而且没有防守，球进了，大家都说，看不出来啊，小王还留了一手。他害羞地笑了，但很快就闭上了嘴巴，还是那副冷漠的样子。后来在战友们的“配合”下，小王又进了几个球，而且不用战友们说他也会自己主动投球。打了一会儿，都累了，大家坐在球场边上东一句西一句的聊，不过话题离不开“小王球打得不错”，看他冷冰冰的脸上表情由于害羞红红的，战友们猜测其心理肯定是在想“其实挺好的”。后来打球，小王就主动来了。

小王就是典型的孤僻心理，符合心理孤僻所有的性格行为。那其孤僻心理是如何形成的呢？原来，小王的父母在其幼年时就死于一场火灾，从

小就跟着爷爷奶奶生活，火灾的发生，给小王留下的不只是身上被大火烧伤的痕迹，而且还有残缺的人生。在成长的过程中，小王就给自己画了一个圈，给自己定了性，自己给自己增加一些心理暗示，自我的羞耻感、屈辱感不断增强，自我否定意识的不断形成与加剧，表现出了消极的自我评价，对身边人的戒备心理也就开始产生了。随着消极的自我暗示的不断地出现，自己的情商扭曲，慢慢形成了逃避现实、孤僻自卑、谨小慎微、容忍退让的不良性格。

孤僻心理的产生来自多方面的因素：首先青年时期的心理特点，使得孤僻心理在青年人中比较多见。青年人正处于成长的关键阶段，世界观和人生观刚开始建立，自认为自己已经长大成人，经常委屈地感到自己不被他们理解，有一种莫名其妙的孤独感；其次一个缺乏强烈事业心的人也会有孤僻的心理；一般情况下，内向性格的人容易孤僻，因为他们的自我中心观念比较强，内心深处对外界有强烈的抗拒感，往往对外界事物和周围人群表现得较冷漠；童年的创伤和经验，比如父母离婚、伙伴欺负等不良刺激，都会使他过早地形成了烦恼、忧虑、焦虑不安的不良情绪体验，会使他们产生消极心理，最终形成孤僻的性格。

那怎样对孤僻心理进行自我调节呢?

1. 正确认识自己和他人

孤僻者本人要对孤僻的危害有一个正确的认识，尝试着打开自己紧闭的心扉，追求人生的乐趣，摆脱孤僻的困扰，同时准确地认识别人和自己，努力寻找自己的优点和长处。孤僻者都没能正确地认识自己，有的人总觉得自己比别人强，总想着自己的优点和长处，而仅看到别人的缺点，自命不凡；有的人则比较自卑，总认为自己不如别人，怕被别人嘲笑，所以把自己封闭起来。其实，这两种人都需要正确地认识别人和自己，多与别人交流思想，沟通感情，享受人与人之间交际的快乐和友情。

2. 敢于与人交往

性格孤僻的人应该多与那些性格外向的人一起交往，让自己的情绪受到他们的感染，也使自己变得开朗起来。这样一来，在每一次交往中孤僻者都会有所收获，丰富自己的知识经验，纠正他们认识上的偏差，这样做既获得了友情，又愉悦了身心。

3. 掌握交际技巧

假如我们在交际方面显得比较笨拙，那可以看一些有关交往方面的书籍，学习交往技巧，同时多参加正当、有益的集体活动，比如郊游、跳舞、打球等，在活动中慢慢培养出自己开朗乐观的性格。

拒绝嫉妒，拥有豁达人生

古人曰："人有才能，未必损我之才能；人有声名，未必压我之声名；人有富贵，未必防我之富贵；人不胜我，固可以相安；人或胜我，并非夺我所有，操心毁誉，必得自己所欲而后已，于汝安乎？"嫉妒，它是祸害纯洁感情的毒药，是吞噬善良心灵的猛兽，是丑化面容的黑斑，其心理来源于你心中的狭隘与不自信。其实，嫉妒是无能的表现。因为自己不能达到对方的高度，不能获得对方的荣誉，只好用嫉妒心理来补偿自己的自尊。培根曾说："在人类的一切情感中，嫉妒之情恐怕是最顽强，最持久的了。"因而在众多心理状态中，嫉妒是一种心理病态，它基于内心的狭隘和不自信。人们很容易产生嫉妒的心理，总觉得自己处处不如别人，埋怨上天的不公平。虽然，"嫉妒之心，人皆有之"，但是，假如这种心理的疾病不及时根除，那嫉妒就会越来越紧地束缚着我们的内心，使我们浑身上下透不过气来。

嫉妒心理是具有等级性的，也就是说，只有处于同一竞争领域的两个竞争者才会产生嫉妒心理和嫉妒行为。通常情况下，人们只会嫉妒与自己处于同一竞争层次的比自己表现优越的人，而不会去嫉妒与自己不在一个层次中的人。周瑜嫉妒诸葛亮，也是因为诸葛亮与自己是处在同一个竞争领域，而且，诸葛亮的能力比自己强，而他不会去嫉妒与自己不处于同一

竞争领域的，比如曹操、孙权等。

赤壁之战结束后，孙刘两家都想攻取荆襄之地，如此一来，才能全据长江之险，与曹操抗衡。刘备屯兵在油江口，周瑜知道刘备有夺取荆州的意愿，便亲自赶赴油江与刘备谈判。谈判之前，刘备心中疑虑，孔明宽慰说："尽着周瑜去厮杀，早晚教主公在南郡城中高坐。"后来，周瑜果然在攻打南郡时付出了惨重的代价，不仅吃了败仗，而且，自己也身中毒箭，不过，周瑜还是将曹仁击败。可是，当周瑜来到南郡城下，却发现城池已经被孔明攻取，周瑜心中十分气恼："不杀诸葛村夫，怎息我心中怨气！"

周瑜一直想夺回荆州，先后与刘备谈判多次均无好的结果，这时，刘备夫人去世。周瑜便鼓动孙权用嫁妹之计将刘备诱往东吴而谋杀之，继而夺取荆州。没想到他的计策又被诸葛亮识破，将计就计让刘备与吴侯之妹成了亲。到了年终，刘备用孔明之计偕夫人几经周折离开东吴，周瑜亲自带兵追赶，却被云长、黄忠、魏延等将堵截得无路可走。顿时，蜀军齐声大喊："周郎妙计安天下，赔了夫人又折兵！"这次，周瑜被气得人差点昏厥过去。

过了一段时间，周瑜又被任命为南郡太守，为了夺取荆州，周瑜设下了"假途灭虢"之计，名为替刘备收川，其实是夺荆州，不想又再次被孔明识破。周瑜上岸后不久，就有大批人马杀过来，言道"活捉周瑜"，周瑜气得箭疮再次迸发，昏沉将死，临死前还长叹："既生瑜，何生亮！"

莎士比亚说："您要留心嫉妒啊，那是一个绿眼的妖魔！"周瑜本来聪明过人，才智超群，但却心胸狭隘，对于比自己技高一筹的诸葛亮耿耿于怀，心生嫉妒，最终落得个气绝身亡的下场，怀恨而死。嫉妒是一种心理病态，宛如毒药，周瑜被嫉妒的心态所困扰，最后，无异于自饮毒酒。他因嫉妒而死，困而我们不难发现，嫉妒之源来自于两方面，一是心胸狭窄、狭隘，二是对自己缺乏自信。试想，倘若周瑜能够心胸开阔，对自己充满自信，他也就不会英年早逝。

好嫉妒的人，他们容不下别人的快乐与优越，在嫉妒心理的刺激下，他们会用各种方式去破坏别人的快乐与幸福，他们有的人会用流言蜚语来恶意

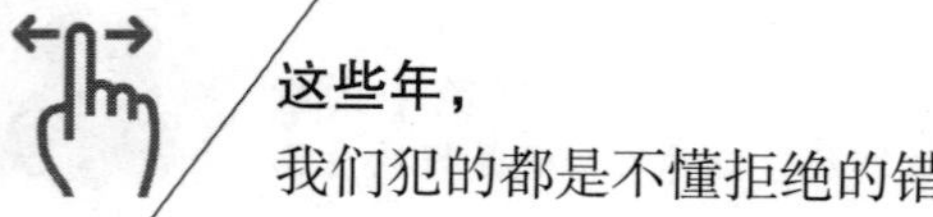

中伤他人，有的人则采用打小报告来排挤对方。好嫉妒的人，他们的心理既自卑又阴暗，几乎感受不到阳光的美好，也体会不到生活的乐趣。嫉妒是人性的弱点之一，它是一种比较复杂的心理，其中包括了焦虑、恐惧、悲哀、猜疑、羞耻、怨恨、报复等负面的情绪。他们嫉妒的对象可以是天生的身材、美丽的容貌以及他人身上显露出来的聪明才智，另外，一些涉及社会评价的各种因素，诸如金钱、地位、荣誉等等也会成为他们嫉妒的对象。

1. 培养自己豁达的心态

嫉妒心常常源自生活中某方面的缺乏，当我们觉得产生嫉妒心理的时候，也许是因为别人得到了你想要的地位或荣誉，所以，你心生嫉妒。于是，总是有种“缺乏感”来搅乱我们的想法、感觉，它将造成嫉妒心这种强烈的负面心理状态，自己被嫉妒心纠缠，并不断强化和持续化这种负面心理。其实，为了摆脱这种不良的心态，我们需要培养自己豁达、洒脱的心态，懂得“天外有天，人外有人”、“强中自有强中手”，相信自己还有机会，这样嫉妒之心就慢慢被消释了。

2. 转移自己的注意力

假如我们还有很多事情要做，时间安排得紧张严谨，自然就没有时间去嫉妒别人了。为了缓解失败而带来的心理失衡，我们可以找一些事情来做，使自己没心思去嫉妒别人。因此，在工作之余，积极参加各种有益的活动，努力学习，使自己真正充实起来，这样，嫉妒心将逐渐消失，自己的心理素质也慢慢被提升了。

拒绝虚荣，无欲则无求

虚荣心是一种因追求表面的虚荣而使自己获得别人的尊重或者被别人羡慕时所产生的一种自我满足心理。心理学家认为，虚荣心是自尊心的一种过分表现，是为了赢得荣誉和引起普遍关注而表现出来的一种很不正常

的社会情感。当然，虚荣心的产生与人的自尊需求有关系，人类的需要分生理的需要、安全的需要、归属和爱的需要、被尊重的需要和自我实现的需要。其中，被尊重的需要包括对成就、力量、权威、名誉、地位、声望等方面。一个人的需要应该与自己的现实情况相符合，否则就可能会通过不恰当的手段来获得满足，如果是在条件不具备的情况下，达到自尊心的满足就会产生虚荣心。

在实际生活中，我们常常会听到虚荣的心声：“你看，隔壁的王先生多潇洒，楼下的阿松自己买了小车，对面的小张刚刚炫耀说他又订了一套别墅，看看我们自己，还住在筒子楼，钱没钱，车没钱，工作也不好……”俗话说：“人比人，气死人。”虽然，在现实生活中人与人之间的比较是一种常见的心理活动，但是，如果我们时刻用消极的心态去和别人攀比，贪恋虚荣，不仅会在比较中迷失自己，心中也燃起了虚荣的熊熊大火，早晚有一天，会因虚荣之气而把自己气死。

早上，王雯穿着新买的裙子上班，心里美极了，心想：这身打扮应该会把办公室那群人给比下去，不知道多少人会称赞自己有品位呢。她一边想着，一边乐，忍不住对着公司大堂的镜子整理头发。来到办公室，王雯还没有来得及炫耀自己的新裙子，却看到一大群女人围着李倩，大家嘴里发出阵阵赞叹声。王雯心中不是滋味，挤着围过去一看，原来，李倩今天也穿了件新裙子，而且，无论是款式还是质量，都在自己所穿的裙子之上。王雯看了一眼，满脸不屑，气冲冲地走开了，身后传来同事的议论：“她总是这副样子，爱比较，比了又生气，真是，搞不懂这个人……”“可不是嘛，要我说啊，就是嫉妒心在作祟，每次都这个样子，大家都已经习惯了”。

听了同事的议论声，王雯怒火腾地冒出来了，她回过头，大声责问道：“你们说谁呢？”同事纷纷走开了，只留下脸红脖子粗的王雯。生气的王雯进了卫生间，对着镜子重新观察自己的裙子，越看越生气，一气之下，王雯竟然拉着裙子的下摆猛地一扯，本来只是发泄心中的怨气，没想到，新买的裙子居然被扯开了一条长长的口子。看着镜子中的自己，王雯直气得哭了起来。

对于一些私心较重、心理欲望较高的人来说，他们经常会因为攀比把自己气得够呛，到最后，他们也不知道事情到底错在哪儿。心胸狭窄的人，总是喜欢以己之长比人之短，喜欢计较个人名利得失，越比较越痛苦，甚至感觉自己真的“吃了亏”或“运气不好”，开始抱怨自己是“生不逢时”。看到自己的朋友或同事当了官、发了财，自己的心理就很不平衡，总想着之前他还不如自己呢，但是，他们却很少去思考对方取得成功的原因。

虚荣心理的产生源于三方面的内容：不能正确看待自己与别人的优劣，对条件比自己差的人容易产生虚荣心，那些有着强烈自尊心的人也容易产生虚荣心；对于过分关注荣誉的人，为了顾全自己的荣誉和面子，甚至不惜弄虚作假；过分重视舆论效应的人也容易产生虚荣心理。虚荣心强烈的人不是通过正常的真实努力获得应有的尊重，而是利用谎言、投机等不正常的手段去沽名钓誉，一旦这样虚假的自尊被揭穿，那就有可能使其心理在极短的时间里全面崩溃。

那如何克制自己的虚荣心理呢?

1. 树立正确的荣辱观

我们对荣誉、地位、得失、面子要保持一种正确的认识和态度。我们活在世界上是要有一定的荣誉和地位，这是人们正常的心理需要。但是，如果过分追求荣誉，显示自己，就会使自己的人格受到歪曲。

2. 把握攀比的度

人际交往中的攀比是人们常有的社会心理，不过我们需要把握好攀比的方向、范围与程度。从方向上讲，需要多立足于社会价值而不仅是个人价值的比较，比如，比一比个人在公司的地位、作用与贡献，而不是只看到个人工资的收入多少、待遇的高低；从范围上而言，就是健康的比较，如此成绩，比干劲，比投入，而不是贪图虚名，喜欢嫉妒他人表现自己。

3. 克制虚荣心所表现出来的各种行为

如果我们已经出现自夸、说谎、嫉妒等病态行为，那就需要采用心理

训练的方法进行自我纠正，这种方法源于条件反射的负强化原理，也就是当这些病态行为即将或已经出现的时候，个体给自己施以一定程度的自我惩罚，时间长了，虚荣行为就会被慢慢纠正。

做自己就好，拒绝迎合他人

焦点效应，也叫做社会焦点效应，是人们高估了周围人对自己外表和行为关注度而产生的一种表现。简单地说，人们往往会把自己看作一切的中心，而且主观地高估别人对自己的关注程度。在现实生活中，每个人或多或少都会有焦点效应的体验，这种心理体验让我们过度关注自我，过分看重聚会或者工作集会时周围人们对我们的关注程度。因为焦点效应心理，我们会因为在聚会上站在角落或者弄撒了饮料这样的小失误而觉得自己很失败。我们总是觉得社会聚焦灯会格外关注自己，但其实并不是这样，假如我们仔细观察，就会发现那些注意到我们把饮料弄撒或其他尴尬场景的人并没有我们想象中的那么多，所以我们完全没必要紧张。

或许，我们也曾经因为在某一次派对上把饮料撒了一身而懊恼很久？我们也曾在公众场合摔倒，然后在几秒内能快速爬起来，还要装得跟没事一样？假如你的答案是“是”，那恭喜你，你已经是焦点效应的群体成员了。心理学家曾经做过这样一个实验：让康奈尔大学的学生穿上某名牌T恤，然后进入教室，穿T恤的学生事先估计会有大约一半的同学注意到他的T恤。不过，最后的结果却让人意料不到，只有百分之二十三的人注意到了这一点。通过这个实验表明，我们总觉得别人对我们会格外关注，但事实上并非如此。最终得出的结论就是：我们对自己的感觉却是占据了我们世界的重要位置，在不知不觉之间，我们放大了别人对我们的关注程度，明白了通过自我的关注，我们往往会高估自己的突出程度。

小资是一名歌手，以前，她也有过喜欢抱怨的时候，每次上节目，她

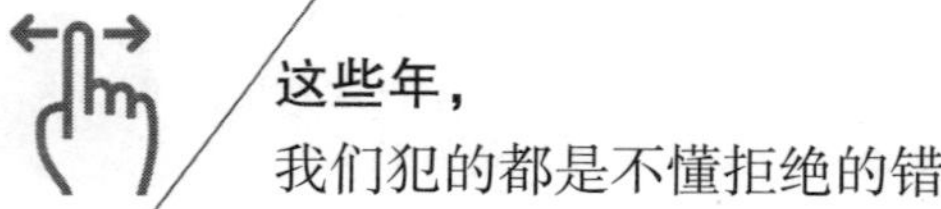

都会抱怨：“自己太辛苦，实在受不了这种压力太大的生活，有时候，为了讨好歌迷、媒体，我一年得发行两张专辑，但是，自己又想把工作做得更好，这样大的工作量简直令我崩溃。”以前的工作时间安排得很紧，她白天上通告做宣传，晚上，还要去录音棚完成下一张专辑的录制，这样的生活超出了小资可以承受的范围，每天，她都感觉很累，但是，心中的怨气却无处诉说。最后，在内心快要崩溃的时候，她只好选择了退出歌坛。

在四年的休息时间里，小资主动做自己喜欢的事情，她说：“以前大家都是看我怎么变化，现在我是用自己的行动来看大家的改变。虽然，现在，我年纪大了，似乎变得老了一些，但是，年龄并不是我能掩盖的东西，我也想永远年轻，但是，却明白这就是时间给我的礼物。在我成长的过程中，我得到的最大一份礼物是不用费劲去证明，只需要做自己喜欢的事情，迈着自己的步伐，在以后的时间里，如果我能完全坚持自己的选择，对我来说那就是最好的生活。”或许，年龄对于小资来说，似乎是大了一些，但是，正是这样一个年龄，是一个不需要讨好任何人的时候。最近，小资复出工作，在工作上，她已经与唱片公司达成了一致的协议，不需要拿任何事情炒作新闻，同时，不需要为了赢得名气而虚报唱片的数字，自己也可以自由自在地唱歌，这就是小资最喜欢的一种状态。

她这样告诉所有的媒体：“我不需要讨好任何人，我只需要做自己喜欢做的事情。”然而，就是这样一句话，令所有的媒体工作者既羡慕又嫉妒，因为，对于媒体工作者来说，他们的工作就是在讨好所有的人，从而将自己的委屈和自尊放弃。事实上每天，都有许多人为了人际交往，为了生存而讨好他人，他们在这样的过程中感到很累，甚至，感觉到心力疲惫。到底是为了什么，我们为何要对身边所有的人尽力讨好呢？切忌，不要把自己想得太重要了。

焦点效应，可以说在现实生活中是无处不在的。举个例子，同学聚会时拿出集体照片，每个人都是在第一时间找到自己，事实上每个人确实是在照片中首先找到了自己。当我们跟朋友聊天的时候，会很自然地将话题引到自己身上来，而且每个人都希望自己成为焦点，为众人评论。若是

和初次见面的人一起用餐，不小心把酒杯打翻，或在夹菜过程中出现了失误，这时我们往往都会觉得很尴尬，会觉得别人都是在看自己的笑话。许多人也都会有这样的感觉，即便不是那么强烈也会觉得很不好意思，那接下来的举动就会变得小心翼翼。这都是正常的一种表现，因为我们都很想给初次见面的人留下个好印象，然而真相就是自己没你想得那么重要，完全没必要那么紧张。

1. 不要为了有个“好人缘”，委屈了自己去讨好所有人

在日常生活中，我们都会羡慕那种所谓的“好人缘”，似乎每个人跟他都很能聊到一块去，更关键是，他所说的每一句话，所做的每一件事，都是按照大家的心思而做的，他没有理由不会受到大家的欢迎。在公司，上司说这个方案不行，他表面一句话不说，私下马上改成了上司喜欢的方案；挑剔的同事说，你今天的打扮好像不太和谐，第二天，他就真的换了一套符合同事眼光的服饰；在家里，爸妈说，你新交的男朋友没有固定的工作，她就真的决定与男友分手了，重新找了一个能让父母觉得满意的男朋友。在这个过程我们都会发现，她不过是在讨好身边的人而已，她们逐渐失去了自己的生活。

2. 不需要成为焦点，自己喜欢才重要

我们在生活的最初点，似乎都是在讨好所有的人，让自己成为焦点，而从来很少讨好过自己。事实上，我们要懂得这样一个道理：你不需要讨好所有的人，只有自己喜欢才是最重要的，因为，你所过的生活没有什么人来分担你的烦恼、愤怒。

参考文献

［1］闫寒. 学会拒绝［M］. 北京：中国盲文出版社，2003.

［2］凡禹. 成功人士99个说话细节［M］. 武汉：华中科技大学出版社，2009.

［3］周维丽. 别让不好意思害了你［M］. 北京：北京理工大学出版社，2012.

［4］谢国计. 别让不好意思毁了你［M］. 北京：九州出版社，2013.